이동을 다시 생각한다

우석영

변화라는 뜻에 '움직임'이라는 뜻을 가미한 '변동(變動)'이라는 단어와는 달리, '이동(移動)'이라는 단어는 우리에게 좀 더 구체적 이미지와 더불어 환기된다. '변동'보다 '이동'이라는 말이 훨씬 덜 추상적이고 더 구체적이다. 그건 이동이라는 용어가 장소성을 함축하기 때문이다. 공간과는 달리 장소는 구체적인 체험의 영역이고, 바로 그 장소를 옮기는, 살(肉)로 체감되는 행동을 우리는 이동이라고 부른다.

46억 년에 이르는 장구한 지구의 역사를 우리는 '이동'이라는 키워드로 읽고 또 그림 그려볼 수도 있다. 불기운으로 가득한 거대한 구체(球體)였던 원시 지구에서는 각종 가스들이 지구 밖으로 이동을 시작하지만, 지구 인력이 그 이동을 가로막는다. 우리가 아는 대기권은 바로 이런 식으로 형성되었다. 태양계에서 지구 쪽으로 쏟아져 내린 암석 파편들 중 일부는 지구의 중심으로 가라앉아 금속성의 핵을 형성했고, 일부는 그 위로 떠서 마그마라는 물질로 변성했다. 마그마는 이곳저곳에서 솟구쳐서는 불의 강을 이루어 바다로 이동해서는 바다 밑바닥에 퇴적되었다. 이런 식의 열의 분출, 이동, 냉각[소멸]이, 즉 태풍처럼 하나의 삶의 주기를 이루는 열의 순환이 반복되는 가운데 지구-암석은 점차 층을 이루게 된다.

그리고 '대도약'이라 칭할 만한 사건이 터져 나왔다. 박테리아가 바다에서 탄생한, 과학자들이 여전히 제대로 해명하지 못하는 신비한 사건이었다. 이어서 광합성하는 박테리아가 바다에서 나타나자, 이번에는 산소가 바다에서 대기로 대이동을 시작했다. 대륙의 융기라는 땅의 이동이 발생한 후, 녹조류를 선두로 바다 식물들이 육상으로 이동했는가 하면, 뭍으로 서식지를 옮긴 식물들은 씨를 만들고 키를 키워 더 멀리 퍼져나갔는데, 이들의 행동 역시 서식지 넓혀가기 또는 서식지 이동이라 부를 만한 것이었다. '동물'이라는 말은 숫제 '[이]동하는 [생]물'이라는 뜻이다. 살기 알맞은 장소에 터잡고 살기란 식물만이 아니라 동물에게도 긴요하다는 간명한 이 진리는, 지금도 수천 킬로미터를 이동하며 사는 여러 철새들이 생생히 입증해주고 있다.

인류의 여러 민족과 부족에게도, 더 살기 좋은 곳으로의 이동은 지구가 요청한 제일의 명령이었다. 물이 풍족한 곳, 먹이가 넉넉한 곳, 숲이 있는 곳—이런 곳을 찾아 수만 년 전 현생 인류는 걷고 또 걸었다. 나중에는 곡물과 과실수를 기르기 좋은 땅을 찾아 이동했고, 세월이 더 지나자 어디에 자리 잡는 것이 좋은지를 다루는 사상(풍수 사상)이 태동하고 발달했다. 또한 더 큰 부와 권력을 찾아 많은 이들이 도시 중심부로 몰려들었다, 두 발로 걸어서, 수레를 타고, 말을 타고….

한편, 석탄과 석유와 가스를 지층에서 캐내 도시 인근의 공장과 발전소로 이동시키는 대사건이 발생하고, 증기기관과 내연기관과 가스터빈이 발명되고 기차와 증기선과 자동차와 항공기가 지구의 여러 길을 오가게 되면서, 지구 안 물질의 이동 속도가 급증하게 된다. 남반구에서 북반구로 잘린 마호가니가, 팜유와 설탕이, 소의 살점이, 유색인 노예들이, 화석연료 안의 탄소를 대기권으로 쉼 없이 이동시키는 증기선을 타고 더 신속히 이동했고, 콜레라나 홍역 같은 질병을 일으키는 바이러스들이 바로 그 증기 무역선에 몸을 싣고는 과거와는 비교할 수 없는 속력으로 이동했다. 시간을[속도를] 통제함으로써 공간을 통제하게 된 근대(지그문트 바우만)의 태동과 발전의 배면에는 이처럼 고속 이동이라는 사건이 있었다.

이렇게 보면, 우리는 '인류세'를 증기의 힘으로 지구 물질 이동 속도가 가속화된 시대, 물질 이동이 범람하게 된 시대로 규정할 수도 있다. 앞으로 기후재난 사건이 인류사회를 충격하면 할수록 더욱더 많은 사람들이 새 거처를 찾아 생존을 위한 이동을 해야 할 것이되, 이 역시 물질 이동의 범람, 그 한 현상으로 볼 수 있다. 조금 결을 달리 말해, 이러한 범람의 다른 이름은 '뿌리 뽑힘'이다. 인류세는 지구의 물질이 뿌리 뽑혀 제자리에서 타지로 대거 이동하게 된, 이동하고 있는 시대를 일컫는다.

이와 같이 '이동'은 지구와 인류의 역사, 생물의 생존과 욕망, 우리가 처한 작금의 물질적·사회적 현실을 두루 설명해내는 놀라운 열쇳말이다. 이동은 살아감, 번영, 자유와 권리, 착취와 탐욕, 생태적 오염과 교란, 시대 대전환 또는 개벽 같은 여러 주제를 가로지른다. 『다시개벽』이번 호는 이동이라는 주제가 닿는 여러 표면 중 일부를 조명한다. 주용기는 뉴질랜드와 한국, 일본, 알래스카와 시베리아 땅을 오가며 사는 어떤 이들의 삶과 곤경을 한눈에 보여준다. 특히, 한국의 서천 지역 갯벌을 중간기착지로 삼는 큰뒷부리도요의 여정을 추적하며 그들이 살아내는 시간으로 우리를 인도한다. 또한 황해 갯벌을 찾는 이들 도요새들의 삶이 새만금 개발구역에서 추진되어 온 사업으로 어떻게 위축되었는지, 갯벌의 삶과 개발 욕망 간 생태전쟁이 2022년 9월 현 시점에서 어떤 국면에 접어들었는지 알려준다. '코로나19 이후'에도 아랑곳없이 추진되는 새만금국제공항 개발 사업에서 우리는 무뇌아적인 탄소 근대인의 욕망을, 맹목의 질주를 읽어낸다. 지혜와 비전이 있는 시대로 현재의 궤도를 옮기기 위해 우리는 무엇을 해야 할까?

서재현의 글은 이른바 '장애인의 이동권' 문제에 시선을 둔다. 2001년 오이도역 리프트 참사 이후에 시작돼 20년 넘게 지속된 장애인 이동권 투쟁의 현실은, 저 새만금 개발구역만큼이나 우리 사회의 흉측한 얼굴이다. 물론, 미와 추라는 고정된 것, 객관적 잣대로 평가되는 것은 아니다. 서재현은 장애인 이동권 보장으로의 몇몇 전진을 조목조목 짚어내며 우리 사회가 이 사안을 계속해서 외면하고 있는 건 아니라는 사실 역시 확인해준다. 하지만 동시에 우리는 그 '더딘 전진'의 심층에서 작동하고 있는 것이 괴물 같은 시선과 마음임을, 인간의 개벽만이 이 더딤의 추를 넘어서는 길임을, 서재현의 글을 읽으며 되새기게 된다.

홍경실은 서구 근대의 인간중심주의 철학을 극복하기 위한 한 철학적 운동으로서 베르그송의 철학 담론을 소개하며 이동이라는 화두를 생명[살아있음], 지속(la durée), 개벽, 자유, 몸, 정체성과 연계지어 생각한다. 자연스러운 생명의 흐름과 운동을 가로막음이 우세하는 상황에서 이것을 뚫고 삶을 새롭게 재개하려는 지향과 실천이 곧 개벽이고 자유라고 말하며, 동학사상을 베르그송 철학의 콘텍스트에서 새롭게 조명한다. 새 삶을 찾아가는 인간의 이동, 이민 아닌 망명을 생명의 성스러운 행군으로 봐야 한다는 글쓴이의 언급은 신선하다. 2022년 우크라이나를 빠져나갔던 난민도, 1950년대 초반 함흥에서 부산으로 이주했던 한국인도 이 성스러운 행렬의 주인공이었다는 것이다. 성스러운 행렬, 그러나 살고자 하는, 뭇 산 것들의 몸짓 전부가 성스러운 행렬이 아닐까, 그렇게 나는 생각해보게 된다.

강주영의 글은 좀 더 스케일이 크다. 강주영은 근대산업문명을 '생산문명'이라 통칭하면서 바로 그 생산문명이 이제는 '생성문명'으로 이동해야 한다고 말하는 문명이동론을 제출한다. 오늘날 지구가 '지구개벽'과 같은 사건[기후변화]으로써 사회개벽을 촉발하고 생성하고 있다는 판단을 밑에 깐 채, 마르크스가 말한 생산관계가 지구의 생성력 한도에 맞추는 관계, 즉 생성관계로 탈바꿈되어야 한다고 제안하는가 하면, (지구의 생태수용력 안에서 양적 성장이 아닌 질적 발전을 추구한다는 것이 탈성장의 본질이라는 지적은 명쾌하다) 복잡계 이론과 양자역학의 여러 결론을 개괄하며 이를 수운의 무위이화, 불연기연, 조화정과 연결짓는데, 글쓴이에 따르면 이것은 동학을 '지구생성살림론'으로 확대하려는 기획의 산물이다. 나아가, 글쓴이는 탈성장 생성경제로의 이동을 위한 구체적 행동들의 목록을 끝에서 제시하는바, 새로운 경제를 모색하는 시선이 머물 만한 대목이다.

이화서원, 공책여행, 지리산정치학교, 생명학연구회 등 새로운 삶과 질서를 꿈꾸고 도모하는 도반들의 정겹고 반가운 글들이 이번 호에도 동승했다. 권이현은 암의 발병이라는 큰 사건에 부딪혀 어떤 삶의 길을 걸어가게 되었는지, 그 걸어감 속에서 심신과 한울의 관계라는 주제에 어떻게 자신의 생각이가 닿았는지를 차분히 들려준다. 서혜원 역시 자신이 어떤 경로로 새로운 생각으로 이동하게 되었는지 진솔한 고백담을 들려주며, 독자로 하여금 '무력한 나'에서 '큰 나'로 남는 삶의 길이 무엇일지, 묵상케 한다. 이무열의 글은 문명 전환을 위한 한 정치학교의 실험을 담담히 소개한다. "끊임없이 판을 뒤집고 도약할 수 있는 정치 사건을 생성하는 느슨한 네트워크이면서 정치플랫폼의 준비단계인 프리플랫폼"이라는 지리산정치학교의 모습을 설레는 마음으로 만나보자. 생명학연구회의 신채원은 연구회에서 『지구인문학의 시선』을 함께 읽고 토론한 바를 공유함으로써 이 책을 미리 읽는 즐거움을 선사해준다.

한편 이번 호 〈다시 읽다〉와 〈다시 잇다〉에서 우리는 쉽게 눈을 떼기 어려운 글들과 행복하게 만난다. 홍박승진은 한국어의 품속에서 어린 시절을 보낸 이들의 마음을 채워주고 길러주었던 윤석중 동시의 세계로 우리를 안내하는데, 새롭게 찾은 1938년 이전 윤석중의 작품 44편 가운데 동시 11편의 말끔한 얼굴이 우리를 기다리고 있다. (33편의 동화, 유머, 라디오 대본은 다음 호에 실릴 예정이다.) 이은홍의 글은 최근 발간된 『개벽의 사상사』에 관한 서평으로, 이 책의 성취와 한계를 퍽 잘 드러내준다. 흥미로운 것은 이 책에서는 '개벽'을 근대 적응과 근대 극복을 동시에 해내야 했던 근대 한국사상, 그 역사에 편재하는 하나의 '패턴'으로 본다는 것이다. 그러나 이은홍은 이 책에서 "결국 토착적인, 자생적인 한국 근현대사상사의 서술 대상"으로서 "개벽이란 무엇인가에 대해 명료한 답변을" 찾기 어려웠다고 진단함으로써 그 '패턴'이 무엇인지에 관한 저자들이나 편집자의 관점이 불명확하다는 점을 암시하고 있다. 박길수는 이돈화가 쓴 제사론과 영혼론(『개벽』 제5호, 1920.11.1)을 새롭게 번역하여 소개하고 있는데, 천도교의 우주관, 인간관을 다시금 밝게 알아보고 판단할 수 있게 해주는 소중한 글이다. 『사회개조 팔대사상가』 번역 시리즈 이번 편은 상호부조 사상가로 유명짜한 표트르 크로포트킨을 다루고 있다. 『한 혁명가의 회상』을 "일대 예술품"으로 평하는 저자들은 이 글에서 크로포트킨의 생애를 짧지만 내실 있게 더듬으며, 그 흥미로운 여정의 윤곽을 잡아낸다. 글을 읽으며 독자는 서혜원이 말한 '큰 나'로의 이동이 무엇인지를 곱씹지 않을 수 없는데, 이것이 이 글이 전하는 가장 강렬한 향기가 아닐는지. 물론, 그것은 결정적으로는 인간 크로포트킨의 향기일 것이다. 상호부조 사상을 깊이 있게 알려주지는 못하지만, 크로포트킨이 남긴 각 저술이 어떤 개인사적 국면에서 생산된 것인지를 알려주는 귀중한 글이기도 하다.

다시 쓰다

RE: WRITE

위대한 비행을 감행하는 새들과 사람의 평화로운 공생을 바라며

주용기

무분별한 개발을 중단하고, 공생 방안을 적극 마련해야

우리나라에 서식하는 조류는 530여 종이고, 총 개체 수는 정확히 알 수 없다. 이 가운데에서 종으로만 따지면 4계절 내내 우리나라에서 사는 텃새는 대략 20퍼센트인데 반해 다른 나라까지 오고 가는 국제적인 이동 철새는 80퍼센트가 넘는다. 이처럼 계절에 따라 국경을 넘어 이동하는 새, 즉 겨울철새, 여름철새, 봄·가을철새(나그네새)들이 훨씬 많다는 것이다. 텃새라 하더라도 국내에서 계절에 따라 수십, 수백 킬로미터를 이동하는 새도 있다. 우리나라에서 봄과 가을철에 주로 관찰되는 새 중에는 도요물떼새가 있다. 우리나라에 서식하는 도요물떼새는 62종이고, 도요물떼새 중에 가장 장거리를 이동하면서 살아가는 종이 '큰뒷부리도요'다.

【꾸준히 관찰해 온 큰뒷부리도요(4BBRW)의 놀라운 비행】

10여 년 전부터 우리나라의 여러 지역 갯벌에서 도요물떼새를 조사해 왔는데 2020년부터 올해까지 3년 동안 봄철마다 꼬리에 위치추적기와 다리에 유색 가락지를 매단 큰뒷부리도요(4BBRW)를 서천갯벌에서 관찰했다(사진 1). 이 새를 관찰하고서 연구 목적으로 위치추적기를 매단 뉴질랜드의 '푸코로코로 미란다도요물새센터'의 아드리안 리겐(Adrian Riegen)과 정보를 주고받았다.

그 결과, 이 새는 큰뒷부리도요 중에서도 아종인 '바우에리(baueri)'에 속한다. 이 '큰뒷부리도요 바우에리'라는 아종은 남반구인 뉴질랜드에서 비번식기인 9월 하순부터 3월 하순까지 머무르다가 이동 시기가 되면 북반구를 향해 북상하기 시작한다. 중국과 러시아 동북부 지역의 시베리아, 미국의 알래스카에 있는 툰드라 지역을 번식지로 이용하기 위해서다. 북상하는 도중에 우리나라 서해안과 중국 동해안에 있는 황해갯벌, 일본의 갯벌을 중간기착지로 이용한다. 중간기착지에서 대략 짧게는 15일, 길게는 40일 넘게 먹이활동을 하면서 휴식을 취한 다음 번식지로 향한다. 번식을 마친 큰뒷부리도요는 7월 중순부터 9월 중순까지 다시 남하하기 시작해 하와이 근처의 태평양 상공을 가로질러 곧장 비번식지인 뉴질랜드로 이동을 한다. 이렇게 1년 동안 총 이동거리가 대략 29,000km 이상이 되었다. 큰뒷부리도요는 3년생부터 번식을 할 수 있다. 태어나서 남하하는 첫해를 제외하고 3년생부터 번식지까지 왕래하는 장거리 비행을 시작하는데 수명이 평균 20년 정도 된다고 하니, 17년 동안 비행한 총 이동거리는 대략 493,000km 이상이 된다고 계산할 수 있다. 쉽게 말해 지구에서 달까지 거리(대략 400,000km)보다 더 먼 거리를 평생 날아서 이동한다는 것이다. 믿겨지지 않을 정도로 놀랍고도 대단한 비행이다.

큰뒷부리도요(4BBRW)가 2020년에 이동한 경로를 보면, 뉴질랜드를 출발해 8일 동안 평균시속 60km 정도로 한 번도 쉬지 않고 날아서 서천갯벌에 도

사진 1. 큰뒷부리도요(4BBRW)

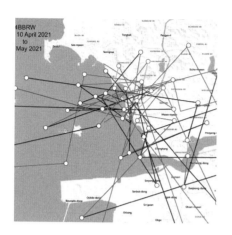

그림 1. 2021년 4월 10일부터 5월 18일까지 서천갯벌에서 큰뒷부리도요 (4BBRW)의 이동경로

그림 2. 2020년과 2021년 2년간 큰뒷부리도요(4BBRW)의 전체 이동경로

착했다. 47일 동안 순천갯벌과 서천갯벌에 머무르면서 갯지렁이를 먹으면서 생활했다(그림 1). 2021년 봄철에 서천갯벌에 머무를 때는 새만금 국제공항과 수상태양광 발전 예정지를 가로질러 이동했다는 기록도 나와 있다. 큰뒷부리도요(4BBRW)는 서천갯벌에서 에너지를 충분히 비축하고서 다시 서천갯벌을 출발해 5일 동안 쉬지 않고 날아서 알래스카로 이동을 했다. 이곳에서 둥지를 틀고 새끼를 키우기 위해 112일 정도 머물렀다. 다시 남하하는 시기가 되어 남쪽을 향해 9일 동안 최대 시속 88km, 평균 시속 54km의 속도로 한 번도 쉬지 않고 비행을 해서 뉴질랜드 미란다갯벌에 도착했다. 2020년과 2021년 가을철에 알래스카로부터 뉴질랜드로 남하해 이동한 경로, 그리고 2021년과 2022년 봄철에 뉴질랜드로부터 우리나라로 북상해 이동한 경로가 상당히 달랐으나 생존에는 별문제가 없었다. 그런데 더욱 놀라운 일은 그해에 태어난 큰뒷부리도요 어린새가 어느 정도 비행을 할 수 있는 능력이 되면 부모인 어른새들이 먼저 남쪽을 향해 장거리 이동을 해 버린다는 것이다. 그러면 어린새는 장거리

비행을 할 정도의 에너지를 충분히 비축할 때까지 더 머무르다가 부모가 이동해 간 경로를 따라서 1-2주 후에 남쪽을 향해 장거리 이동을 한다. 한 번도 비행하지 않은 경로를 부모가 안내해주지 않는데도 말이다. 사람으로서 이해할 수 없는 이동에 대한 특별하고 놀라운 능력을 보여준다 하겠다.

몇 년 전 뉴질랜드의 미란다갯벌을 가려고 비행기를 이용했다. 인천공항을 출발해 오클랜드공항까지 이동하는 데 11시간이 걸렸다. 엄청난 연료를 사용하면서 비행한 것이다. 솔직히 기후변화를 악화시키는 이산화탄소과 같은 온실가스를 엄청나게 배출하면서 말이다. 하지만 이 큰뒷부리도요(4BBRW)는 기후변화를 일으키는 어떠한 물질도 배출하지 않으면서 오로지 자신의 능력으로 이렇게 장거리를 이동한 것이다. 사람들이 농담처럼 다른 사람을 비하하는 표현으로 '당신의 머리는 새대가리'라는 속어를 사용한다. 이제는 이런 단어를 사용할 것이 아니라 '위대한 새처럼 사는 당신'으로 바꾸어야 하지 않겠는가.

【새들의 생존에 꼭 필요한 서식지 보전과 안전한 이동경로】

큰뒷부리도요처럼 비교적 큰 새들은 한 번에 쉬지 않고 장거리를 이동하지만 이보다 작은 새들은 짧은 거리를 날아서 여러 지역을 징검다리 삼아 이동한다. 모든 새들이 살아남기 위해서는 매년 정기적으로 방문하는 비번식지, 중간기착지, 번식지 모두가 중요하고, 특히 먹이활동을 하는 먹이터와 휴식을 취할 수 있는 휴식지, 잠을 잘 수 있는 잠자리 등의 서식지와 이 서식지를 왕래하는 이동경로 또한 중요하다. 이 같은 서식지와 이동경로가 잘 유지되고 보전되어야만 이곳을 이용하는 새들이 온전히 살아갈 수 있다.

새를 대상으로 직접 사냥을 하는 일이 벌어지기도 하지만 새들의 생존에 꼭 필요한 서식지가 무분별한 개발로 파괴되거나 이동경로 상에 송전탑과 대형 건물 등 인공적인 구조물이 들어섬으로써 새들의 개체 수가 급격히 감소하

사진 2. 2006년 5월 당시 새만금갯벌에서 관찰되었던 도요물떼새 무리

는 원인이 되고 있다. 더욱이 기후변화가 심해져 기상상황이 예년과 달리 바람의 방향과 속도가 바뀌거나 먹이가 되는 생물의 서식 상황이 바뀌면서 새들에게 치명적인 위협이 되고 있다.

실례로 새만금 사업이 계속되고 있는 지역은 원래 만경강과 동진강 하구가 만나는 광활한 면적의 염하구 갯벌이 있던 곳이다. 수많은 해양생물과, 이를 잡아서 생활하던 지역주민들, 이 해양생물의 일부를 먹이로 하는 수많은 새들이 살아가는 곳이었다. 새만금 방조제 물막이를 완료한 2006년 봄철만 하더라도 큰뒷부리도요를 포함한 도요물떼새가 196,000여 마리가 관찰되었다(사진 2). 그런데 방조제 물막이가 완료되면서 갯벌에 바닷물이 예전처럼 들어오지 않으면서 갯벌에 서식하던 갯지렁이, 조개들이 죽어 갔다. 이를 먹이로 하는 도요물떼새가 먹이가 부족해져서 일부 도요물떼새가 죽어 있던 모습을 직접 확인하기도 했다(사진 3). 15년이 지난 지금 갯벌 면적이 상당량 사라졌고, 도요물떼새가 최대 1만여 마리만이 남아 있을 정도다. 1만여 마리의 도요물떼새 중에도 많은 개체가 금강하구의 군산갯벌과 서천갯벌에서 먹이활동을 하다가 바닷물이 갯벌이 모두 덮어 버리는 만조가 되면 쉴 만한 장소를 찾아서 새만금 간척지 내 수라갯벌로 이동해 온 개체들이다. 이유는 도요물떼새는 물갈퀴가 없어서 바닷물 수면에 떠서 헤엄을 칠 수 없기 때문이다. 바닷물

사진 3. 2006년 5월 당시 새만금갯벌에서 죽어 있던 도요물떼새들

이 썰물이 되어 빠져나가면 또다시 금강하구의 갯벌로 이동을 한다(그림 2). 이처럼 새만금사업으로 인해 수많은 도요물떼새들이 지구상에서 사라졌고, 그리고 아직 살아 있는 도요물떼새도 에너지 손실이 많아 장거리를 이동하는 데 많은 어려움을 겪고 있는 상황이다.

【새들의 생존에 위협을 주는 각종 개발 사업은 여전히 계속돼】

1) 잘못 추진되는 '새만금 신공항(국제공항) 건설 사업'
그런데도 문재인 정부는 2019년 1월, 새만금 간척지 내 수라갯벌에 추진할 새만금 신공항 건설 사업에 대해 예비타당성 조사를 면제하겠다고 발표했다. 이후 국토교통부가 2021년 5월에 작성한 전략환경영향평가서(초안)를 환경부에 제출하면서 협의를 요청했다. 이 평가서를 입수해 분석한 결과, 조류를 포함한 생물종 조사와 멸종위기종에 대한 조사, 조류 충돌에 대한 사례 등을 부실하게 검토한 상태로 작성되었다. 필자는 이 같은 내용을 분석해서 '부동의' 결정을 요구하는 의견서를 환경부에 제출하고, 시민사회단체들이 환경부 건물 앞에서 농성 등 여러 가지 방식으로 문제점을 지적했다. 하지만 환경부는 국토교

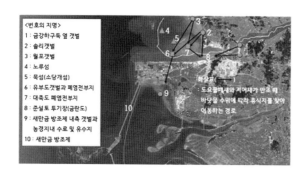

<번호의 지명>
1 : 금강하구둑 옆 갯벌
2 : 솔리갯벌
3 : 월포갯벌
4 : 노루섬
5 : 묵섬(소당개섬)
6 : 유부도갯벌과 폐염전부지
7 : 대죽도 폐염전부지
8 : 준설토 투기장(금란도)
9 : 새만금 방조제 내측 갯벌과
    농경지내 수로 및 유수지
10 : 새만금 방조제

화살표( )
도요물떼새와 저어새가 만조 때
바닷물 수위에 따라 휴식지를 찾아
이동하는 경로

그림 3. 도요물떼새와 저어새가 만조 때 바닷물의
수위에 따라 휴식지를 찾아 이동하는 경로

통부에 두 번에 걸쳐 요식행위로 평가서의 보완 요구를 했고, 결국 환경부가 대통령 선거 직전인 2022년 2월 28일에 평가서 '동의'로 결정을 내렸다. 윤석열 정부가 들어선 지난 6월 30일에는 국토교통부(장관 원희룡)가 '새만금국제공항 개발사업'의 기본계획을 수립·고시했고, 총 사업비 8,077억 원을 투입하여 2,500m 길이의 활주로와 여객터미널 등을 갖추고 약 200명이 탑승할 수 있는 비행기가 취항하는 공항을 2029년 개항을 목표로 건설하겠다고 발표했다. 건설 예정지 바로 옆에 지금 군산공항이 운영되고 있는데도 말이다. 국토가 좁은 우리나라에 지자체마다 공항을 건설하겠다고 난리법석이다. 기후위기가 심각해지는 원인 중에 가장 큰 영향을 미치는 것이 항공기에서 배출하는 온실가스이다. 그래서 유럽에서 '비행기 타는 것에 대한 부끄러움(flight shame)'이라는 신조어까지 생겼고, 비행기를 타지 않는 유럽인들이 늘어나고 있다. 한국 국민도 비행기를 타고 여행을 가는 문화를 바꾸어야 한다. 정부와 지자체도 비행장 건설을 더는 건설하지 말고, 프랑스 정부처럼 운영 중인 공항도 점차 줄어야 나가야 한다.

2) 잘못 추진되는 '새만금 수상태양광 발전 사업'

또한 문재인 정부는 2018년 10월, 새만금 국제공항 건설 예정지 인근에 새만금 수상태양광 발전 사업을 추진하겠다고 발표했고, 산업통상자원부와 한국에너지공단, 한국수력원자력(한전)이 이를 적극 실행하기 위해 나섰다. 전체 면적은 약 1천348만 제곱미터(이 중 시설면적은 753만 제곱미터, 나머지는 수면적) 규모다.

종 사업비는 2조 6,520억 원이고, 설비 용량은 1.2기가와트(GW) 규모의 전기를 생산하고, 운영 기간은 운영 개시일로부터 20년이라고 한다. 한국수력원자력(한전)은 2020년 6월에 작성한 환경영향평가서를 환경부에 제출하고서 협의를 요청했고, 이후 환경부는 제출된 평가서에 '동의'를 해버렸다. 이 환경영향평가서에는 조류가 137종에 126,484개체, 그리고 이 가운데 조류 21종의 법적보호종이 서식하고 있다고 했고, 더욱이 이 평가서를 부실하게 작성한 부분이 있는데도 말이다. 필자는 지난해 10월 31일 새만금 수상태양광 발전 사업 예정 부지 내 수상과 모래톱에 모여든 조류를 조사했다. 당시 천연기념물이자 멸종위기종인 황새, 저어새를 비롯해 흰죽지, 댕기흰죽지, 청둥오리, 흰뺨검둥오리 등 겨울철새 6만여 마리가 관찰되었다(사진 4). 그리고 올해 7월 22일에는 천연기념물이자 멸종위기종인 저어새 3마리와 검은머리물떼새 3마리, 수천 마리의 가마우지, 백로류, 괭이갈매기, 재갈매기 등이 관찰되었다. 특히 검은머리물떼새 3마리는 어린새 1마리와 어른새 2마리이었다. 이들이 함께 있는 것으로 보면 이곳 모래톱에서 둥지를 틀고 번식한 것으로 추정된다(사진 5). 이렇게 많은 법적보호종과 개체가 이곳에서 서식하고 있다. 그런데도 윤석열 정부가 들어서서는 한국수력원자력(한전)이 새만금솔라파워에 사업을 맡겨서 1단계 사업을 올해 9월에 시작한다고 한다.

건설 예정지 인근의 방조제 옆에 산업통상자원부가 지원해 예비적인 연구를 하고 있는 '수상태양광 실증단지'가 있다. 지난해 8월 초 현장을 방문했을 때 태양광 발전용 패널의 표면이 흰색의 똥으로 뒤덮여 있었다(〈사진.6〉). 이유는 이곳 주변에서 먹이활동을 하는 수많은 가마우지와 괭이갈매기들이 패널 표면 위에서 쉬면서 흰색의 똥을 배설했기 때문이다. 새롭게 건설할 예정인 '새만금 수상태양광' 발전 지역도 마찬가지 상황이 벌어져서 태양광 발전 효율이 떨어질 수밖에 없다. 공사가 예정대로 완료되면 새들을 위협하여 억지로 내쫓거나 아니면 패널을 세척하느라 수질오염을 가중시킬 수밖에 없을 것이다. 지난해 5월과 올해 7월 초에는 강한 바람이 불면서 '수상태양광 실증단지'

황새 2마리와 가마우지, 갈매기 무리

가마우지 무리와 오리류 무리

기러기류와 오리류 무리

흰죽지, 흰뺨검둥오리 등 오리류

사진 4. 새만금 수상태양광 건설 예정지와 주변에 서식하는 조류들 (2021년 10월 31일 촬영)

검은머리물떼새 3마리

검은머리물떼새 어린새(좌측)와 어른새

사진 5. 새만금 수상태양광 건설 예정지와 주변에 서식하는 조류들(2022년 7월 22일 촬영)

사진 6. 새만금 수상태양광 실증단지의 패널 표면 위에 흰색의 새똥 (2021년 8월 9일 촬영). **태양광 패널을 떠받치는 부력 구조물로 파란색 플라스틱 통이 사용되었음.**

의 태양광 패널을 떠받치는 부력 구조물이 부서졌고, 커다란 파란색의 플라스틱 통들이 떨어져 나갔다(사진 7). 바로 옆 방조제와 비교적 먼 거리에 위치한 비응도 내측 포구의 제방까지 떠밀려 갔다. 결국 해양쓰레기로 전락해 또 다른 해양오염을 일으키고 있다. 태양광 패널을 떠받치는 부력 구조물이 지난해 8월 초에는 파란색의 플라스틱 통을 사용하였으나, 올해 7월 22일에 방문했을 때는 다른 것으로 바뀌어 있었다. 또한 올해 7월 22일 사업 예정 부지와 가까운 비응도 내측 포구에서 보름달물해파리가 대량으로 서식하고 있는 상황이 확인했다. 이 지역에서 질소, 인 성분의 유기물이 정화되지 않은 채 방류되어 수질오염을 심각하게 일으키고 있고,

사진 7. 새만금 수상태양광 실증단지에 설치해 놓았던 파란색의 플라스틱 통들이 방조제를 따라 곳곳에 해양쓰레기로 전락해 방치된 모습 (2022년 7월 22일 촬영).

인공 제방이 많아지면서 해파리가 산란하기 좋은 조건이 되어 버렸다는 것을 알 수 있다(사진 8).

　이처럼 아무리 '재생에너지'라 하너라고 내규모로 실지하면 생태게를 파괴하는 일이 되고 기후변화 저감에도 도움이 안 된다. 지금이라도 정부와 산업통상자원부, 한전은 대규모 태양광 및 풍력 발전 시설을 설치할 것이 아니라, 각 건물의 지붕과 벽면, 유리창, 마당, 주차장 등에 소규모 분산형으로 태

사진 8. 새만금 방조제 내측의 비응포 포구 앞 주변에 무리지어 모여 있는 보름달물해파리와 이를 제거작업 중인 어민들의 모습 (2022년 7월 22일 촬영)

양광 발전 시설을 설치해 전기를 생산하도록 정책을 바꾸어야 한다. 이것이 생태계 파괴를 최소화하면서 기후변화를 막는 최선의 길이다. 또한 진정으로 '에너지 민주주의'를 실현하는 방법이고, 에너지 절약과 효율적 사용에도 기여할 것이다. 생태계 파괴와 기후위기가 심각해지고, 에너지 위기, 식량위기가 악화하는 상황 속에서 우선 소규모 분산형으로 태양광 발전 시설을 설치해 전기를 생산하도록 해야 한다. 이것은 투자비용이 적게 드는 대신 많은 일자리를 만들게 하는 부수적인 효과도 생긴다.

【사람과 새의 평화로운 공생을 바라며】

새만금 사업지구에서 이렇게 불필요한 개발이 더는 강행되어서는 안 되며, 오히려 새만금 방조제의 배수갑문 상시 개방과 함께 방조제 일부 구간을 트고 현수교로 연결해서 해수 유통을 확대해 새만금 방조제 내측과 외측 바다의 생태계를 어느 정도라도 복원시키는 노력이 필요하다. 이것이 곧 생물다양성을 보존하고 회복하는 길이자, 기후변화를 막는 현명한 선택이 되며, 수많은

그림 4. 새만금 신공항(국제공항) 건설 사업과 새만금 수상태양광 발전 사업 예정지

친환경 일자리를 만드는 일이 될 것이다.

지금부터라도 수많은 새와 지역주민이 스스로 지속가능한 방식대로 온전히 살아갈 수 있도록 법과 제도 및 사회적 관행이 바뀌어야 한다. 전국적으로 벌어지는 무분별한 개발 사업을 즉각 중단하고 다양한 생물들과 공존, 공생하는 방안을 찾아야 한다. 생물다양성이 감소하고, 기후위기가 심각해지는 상황은 사람들, 특히 권력과 자본을 가지고 있는 사람들의 절대적인 각성과 변화된 행동을 촉구한다. 위대한 비행을 감행하는 새들이 계속 지구상에서 우리 인간들과 함께 평화롭게 살아가기를 바라면서 말이다.

주용기

◈ 전북대학교 전임연구원. 전북대학교 공과대학에서
석사학위를 받았다 ◈ 현재 전북대학교
무형유산정보연구소 전임연구원과 본인이 만든
생태문화연구소의 소장을 맡고 있다 ◈ 날아다니는 새와
이들의 서식지 조사를 통해 보전 대책 및 현명한
이용 방안을 제시하고, 인류학적인 방식의 마을조사를
통해 마을지 발간과 함께 전통 생태 지식을 기록화하고
있다 ◈ 이를 통해 생태 보전과 지역 주민이 공존하는
지속가능한 사회를 만드는 데 관심을 갖고 활동을
하고 있다 ◈

어떤 것도 바뀌지 않았다

서재현

2021년 말, 추운 겨울 시작되었던 지하철 선전전은 어느새 여름을 맞이하고 있다. 낯설게만 느껴졌던 언론의 관심은 낯설지 않았던, 예전의 무관심으로 되돌아가는 듯하다. 7개월간 매일 아침 이어졌던 지하철 시위는 많은 것을 바꾸기도 하였고, 어떤 것도 바꾸지 못했다.

출근 시간은 금기처럼 느껴졌다. 인파가 복잡한 출근길 지하철과 버스에 장애인이 그 존재를 드러내는 건 드문 일이다. 이동할 여건이 열악하거나, 노동시장에서 배제되어 있는 등의 이유를 차치하더라도, 비장애인의 출근길에 장애인이 대중교통을 타는 것은 많은 눈총을 감당해야 한다. 현장에서 마주하는 어떤 시민의 분노는 간혹 의아하다. '장애인이 집구석에나 있을 것이지…'와 같은 말을 들으면 그가 화를 내는 이유가 지하철 연착 때문인지, 아니면 장애인이 그 존재를 드러내는 것 자체가 싫은 것인지 헷갈릴 때가 있다. 단순히 지하철을 타고 이동하는 와중에도, 우리는 가끔 의아한 분노와 마주한다.

싸울 수밖에 없어 싸워야 했다. 7개월간, 아니 지난 20년간 삭발을 하고, 버스를 막고, 지하철 바닥을 기어가며 상애인들은 존재를 드리냈다. 그 덕분인지, 이 사회에서 장애인은 불쌍한 존재가 아니라, (긍정이든 부정이든) 저항하는·싸우는 장애인으로 조금씩 읽히고 있는 듯하다.

"장애인도 이동하고(이동권), 교육받고(교육권), 노동하고(노동권), 지역사회에서 함께 살자(탈시설)." 지하철에서 외치는 이 단순한 구호 속에는 다양한 의제가 섞여 있다. 모두 긴밀히 엮여 있기에 어느 것 하나 중요하지 않은 게 없다. 그중에서도 이동권이 중요한 이유는 교육권, 노동권 등 여러 기본권의 전제조건이 되기 때문이다.

2001년 오이도역 리프트 참사 이후 장애인 이동권 투쟁이 시작되었다. 애초에 법과 권리의 테두리 내에서 배제되었기에, 장애인들은 법의 경계가 무엇인지 되묻는 저항적 투쟁을 벌여야 했다. 지하철 선로에 내려가고 도로를 점거했다.

지난한 투쟁은 20년간 이어졌다. 사회가 변하지 않았기에, 싸움의 방식 또한 여전했다. 지난해 겨울의 모습과, 올봄과 여름의 모습은 20년 전과 같았다. 우리는 지하 공간에서 우리가 바라는 세상을 이야기했고, 그에 미치지 못하는 현실의 모습을 토로하며 함께 울었다. 그리곤 형체가 보이지 않는 국가를 향해 책임을 촉구했다. 어떤 시민은 욕을 했고, 어떤 시민은 눈을 흘기며 지나갔다.

일부 시민들로부터 날아오는 비난과 혐오에 지쳐갈 무렵, 일부 성과를 거두기도 했다. 작년 연말, 가까스로 〈교통약자의 이동편의 증진법〉(이하 '교통약자법') 개정안이 통과된 것이다.

법 통과로 인해 버스 대·폐차 시 저상버스 도입은 의무화되었다. 이번 법 개정을 통해 저상버스 도입률은 높아질 것이라고, 언론은 보도했다. 어떤 정치인은 서울시 지하철 역사의 엘리베이터 설치율이 90%를 넘는데, 왜 아직도 비문명적 싸움을 하느냐고 힐난했다. 이런 상황 속에서 일부 시민들의 비난과 욕설은 아마도 다음과 같이 이해할 수 있을 것이다: "사회가 변했으니, 싸움의 방식도 바뀌어야 하는 것 아니냐."

【15년 전의 약속을 아직도 이행하지 않은 정부】

되묻고 싶은 질문은 '도대체 무엇이 바뀌었냐'는 것이다. 지하철 투쟁의 성과라고 볼 수 있는 교통약자법 개정(2021) 또한 자세히 살펴보면, 여전히 많은 턱이 존재한다. 버스 대·폐차 시 저상버스 도입을 의무화한다는 조항이 생겼으나, 버스 대·폐차 주기를 고려해 본다면 앞으로도 약 10년이 지나야 전체 시내버스가 저상버스로 바뀔 것으로 보인다.

그러나 이 또한 계획이 완벽히 이행됐을 때에야 도달할 수 있는 목표이다. 정부는 2007년 '교통약자 이동편의 증진 5개년 계획'에서 2011년도까지 저상버스를 31.5% 도입하겠다고 약속한 바 있다. 15년이 지난 현재 실제 저상버스 도입률은 27.8%에 불과하다.

앞선 경험에 비추어보면 앞으로도 저상버스 도입에 속도가 붙지 않을 가능성은 높아 보인다. 교통약자법에는 도로의 사정에 따라 저상버스 운행이 적합하지 않은 경우, 국토교통부의 승인을 통해 저상버스를 도입하지 않아도 된다는 단서조항이 남아 있다. 실제로 농어촌 지역으로 갈수록 도로 여건이 나쁘다는 이유로 저상버스 도입이 어렵다는 이야기가 많이 나온다. 그럼에도 해결책을 만들기보단 '어려우니까 안 된다'는 수준에서 논의가 그치고 있다는 게 큰 문제다. 마을버스 및 농어촌버스의 매우 저조한 저상버스 도입비율(1.54%)을 고려해 본다면, 특히나 농어촌 지역의 저상버스 도입 과정은 지난해 보인다.

저상버스 의무 도입 대상에서 시외버스가 제외되어 있는 것도 큰 문제다. 운행 중인 전체 고속·시외버스는 7,994대이지만 그중 휠체어 탑승이 가능한 차량은 단 2대뿐이다. 고속도로 주행이 가능한 저상버스의 경우, 아직 개발조차 되지 않아 2026년도가 되어서야 시범운영이 가능할 것으로 보인다. 독자 기술로 만든 우주발사체 누리호가 발사에 성공했다는, 얼마 전의 언론 보도를 상기해 본다면, 고속도로 주행 저상버스 개발 문제는 매우 씁쓸하다. 기술의 문제보단 의지의 문제라는 게 명확해 보인다.

지자체별 지원 편차가 큰 특별교통수단 문제 또한 이동권의 핵심 이슈다. 특별교통수단은 이동에 심한 불편을 느끼는 교통약자를 지원하기 위한 특수차량으로, 휠체어 탑승 설비가 장착돼 있다. 특별교통수단의 경우, 법정기준 대수 대비 보급률은 83.4%로 저상버스와 달리 차량 도입 대수 자체가 아주 열악한 것은 아니다. 그럼에도 지역별 차량 보급률의 편차가 크고, 특별교통수단 운영 기준과 내용이 제각각이라는 문제가 있다. 특별교통수단 운영의 책임이 각 지자체에만 맡겨져 있기 때문이다. 지역별 재정 상황이 다르다 보니, 중소도시와 농어촌으로 갈수록 그 여건은 매우 열악하다.

　가장 큰 문제는 대다수 지역에서 지역 간 광역 이동이 불가능하다는 점이다. 이 또한 차량 운영시간과 운행 구역이 지역마다 다르다는 점에서 기인한다. 가령 A도시에서 B도시로 특별교통수단을 이용했지만, B도시의 특별교통수단 운행시간이 종료되어 집으로 돌아올 수 없는 경우, 혹은 운행구역 자체가 달라 A도시의 경계를 넘은 후 B도시의 특별교통수단을 다시 부르는 등의 황당한 사례들이 매우 많다.

　지난해 교통약자법 개정은 광역이동 문제와도 연관된다. 전국장애인차별철폐연대(이하 전장연)가 지난해 지하철 선전전에서 주요하게 내세웠던 요구안 중 하나는 국가가 특별교통수단 운영비를 직접 지원해야 한다는 것이었다. 지자체별로 편차가 매우 컸던 장애인 이동권 문제를 국가가 책임지고 해결하라는 요구다. 광역이동지원센터가 설립돼 운영기준을 통일하고, 운행지역을 광역 단위로 묶어 버리면, 장애인의 이동할 권리는 한 단계 더 나아질 수 있다.

　그러나 문제는 또 '돈'이었다. 기획재정부의 반대로 특별교통수단 운영비에 대한 국비 지원은 의무조항이 아닌 임의조항으로 통과됐다. 표면적인 반대 이유는 보조금법 시행령상 특별교통수단 사업은 국비지원 제외 사업에 해당된다는 것이었다. 그러나 이는 결국 돈이 많이 든다는 말이었고, 좀더 거칠게 표현하자면 장애인들에게 이만큼의 돈을 쓸 가치가 없다는 말이었다.

　지하철 선전전이 지속되자, 추경호 기획재정부 장관은 결국 인사청문회에서 '해당 보조금법 시행령을 개정하겠다'는 의사를 밝혔다. 그러나 의견 표명 이후 3개월이 지났음에도 시행령 개정은 이뤄지지 않고 있다.

【장애인 이동권, 무수히 많은 디테일이 있다】

장애인 이동권 문제는 저상버스와 특별교통수단 이외에도 다양한 갈래의 이야기를 가진다. 가령, 시내버스에 붙어 있던 계단과 턱은 이 사회 곳곳에 존재한다. 공공시설과 식당, 카페 앞에 높이 솟은 계단이 그것이다. 2016년 국가인권위원회의 '일정기준 미만의 공중이용시설에 대한 장애인 접근성 실태조사'에 따르면, 주출입구에 2센티미터 이상 턱 또는 계단의 높이 차이가 있는 시설이 83.3%에 달했고, 경사로를 설치하지 않은 경우 또한 65%에 달한다.

위와 같은 문제는 아마도 비장애인이 글로서 이해하거나 체감하기 어려운 부분이다. 그렇기에 이동권과 접근성의 문제는 교통수단의 보급률 자체로 환원시킬 수 없다. 물론 턱과 계단의 유무만으로 이동권 문제를 온전히 해석할수도 없다.

공공기관과 미술관을 위한 '장애 접근성 조항'이라는 가이드를 쓴 요하나 헤드바는 한 인터뷰에서 "접근성은 완료되거나 성취되는 어떤 것이 아니라 오히려 매일 전념해야 하는 행위와 존재의 방식이다"라고 말한 바 있다. 그의 말처럼 장애인 접근성(이동권)은 완료될 수 없는 문제이며, 끊임없는 논의와 검토의 대상이 될 수밖에 없다.

조금만 관점을 달리 한다면, 장애인 이동권 문제는 전혀 다른 모습으로 변모한다. 가령 휠체어 이용 장애인 외에도 시각장애인의 이동권, 발달장애인의 이동권은 상대적으로 다뤄지지 않고 있다. 고려해야 하고, 논의해야 할 지평 또한 매우 넓다. 수많은 디테일을 가진 장애인 이동권 문제는 한두 가지의 언어로 풀 수 없다.

지난 7개월간의 싸움은 어떤 것도 변화시키지 못했다. 그럼에도, 투쟁을 이어나가야 하는 이유는 명백하다. 사회가 변하지 않았기에 싸움은 지속되어야 한다.

오늘도 누군가는 편안하고 편리하게 이동할 수 있었고, 누군가는 이동할 수 없었다. 이동을 통해 사람을 만나고 다양한 목적을 이루는 동안, 또 다른 누군가는 이동할 수 없어, 관계조차 만들 수 없었다. 편안과 편리는 누군가의 착취와 배제를 통해 가능하다. 아마도 어떤 시민의 분노는 자신도 이 문제와 긴밀히 연결돼 있다는 걸 본능적으로 알기 때문일 테다.

서재현
◈ 전국장애인이동권연대 활동가 ◈ 장애운동을 하고 있고,
사진 찍는 걸 좋아한다 ◈

앙리 베르그송의 지속과 시천주자侍天主者의 거듭 개벽

홍경실

*

고인 물은 썩기 마련이고, 구르는 돌에는 이끼가 끼지 않는다는 말이 있습니다. 고인 물은 움직임으로 인한 이동과 자리를 바꿈으로 인해 어쩔 수 없이 동일한 것으로부터 그와는 다른 상태나 상황으로 될 수밖에 없는 변화를 거부하기에, 즉 다름과 이질적인 것을 인정하거나 받아들이려 하지 않기에 종내 자체 부식의 길로 접어들 수밖에 없게 됩니다.

물론 이 경우 그 속도와 시간이 문제가 되겠지만 언젠가는 반드시 썩어 형해화 하는 것이 곧 시간의 법칙이며, 우리는 이를 이른바 엔트로피 증가의 일관성, 즉 열역학 제2법칙으로 이해하고 있습니다. 그런데 이를 거시적으로 본다면 인류 진화의 역사에 부침해 왔던 인종과 민족이나 국가 등 무수한 생명체, 유기체적 존재들의 등장과 소멸의 역사이겠지만, 미시적으로 생각해 본다면 바로 지금 이 순간, 이곳에서 살아 숨을 쉬고 있는 나라는 몸 생명의 역사이기도 할 것입니다.

오랜 인류의 역사는 그 어떤 권력이나 권좌도 고정불변할 수 없음을 보이고 있기에 이들의 변화와 이동을 좇는 욕망의 행군은 늘 현재 진행형이었습니다. 또한 이에 발을 맞추려는 듯 지금 여기서 살아 숨을 쉬고 있는 우리의 몸 생명 또한 대(代)를 이어가는 DNA의 행진을 지속 중입니다. 어찌 생각을 해 보면 인간만이 종교적인 동물(Homo Religious)이라는 말이 이렇듯 생로병사, 즉

31

변화할 수밖에 없는 시간의 동물인 인간에게 있어서 가장 큰 물음이 곧 시간을 넘어서는 영생에의 욕망이라는 것을 일러주는 것 같습니다.

우리 시대야 그렇지 않지만 종교와 정치가 확연하게 분리되지 못했던 시절에는 종교가 인류 문화의 출발점이고 그 핵이었듯이, 인간의 삶 모든 영역에서 영원히 변하지 않는 것에 대한 욕망이 일상을 좌우했습니다. 계급이 그렇고 출신성분과 환경이, 심지어는 죽음 이후의 세계에서도 마치 영원한 그 무엇이 변함없이 우리의 삶을 좌우하리라는 생각은 어찌 보면 종교로부터 혹은 종교와 더불어 인류의 오랜 역사와 문화가 출발해 온 데 따른 자연스러운 인간사고의 양태였다고 봅니다.

그러나 자본주의 경제체제가 등장하면서 영원히 변하지 않는 것에 대한 종교적이면서도 가치론적인 욕망이 서서히 변화하기에 이릅니다. 이른바 가장 활발하게 이동하면서 변화무쌍하게 인간의 삶을 돌고 또 돌게 만드는 화폐의 대량 유통으로 인하여 이제 인류의 사고 양태는 저 미국 건국의 아버지인 벤자민 프랭클린의 어록인 "시간이 금(金)이다."는 말처럼, 변화하면서 흘러가는 시간의 과정 그 안에서의 인위적인 행동과 노력이 고정불변의 자연물인 금에 비견할 만큼 중요하다는 깨달음으로 방향을 돌리게 됩니다.

이른바 보편적인 절대자나 진리로부터 이런 것들로 향하는 개별자의 움직임과 실천의지로의 선회는 종교의 역사에서도 범재신론(panentheism)이라고 하는 새로운 신관을 등장시키기도 합니다. 이는 어찌 생각해 보면 절대자나 영원한 것이 세속화되는 과정으로 이해될 수도 있겠지만, 사실 동서양의 신관이 만나는 20세기 중반의 비교종교사상의 등장 이전부터 지극히 동양적인 자력종교 전통에서의 기본적인 사고방식이라고 볼 수 있습니다.

사실 철학의 역사에서도 영원한 것과 변화하는 것에 대한 철학자들의 생각을 살펴본다면 전자로부터 후자로의 선회는 매우 중요하고도 결정적인 사건이라고 할 수 있습니다. 철학이 종교의 외피를 과감히 벗어던진 후 이제 더는 영혼이나 영생을 입에 담거나 논증할 수 없게 된 것입니다. 이를 전문적인 철학 용어로 표현해 본다면, '영원의 상 아래서' 하던 철학이 이제는 '변화와 시간의 상 아래서' 하는 철학으로 선회했다고 말합니다.

*

그리고 그런 선회를 좀 더 성공적으로 펼친 대표적인 철학자가 바로 이 자리에서 소개하고자 하는 앙리 베르그송(Henri Bergson:1859-1941)이라는 프랑스 현대철학의 아버지입니다. 그의 생명철학은 간혹 스피노자의 경우처럼 무신론과 유신론이라는 이분법적인 이해의 소지를 내포하지만, 변화와 이동에 관한 한 플라톤 이래의 지배적인 서양철학의 담론과 이를 계승하는 데카르트의 실체 이해를 비판하면서 이를 극복하고자 고군분투했다는 데 철학사적인 의의가 있다고 할 수 있습니다.

이른바 고정불변의 철옹성과도 같은 실체(substance)나 "이승의 삶 너머에서 구체적인 인간의 삶을 속수무책으로 그저 관망하면서 삶 이후의 지속에만 전권을 쥐고 있는 절대자로부터의 등 돌리기-이런 표현이 가능하다고 하다면-"라고 이해할 수 있는 포스트모더니즘 담론의 선두주자에 베르그송을 자리매김해도 되리라고 사료됩니다. 그리고 베르그송에 대한 이런 평가의 중심에 자리하고 있는 것이 다름 아닌 그의 철학적 핵심어인 '지속(la durée)'이라는 단어입니다.

사실 베르그송은 자신의 철학이나 사상을 이해시킬 때면 언제나 개념어나 이론 체계를 경계하고자 했기에, 지속이라는 단어 또한 엄밀히 말하자면 유동적인 변화의 과정 그 안에서 이해되어야 한다고 주장합니다. 이를 좀 더 쉽게 말씀드리자면 동양의 도 사상을 이해할 때 그런 이해가 언어라는 틀 안으로 짜 맞추어질 수 없다고 하는 '도가도 비상도 명가명 비상명(道可道 非常道 名可名 非常名)'의 이해에 비견할 수 있을 겁니다.

이런 그의 철학 스타일은 자신의 글쓰기를 '시론(試論)'으로 자리매김하게 했으며, 이른바 자신의 철학의 핵심어인 '지속'을 알고자 또는 인식하고자 애쓰는 철학적 사유 방식을 논증이나 설명 혹은 이론체계가 아닌 자유연상식의 시론이나 에세이 혹은 가정법 구문에 의거하는 문학적 메타포로 가득한 글쓰기, 이른바 '직관'이라고 하는 그의 고유한 철학적 방법론을 창안하기에 이릅니다. 그래서 베르그송의 철학을 이해할 때 흔히 우리는 '지속과 직관의 철학'이라고 말하게 됩니다.

베르그송은 자신에게 노벨문학상 수상의 영예를 안겨준 『창조적 진화』의 제3장에서 자신의 철학은 다름 아닌 생명철학(la philosophie de la vie)임을 분명하게 밝힙니다. 수학과 생물학에 발군의 실력을 보였던 그가 철학으로, 이른바 생명철학으로 선회하게 된 결정적인 이유가 곧 멈추어 선 시간의 무의미성과 불가능성, 삶과 생명에 연관성이 '1'도 없을 그 정지와 불변과 냉혈한과도 같은 불통(不通)의 태도로는 결코 인간을 이해할 수 없으며, 인간을 가늠하고자 애쓰는 철학에 도움이 될 수 없다는 깨달음 때문이었습니다.

*

생명이란 무엇입니까? 지금 이곳에서 이렇듯 살아 숨을 쉬면서 단 몇 분간의 쉼과 멈추어 섬에도 레테의 강을 넘어서게 되는 '이 살아 있음'을 도대체 어떻게 이해해야 하는지, 살아 있기에 늘 두고두고 화두처럼 머리에 이고 살아가는 물음입니다. 그러나 분명한 사실은 이런 물음을 던질 수는 있어도 각주구검이라는 사자성어의 교훈처럼 결코 생명을 알거나 인식할 수는 없으리라는 각성입니다.

그 이유는, 살아 있다는 것은 끊임없이 흘러가는 저 강물의 흐름에, 시간의 과정에 온몸을 내어맡기는 행위여서, 이를 알았다고 짐짓 단정하거나 속단하는 순간 이미 저 사자성어의 이해처럼 두 번 다시는 강물에 던진 칼을 되찾을 수 없기 때문입니다. 물론 칼을 되찾을 수는 있겠지만, 그 경우에도 그 칼을 던졌던 그 위치 그대로 되찾을 수는 결코 없을 것이기 때문입니다. 이를 좀 더 원색적으로 표현한다면 저 폴란드의 시인, 쉼보르스카의 "두 번이란 없다"는 시구를 떠올리면 좋을 듯합니다.

　인간의 생명이란, 살아 있음이란 우리 몸의 혈액이 쉼 없이 순환하기 때문에 가능한 것입니다. 물론 '식물인간'이란 말이 있듯이 움직임이 없는 경우에도 인간이랄 수 있는가 하는 물음이 제기될 수도 있을 것입니다. 그러나 이 경우에도 몸의 혈액순환까지 정지한 것은 아니어서, 이런 언어 표현에는 '동물'생명을 '식물'생명보다 우선시하는, 그래서 식물은 동물보다 움직임이 결여되어 그 자리에 멈추어선 대상이라는 생각이 자리한다고 볼 수 있습니다.

　그리고 그런 동물중심주의의 끝판왕에 인간중심주의라는 말로 대표되는, 저 포스트모더니즘이 극복하고자 애쓰는 서구중심주의, 백인중심주의, 인간중심주의의 이데올로기가 자리합니다. 그리고 베르그송 철학은 이런 서구 중심의 모더니즘 이데올로기에 대한 비판과 극복이라는 문제의식 때문에 등장하게 되었습니다. 오늘날 21세기 학문 담론에는 이런 베르그송의 문제의식이 반데카르트주의니 반플라토니즘 등으로 자리하고 있는데, 그런 변화의 흐름에 위치하는 핵심적인 단어가 바로 변화와 이동, 그리고 유목과 이합집산이나, 탈경계화니 탈중심과 해체니 하는 용어들이라고 할 수 있습니다.

　고대 그리스와 로마 시대의 사상가들인 소크라테스와 그의 제자인 플라톤과 아리스토텔레스 등의 영향을 받은 헬레니즘과 근동 아시아 히브리즘의 만남에 의해 전개된 서구 중세 기독교사상과 철학은 근대 모더니즘 철학의 근간을 제공한다고 해도 과언이 아닐 것입니다. 플라톤의 이데아나 기독교의 절대자에 대한 이해 전통은 모더니즘 철학의 바탕에 변하지 않는 실체라는 전제를 깔게 되는데, 물론 헤겔에 의해 변하지 않는 정신이 물질저 운동에 가담하면서 스스로를 지양하는 변증법(Dialectics)이 창안되기도 하지만, 베르그송에 이르러 그런 정신이 정신일 수 있는 이유는 다름 아닌 물질과의 만남 때문이기에 정신과 물질이란 단지 관계하는 하나의 움직임과 운동의 표현이나 경향성이라고 이해되기에 이릅니다. 여기서 하나의 움직임이란 물론 생명(la vie)이고 지속인데, 이렇듯 매번 쉼 없이 변화하는 움직임에 대한 이해를 도모하기 위하여 베르그송은 자신의 최고의 역작인 『물질과 기억』에서 '이마주'(image)라는 단어를 차용합니다. 이에 관한 자세한 이해는 다음 기회를 약속하기로 하겠습니다.

베르그송의 지속과 생명의 철학은 고정불변의 철옹성과도 같은 절대 권력과 부귀영화나 권좌를 욕망해 온 모더니즘에 이르기까지의 서양문명사에 대한 날선 비판을 위해 20여 년간의 공들인 연구 끝에 마지막 주저로 『도덕과 종교의 두 원천』을 세상에 내놓게 됩니다. 여기서 두 원천이란 열린 것과 닫힌 것이라는 의미인데, 개개인의 경우 그것은 감정의 영역이고 사회의 경우 그것은 정적인 사회와 닫힌 사회를 의미합니다. 이에 의하면 인류문명사는 고인물이 썩기 마련이듯 특정 집단이나 국가 사회 등의 비대해진 조직이 그 역동성을 상실하게 될 때 여지없이 새로운 변화를 맞이하게 되는데, 이때 인류애나 보국안민, 광제창생과 같은, 다수에 대한 열린 사랑을 몸소 실천하는 선구적인 소수—베르그송은 이를 소수의 인물이라는 의미에서 '엘리트'라고 이해합니다—가 역사의 전면에 등장하여 다수의 대중을 감화시키면서 행동에로 이끈다고 합니다. 불교, 기독교, 유교, 이슬람교 같은 세계종교의 창시자들은 바로 이런 사람들이라고 그는 말합니다.

*

이즈음에서 우리 사회로 시선을 돌리고자 합니다. 조선시대 이조오백 년의 왕조사회를 들여다보면 그 정적인 폐쇄성과 배타성이 극에 달하여 사회 시스템이 역동적으로 원활하게 돌아가지 못했던 바로 그때, 저 베르그송이 간파했던 역사적 소수의 엘리트 가운데 한 인물, 수운 최제우의 가르침인 동학이 등장했던 것입니다. 동학(東學)이란 원래 동역학(動力學), 즉 역동적인 학문이라는 이름이 있으니 참으로 우연치고는 공교롭다고 할 수 있겠습니다. 말하자면 자연스럽고도 자발적인 생명의 흐름과 운동을 가로막아 멈추어 서게 하는 온갖 인위적인 것들을 거부하는 역동적인 가르침이 바로 동학(動學)으로서의 동학(東學)이라고 할 수 있을 것입니다.

마지막으로 21세기 '자유'민주주의의 기치 아래 전개되고 있는 인류 문명의 행진 아래, 과연 '자유란 무엇인가?' 하는 물음을 던져 보고자 합니다. 결론적으로 자답하자면 자유란, 우리네 몸의 정지성과 부자유, 그 유연하고도 끊임없는 생명력의 개화를 결박하는 모든 구속과 장애물과 불의와 불법으로부터 벗어나고자 하는 운동이고 변화이며, 이른바 고인 물이 됨으로써 썩기 전에, 생명력을 거세당하기 전에 이로부터 벗어나고자 하는 변화된 새로운 삶을 향하는 개벽(開闢)이 곧 자유가 아닌가 생각해 봅니다.

현대인을 이해할 때 일터와 삶의 터전을 찾아서 움직이는 '유목민'이나 '디지털 노마드족'이라는 말을 하곤 합니다. 정주(定住)가 아닌 이동과, 이주와 이민 아닌 망명은 자유를 향하는 생명의 성스럽고도 아름다운 행군입니다. 생사의 기로에 선 보트피플은 두말할 것도 없고 러시아의 침공을 피해 폴란드로 이주하는 우크라이나 난민들의 행렬은 참으로 성스럽기까지 합니다. 이는 일제의 침공을 벗어나 만주나 연해주 하얼빈 등지로 '망명'하던, 자유를 갈망하고 조국의 해방을 염원하는 이주와 이동의 행진에 몸을 실었던 우리네 선조들의 현현입니다. 그리고 또 전 육이오 동란 때, 함흥에서 배를 타고 부산항으로 이주해 온 우리의 혈육은 또 그 얼마나 아름답고 성스럽습니까.

여기서 그렇게 아름답고 성스러운 생명이 겉으로 드러나는 생명의 양태이자 시간의 모습이라고도 할 수 있을 우리의 몸에 주목하고자 합니다. 삶의 변화하는 텃밭이자 생명력이 펼쳐지는 자유의 성전(聖殿)이 곧 우리네 몸이라고 주장한다면, 이는 지나친 문학적 메타포나 수식어만은 아닐 것입니다. 베르그송에 의하면 몸-이미지는 우리가 세상과 만나는 바로 그 정확한 시점에서의 부표와도 같은 것이라고 할 수 있습니다. 시시각각 변화하면서 이동하는 시간의 흐름을 가늠할 수 있는 부표와도 같은 우리의 몸에 주목을 하는 것은 다름 아닌 몸의 움직임과 운동에 의하여 시간의 부표가 함께 흔들거리기 때문이라고 합니다. 우리네 몸에 시시각각 각인되거나 쌓이는 기록으로서의 기억과 회상과 지속은 기록이 곧 기억을 가능케 하듯이, 바로 우리의 몸의 기록이 기억으로 향하면서 우리 자신의 정체성으로 이어진다고 할 수 있습니다.

그리고 저 불과 이백여 년 정도도 채 안 되는, 조선 왕조 사회의 부동(不動)과 불통(不通)을 온몸으로 거부했던 고부와 황토현과 우금치에서의 개벽 깃발의 펄럭임과, 아직도 두 귀에 들리는 듯한 우렁찬 그들의 포효 소리! 단지 두 번으로 끝날 수는 없을 겁니다. '두 번이란 없다'는 폴란드의 노벨상 수상 시인, 쉼보르스카의 시구처럼 두 번이 열 번, 아니 살아 숨을 쉬는 그 동안만큼 끊임없이 이어질 거듭 개벽의 역사를 꿈꾸어 봅니다. 영원한 생명에 머무를 수 없기에 변화할 수밖에 없는 게 우리네 인간의 운명이라고 한다면, 변화(變化)함에도 불구하고, 변화함으로써 비로소 변(變)하지 않을 마음의 올곧은 기둥[心柱] 하나, 시천주(侍天主) 믿음을 가슴에 품고 살아가는 시천주자(侍天主者)를 꿈꾸면서 오늘 또 하루를 보냅니다!

홍경실

◈ 저는 1.4후퇴 때 평안남도 지역의 청우당원 학살을
피해 남하하여 지금은 포천 천도교 묘지에 잠들어 계신
선친, 홍재형의 3남매 중 막내로 태어났습니다
◈ 〈앙리 베르그송의 종교사상과 동학의 비교연구〉로
고 최동희, 신일철 은사님의 지도 아래 석사학위를
취득한 후, 〈베르그송의 직관에 관한 연구〉로 박사학위를
취득했습니다 ◈ 동학학회와 한국키에르케고어학회와의
오랜 만남의 결실로 졸저인 『동학과 서학의 만남』을
발간한 바 있으며, 포스트-닥과 연구교수 생활을 거치면서
대학에서 오랫동안 강의를 해 오고 있습니다 ◈

시작된 개벽 – 생산문명에서 생성문명으로의 이동

강
주
영

【 1. 어찌하여 그런가[i] 】

과학, 사상, 철학, 신앙 모두 서로 다른 방식으로 진리를 추구한다. 아인슈타인은 "과학 없는 종교는 맹목이며, 종교 없는 과학은 불완전하다"라고 했다. 알프레드 N. 화이트헤드는 "종교의 원리는 영원하지만 그 표현 방식은 과학의 발전에 따라 수정되어야 하며, 그렇게 될 때 과학은 종교에 유익하다."고 했다.[2] 과학, 철학, 사상, 신앙은 서로 통섭해야 한다. 서로가 서로에게 영감을 줄 수 있다. 동학은 "동에서 나서 동에서 받았으니, 도는 비록 천도이지만 학인즉 동학이다."[3]라 하였으니 동학은 지구학으로 확장되어야 한다.

　　최근 몇 년간 놀라운 경험을 했다. '코로나19대유행'과 세계적인 기후 대변화는 지구의 힘, 지구와 사람, 사람과 사람의 관계에 대한 근본적 성찰을 하게 했다. 개벽론, 전환론, 탈성장론, 녹색계급론, 기후정의 행동(이하 개벽 담론으로 통칭)이 이전에 비해 주목받고 있다. 동학은 이에 답해야 한다.

---

[i]　수운, 『동경대전』 「논학문」 5절 '何爲若然也' '어찌하여 그런가?', 수운은 대각하면서 묻고 또 물었다.

[2]　김기석, 『신학자의 과학산책』, 새물결플러스, 2018. 29쪽에서 재인용.

[3]　수운, 『동경대전』 「논학문」, "吾亦生於東受於東 道雖天道 學則東學."

그러나 일상을 살아가는 말하자면 거제조선소 하청노동자 같은 이들에게
이러한 말들은 어떤 설득력이 있을까? 경력 10년 용접기술자가 시급으로 겨우
1만 원을 받고, 반지하에서 홍수로 사망하는데, 개벽론은 달리 생각하면 그들
에게 협박으로 들릴 수도 있다. 닥치고 불평등 해소가 먼저일 수 있다. 개벽 담
론이 제안되고 있지만 전통적인 계급투쟁론이 여전히 주목받는 이유다. 여기
에서 고민이 심각해질 수밖에 없다.

동학의 모실 시(侍), 경천(敬天), 경인(敬人), 경물(敬物), 도성입덕(道成立德), 수
련-수양, 수심정기(守心正氣), 시천주 조화정(侍天主 造化定), 불연기연(不然其然),
개벽(開闢)은 일반인들에게는 형이상학이거나 개인의 수련-수양과 신앙으로
만 보일 수 있다. 나의 한울님은 성경신(誠敬信)을 다해 지극하게 수심정기 하
는데 모두의 한울님을 모시는 사회적 거룩함, 지구적 거룩함은 보이지 않는다.
천 년 전에 빚어 백만 사람을 살린다는 '신선주의 병마개'는 언제 열린다는 것
인가?[4] 개인의 수심정기야말로 지구적 개벽의 가장 기초가 되기에 더하면 더
할 일이로되 비판의 대상이 될 수는 없다. 그러나 교당과 수도원에서 도대체
언제 도사가 되거나 신선이 될 것인가를 생각하면 아찔하다. 불가의 말로 언제
한 소식을 듣는단 말인가? 개인의 수심정기는 죽을 때까지 할 일이라지만 지
구, 전쟁난민, 기후난민, 불평등난민들의 수심정기는 어찌한다 말인가? 개인
경인은 있는데 난민 경인은 없고, 내 물건 경물은 있는데, 지구라는 가장 큰 물
(物)의 경물은 아주 희미하다. 각자의 한울님은 있는데 지구와 지구적 인류의
한울님은 없으니 어찌하여 그런가? 어찌하여 그런가? '한울로서 한울을 먹는
다'는 해월의 이천식천(以天食天)을 말하며 우주적 연관을 말하면서도 막상은
자신의 골방에만 있다. 골방의 소우주는 버리고 대우주로 가야 하는 것은 아
닌가? 동학의 모실 시가 지구와 불평등 난민의 '실려줘'라는 소리를 듣지 못한

---

4 수운, 『동경대전』「詩文」부분, "瓶中有仙酒 可活百萬人 / 釀出千年前 藏之備用處 / 無然一開封 臭散味亦薄 병 속에 신선
술이 있으니 백만 사람을 살릴 만하도다 / 빚어내긴 천 년 전인데 쓸 곳이 있어 간직하노라 / 부질없이 한 번 봉한 것 열면
냄새도 흩어지고 맛도 엷어지네."

다면 어찌 경천이라 할 것인가? 한울의 덕을 베푼다는 포덕(布德)은 교리를 전도하는 전도나 전교가 아니다. 지구적 삼경(三敬) 행동이라 생각한다.

이 글은 이런 문제의식으로 동학을 마르크스의 사적 유물론, 현대물리학의 주요 개념, 탈성장론, 전환론 등과 비교 검토하여 지구생성살림론으로 확장하여 제안하고자 한다. 살림은 '살리다'의 살림이기도 하고 우리가 흔히 '경제'라고 하는 것의 살림, 즉 '나라살림'의 살림이기도 하다. 경제의 기본 바탕은 지구와 인류 모두를 살리는 '살림살이'다.

【2. 개벽으로의 이동은 이미 시작되었다】

개벽은 신비로운 말, 종교어, 형이상학의 개념이 아니다. 개벽의 현실성, 실재성(reality)을 말하지 못한다면 그 개벽론은 어디에 쓸 수 있을 것인가? 해석은 하는데 개벽을 하지 못한다면 공허하다. 전환이 아니라 개벽이라고 쓰는 것은 개벽은 지구 전체적인 거대한 급진적 전환이기에 전환보다 더 포월적인[5] 질적 전환의 의미가 있다. 하여 개벽이라는 동학의 개념을 쓴다.

우리는 최근에 이미 개벽을 봤다. 인간들이 자원을 가져다가 쓰기만 하던 지구가 급진적인 '거대한 가속'[6]으로 지구생명의 자기조직화(self-organization)[7]를 한다. 그것이 흔히들 말하는 기후변화다. 기후위기는 지구위기가 아니라 인류위기 관점이므로 기후변화가 맞다. 그런데 이 변화가 거대한 가속으로 나타나기에 기후변화는 '지구개벽'이라 할 수 있다. 혹자는 기후위기가 아니라 '기

---

[5] 포월은 말하자면 계급을 포월하면 생명이 된다. 포월은 적대하지 않고 어떤 범주 내부의 생성원리로 여타의 것들을 받아들인다. 수운의 불연기연은 이 포월의 논리라 할 수 있다.

[6] 스콧 갤러웨이, 『거대한 가속』, 박선령 역, 리더스북, 2021.

[7] 복잡계이론(complexity system theory)의 핵심어이다. 자기 닮음꼴 형성이라는 프렉탈(fractal)이 '자기조직화'의 주요 근거로 제시된다.

후기회'라고도 한다. 기후변화를 통해서 세상을 바꿀 수 있는 기회라는 뜻이다. 시간의 속도가 급진적으로 빨라진 것이다. 개벽의 사람 중심 관점을 버려야 한다. 지구개벽은 사람까지를 포함한 개벽이다. 인간도 비둘기나 토끼, 강아지풀, 민들레, 강물처럼 지구자연계의 한 종(種)일 뿐이다.

모든 것들이 급진적으로 가속 변화하는 것이 개벽이다. 가속 변화는 질적 전환의 연쇄작용이 급진적으로 빠르게 진행된다는 뜻이다. 개벽이 지구와 인류 모두를 모시는 개벽이 될지, 파국의 개벽이 될지는 불확정적이다. 지구 개벽의 현실적 모습은 생물멸종, 홍수, 가뭄, 폭염 등으로 나타나고 있다, 이는 인간에게는 파국으로 보이지만 지구 입장에서는 자신의 '자발적 진화' 과정이다.[8] 이런 과정에서 바이러스의 인간 대공격인 코로나19 대유행도 출현했다. 기후변화와 코로나는 인간에게 위협이지만 지구 입장에서는 자기생명의 자기조직화를 진행하는 자기살림이자 자기생성 과정이다.

이것을 동력으로 하여 인간 세계의 급진적인 개벽이 나타나지 않을 수 없다. 사람의 자발적 의지가 아니라 지구가 강제한다고 할 수 있다. 인간의 작위가 없는 지구자연의 자발적 진화, 자기조직화는 수운이 말한 무위이화(無爲而化)라고 할 수 있다. 산업혁명 이전에 지구와 인간은 공생진화해 왔다. 최재천 교수 말로 하면 호모심비우스(Homo Symbious, 공존하는 인간)였다. 인간은 지구의 자기조직화를 침범하지 않았다. 그러나 산업혁명이 시작되면서 공생적 진화는 파탄하고, 인간이 일방적으로 지구를 수탈하며 지구의 자기조직화를 침범했다. 그러나 인간의 우위는 삼일천하! 지구 역시 생명이어서 자신을 살리고자 급진적인 자기조직화를 하자자마, 상황은 급변한다. 역전이다. 역전이 개벽이 아니라면 무엇이 개벽일까? 많은 사람들은 이 역전을 느끼지도 못하고, 느낀다 하더라도 인간이 관리할 수 있다고 믿는다. 그러니 인공강우처럼 국지적으로 기후를 조작할 수 있고, 이산화탄소를 포집한다고 해도 이 또한 지

8 브리스 립튼, 스티브 베어맨, 『자발적 진화』, 이균형 역, 정신세계사, 2012.

구의 어떤 곳에서 엔트로피를 증가시키는 행동이 된다. 지구는 인간의 힘으로 결코 관리될 수 없다. 유일한 방법은 지구 자신의 생성 경로에 어긋나지 않게 행동하는 것이다. 인간의 자유의지가 지구생성 용량을 넘어서거나 그 경로를 막아서면 인간세계의 파국은 가속화된다. 등속이 아니라 가속이다.

급진적인 전환, 즉 개벽이 가능하다는 것을 코로나 방역은 실증했다. 바이러스와 속도전을 펴며 사회 역량이 총동원되었다. 평상시라면 꿈꾸기도 어려운 일이 급진적으로 일어났다. 다른 나라는 어쩐지 모르나 한국에서 코로나 치료는 무상이었다. 더하여 초기에는 확진자에게 치료 기간 동안의 생계 보조비와 생필품꾸러미가 지원되었다. 날마다 가는 곳이어야만 했던 학교에 가지 않아도 되었다. 얼마간의 돈들이 재난지원금 명목으로 공짜(?)로 지급되었다. 회사에 가지 않고도 근무할 수 있었다. 평소에 무시하기 일쑤였던 돌봄, 청소, 배달 등의 노동이 얼마나 소중한지도 알게 되었다. 사실상 통행금지를 통해 소비가 억제되었다. 경제보다도 생명이 우선이었다. 국제교역과 공장이 잠시 멈춰도 된다는 것도 알았다. 제일 극적인 교훈은 하늘이 아름답다는 걸 확인한 일이었다. 기후변화 대응행동의 시급성을 일깨웠다. 재택근무 같은 엄청난 실험이 생산성을 떨어뜨리지 않고 도리어 효율적이라는 것도 보여줬다. 학교의 출석 점검이 학력 신장과 정비례한다는 근거 없는 믿음도 버릴 수 있게 되었다. 소상공인 활력에서 제일 중요한 것은 이웃의 우정과 연대라는 것도 확인할 수 있었다. 이것은 전 세계에서 수천만 명의 희생으로 얻은 교훈이다.

방역으로 인한 사회적 통제, 즉 에코파시즘을 '사회적 자유'라는 담론 차원에서 논의하는 것을 별개로 치자면 우리가 지난 2년간 본 것은 개벽까지는 아니더라도 급진적인 전환이 가능하다는 것의 확인이다. 김지하가 말한 모실 시(侍)의 '사회적 성화'가 국지적이지만 이루어졌다. 하면 할 수 있다. 못하는 것이 아니라 상상하지 않고, 하지 않는 것이다. 이런 일들은 사회운동이 아니라 이른바 '자연의 역습'이 만들었다. 그렇지만 자본성장 체제가 멈춘 것은 아니다. 흔히 바이오산업이라는 부르는 생명산업(생명과 산업의 결합은 우스운 것이다.

어쨌든…), 플랫폼기업, 디지털산업이 성장했다. 그들은 예상하지 못한 급격한 호황을 맞았다. 재난 시대의 불평등 성장이라고 할 수 있을 정도다.(주장의 완성도를 높이기 위해서는 통계가 제시되어 하지만 학술논문이 아니라 생략한다.) 중요한 것은 개벽 시작의 동력, 그 주체는 지구라는 사실이다. 그 장면에서 인간의 역할은 빌런, 그것이다.

【3. 생산관계에서 생성관계로의 이동】

'생산관계'는 마르크스의 개념이다. 마르크스는 초기에는 교류 형태라 불렀다가 훗날 생산관계라 불렀다. 노동의 방식, 노동의 분업과 협업, 교환 및 소유관계가 생산관계다. 이 생산관계가 생산력과 조응하지 못할 때에 사회혁명이 시작된다고 『정치경제학 비판을 위하여』 서문에서 마르크스는 썼다. 이는 마르크스 사적 유물론의 핵심이기도 하다. 이것을 마르크스는 『철학의 빈곤』에서 쉽게 표현했다: "손으로 빻는 절구는 봉건 영주가 있는 사회를 가져오고, 증기 절구는 산업자본가가 있는 사회를 가져올 것이다."[9] 필자 세대의 사람들은 손절구, 마을방앗간, 미곡종합처리장(RPC-Rice Processing Complex)을 다 안다. 손절구는 가족 소유로서 가족교환관계의 모태이고, 마을방앗간은 마을 대동계 소유로 마을교환관계의 모태이고, RPC는 자본의 소유로 다국적 곡물기업 카길을 등장시켰다. 이 각각의 사회적 관계와 교환은 굳이 설명을 하지 않아도 쉽게 짐작될 것이다. 여기서 절구질 하는 이는 노동력이다. 벼는 노동대상(자연자원)이다. 절구, 방앗간, 미곡처리장은 노동수단이다. 노동대상과 노동수단을 합하여 생산수단이라 한다. 노동수단의 발달 정도는 노동력 발전 정도의 표상이다. '자연 발생적 생산 도구'가 '문명적 생산 도구'로 발전함에 따라

9   칼 마르크스, 『철학의 빈곤』, 김문현 역, 동서문화사, 1994.

서 사회관계와 사회 형태에서도 많은 변화가 발생했다.

그런데 사회혁명은 시작되지 않고 이제 디지털에 기반한 플랫폼기업이 카길을 지배한다. 마르크스가 말한 '고도의 생산력'에 도달하여 사회혁명이 시작되기도 전에 지구가 먼저 개벽을 시작했다. 인간사회에서 있어 사적 유물론의 적용에 한계가 온 것이다. 명백히 마르크스의 사적 유물론의 한계다. 마르크스가 자연을 도외시한 것은 아니지만 마르크스에게 지구는 주체가 아니었다. 마르크스에서 생산 제력의 핵심은 노동수단이라는 기술이었지 지구자연은 아니다. 지구의 자발적 진화 또는 자기조직화로서 자원의 생성은 장구한 세월을 필요로 한다.

근대 생산주의 산업문명에서는 인간의 시간 속도가 지구자연의 시간 속도를 초월하고 있다. 즉 생산이 생성을 초월했다. 고도의 생산력이란 결국 생산력의 한계점을 말한 것일 터이다. 그렇다면 지구자원의 고갈과 기후변화는 곧 노동수단이나 기술이 더 발전할 여지가 있더라도 생산력의 한계로 작동하는 것이기에 이 한계에서의 생산 제력은 고도의 수준을 가진 것이다. 지구라는 녹색계급[10]으로부터 촉발된 개벽은 사회혁명을 동반하지 않을 수 없다. 어찌 지구자연은 없고 인간만의 사회일 것인가? 문제는 지구개벽과 함께 하는 사회혁명의 방향이다. 동학 천도교인 박길수가 말한 것처럼 "사회혁명 품은 지구개벽"이다. 지구자연의 자기조직화를 인간이 거스를 수는 없다. 사회필연성은 자연필연성을 거스를 수 없다. 그렇기 때문에 인간의 생산관계는 지구자연의 생성력 한도에 순응하는 형태로 가지 않으면 안 된다. 지구의 '생태수용력' 안에서의 지구자연의 공생적 진화로서 인간사회의 발전을 추구해야 한다. 생태수용력을 넘는 성장은 존재할 수 없다. 성장의 한계는 명확하다. 이것이 천명을 공경하고 천리에 따르는 길이다. 옛 사람들 말도 그 점을 지적한다.

탈성장은 성장을 더 할 수 없다는 뜻만은 아니다. 지구 생태수용력 안에

---

[10] 브뤼노 라투르, 니콜라이 슐츠, 『녹색계급의 출현』, 이규현 역, 이음, 2022.

서 양적 성장이 아닌 다른 질적 발전을 추구한다는 뜻이다. 즉 탈성장은 손절구의 RPC화라는 기술발전이 지구 생태수용력 안에서 생산관계가 아니라 생성관계로의 질적인 전환 발전을 추구하는 방향으로 작동해야 한다는 뜻이다. 인간과 지구의 공생관계에서 기술발전이 지구 생태수용력 안에서 질적인 최적화를 추구한다는 적극적 행동을 표현하는 말이 바로 '탈성장'이다. 이것이 곧 필자가 말하는 '생성관계'이다. 당연히 인간들의 관계도 생산관계가 아니라 서로를 모시고 기르고 살리는 생성관계로 전환되어야 한다.

【4. 탈성장, 생성관계, 동학, 양자역학】

아인슈타인은 "신은 주사위 놀이를 하지 않는다."며 양자역학을 공격했지만 과학계는 양자역학을 지지했다. 당시까지 파동으로만 알려진 빛이 입자의 성질을 가졌다는 '광자론'으로 아인슈타인은 노벨상을 받았다. 그는 광자론으로 양자역학의 원조가 되었지만 역설적이게도 그는 양자역학을 지지하지 않았다. 빛의 속도로 가까이 갈수록 시간은 느려진다는 상대성이론은 뉴턴역학의 세상을 뒤집어 놓았는데 양자역학은 다시 세상을 뒤집었다. 벨기에의 조르주 르메트르 신부는 빅뱅이론을 제시했다. 그 이전에 우주론은 정적 우주였고, 우주가 특정 시점에 시작되었다는 개념은 창조론자들이 가지고 있었다. 그런데 르메트로 신부가 동적 우주론을 기반으로 빅뱅을 주장하자 정적 우주론자들은 유사 창조론이라며 빅뱅이론을 공격했다. 그러나 정적 우주론자들은 허블망원경이 적색편이를 통해 빅뱅, 우주팽창, 동적 우주를 입증하자 수긍하지 않을 수 없었다. 당시까지 정적 우주를 지지하던 아인슈타인도 동적 우주를 지지하게 되었다. 정적 우주에서 동적 우주로의 전환은 과학의 개벽이었다.

이제 양자역학[ii]을 검토하자. 양자역학에서 하나의 전자는 여러 상태에 존재한다는 양자 중첩 개념이 있다. 그런데 그것이 측정할 때는 하나의 상태로만 보인다는 것이다. 측정하기 전에는 상태를 알 수 없다는 불확정성 원리이다. 불확정성 원리에 따르면 위치와 운동량을 동시에 알 수 없다. 위치와 운동량을 측정하는 행위가 서로를 교란하기 때문이라고 한다. 양자는 중간이 없이 도약한다고 한다. 인과율이 있는데도 측정 전에는 불확정성이고 측정 상태에 따라 달라진다니, 확률우주, 다중우주라니, 미래는 확률적으로만 예측할 수 있다니…. 뉴턴역학에서는 위치와 속도만 알면 운동량에 따라 시간의 미래를 알 수 있고, 인과율에 따라 미래는 결정되어 있다고 믿어졌다. 뉴턴역학에서 자유의지는 인과율, 즉 필연성 내에서만 있기에 궁극의 자유의지는 존재하지 않는다. 뉴턴에 따르면 필자가 지금 글을 쓰는 것은 원인이 있고 그 원인의 원인을 따지면 우주 탄생 빅뱅까지 간다는 인과의 사슬에 있다. 그러니 지금 글을 쓰는 것은 미래의 원인이기도 하다. 양자역학에서는 이런 인과율적인 세계상이 깨진 것이다.

글을 쓰는 일을 마르크스의 계급투쟁으로 바꿔 보자. 마르크스는 사회 변혁의 원인을 생산력과 생산관계의 모순이라 주장했다. 이는 뉴턴역학의 공식 F(힘)$=ma$(질량가속도)에 충실한 것이다. 힘은 방향을 가진 벡터(Vector)다. 힘이 가해지면 속도는 변한다. 뉴턴의 법칙에 따라 세상은 정해진 궤적을 따라간다. 역사는 결정되어 있다. 결정론이다. 사회에서 계급투쟁이라는 힘을 가하면 사회발전의 속도는 달라진다. 물질세계의 법칙을 사회에 적용하여 마르크스는 "지금까지의 역사는 (기록된 역사-엥겔스의 주석) 계급투쟁의 역사다."라고 선언할 수 있었고, 앞으로의 역사는 공산주의를 향해 간다고 주장했다. 마르크스의 사적 유물론은 결정론이다.

[ii] 이 절의 '양자역학'에 관한 내용은 김상욱, 『김상욱의 양자공부』(2017, 사이언스북스)를 근거로 한 것이다. 이해 및 서술상의 잘못이 있다면 전적으로 필자의 책임이다.

그런데 1920년대 이후, 닐스보어와 하이젠베르크 등의 양자역학에 대한 '코펜하겐 해석'은 원자라는 미시세계에서는 뉴턴역학이 적용 불가능함을 입증했다. 양자역학론자들은 미시세계의 양자역학을 대응원리를 통해 거시세계의 뉴턴역학 같은 고전역학에 적용할 수 있다고 한다. 또 양자역학은 다중우주라는 해석을 한다. 양자역학의 중첩성이 측정할 때는 한 상태로만 보인다고 한다. 이를 해석하기는 왼쪽 세계에서 보면 왼쪽의 양자만, 오른쪽 세계에서는 오른쪽 양자만 보인다는 것이다. 이는 측정할 때 양자가 하나만 있는 것이 아니라 우주가 다중이어서 한 우주만의 양자만 보여서 그렇다는 것이다.

양자역학에서 실재(Reality)는 확률적이고 다중세계를 가진다. 실재론과 생성론은 서양철학의 양대 산맥인데 양쪽 모두에게 필요한 실재가 양자역학 때문에 오리무중이 된 것이다. 어려운 정도가 아니다. 이에 대해 양자역학 연구를 하는 김상욱 교수는 "입 닥치고 계산이나 해!(Shut up and calculate!)"라는 물리학자 데이비드 머민의 말을 소개한다.

그 어려운 양자역학을 필자가 잘 알아서 말하는 것이 아니다. 양자역학이 기왕의 철학과 사상을 개벽했다는 말을 하고 싶은 것이다. 거칠게 말하면 양자역학이 기존의 철학과 사상을 박살내고 있다. 그렇다면 마르크스의 사적 유물론은 틀렸다. 양자역학에서 측정자는 과학자나 실험자가 아니라 양자가 만나는 우주 자체다. 측정이라는 사건이 있어야 한다. 측정에 따라서 우주가 달라진다. 측정을 사건으로 바꿔보자. 사건이 발생할 때만 실재가 있다. 실재는 사건과의 얽힘에서만 있다는 것을 철학에서는 생성론이라고 한다. 실재가 사건과 무관하게 선행하여 있다는 것이 실재론이다. 그렇기 때문에 실재론은 사건과 무관한 단독자, 유일자를 전제한다. 신(神)은 대표적인 실재론의 개념이다. 필자도 천도교 신앙을 하지만, 이 논의에 신앙과 종교를 개입시키지는 않기를!

양자역학에 따르면 생성은 불확정성, 불연속의 도약성, 중첩성, 다차원을 갖는다. 양자라는 말 자체가 전자가 띄엄띄엄 있다는 뜻이다. 1, 2, 3에는 있지만 1.2 나 3.1에는 전자가 없다. 그렇다면 1과 2는 연속성이 없고 불연속성이 된다. 그래서 나온 개념이 1에서 2로 양자가 뛰어 건넜다는 '양자도약'이다. 불연속 이동이다. 마치 공상과학영화에서 어떤 존재가 지구에서 화성으로 순간이동을 하는 것과 같다. 그렇다면 원시부족 사회나 봉건제가 자본제를 거치지 않고도 공산주의로 갈 수도 있다는 뜻이다. 사실 아프리카, 아마존, 파푸아뉴기니의 부족들은 원시부족사회에서 곧바로 자본주의로 직행했거나 하고 있다. 등불로만 살다가 화력발전소 전기를 건너 뛰어 곧바로 마을의 태양광 발전설비로 불을 밝히는 것과 같다. 생산력 발전이 고도화되어야만 공산주의가 가능하다는 마르크스의 견해는 심각한 도전에 부딪힌다.

양자역학이 옳다면 마르크스의 생산관계는 사건들의 생성관계로 바뀐다. 마르크스에게서는 생산력(노동력, 노동수단, 노동대상)이 생산관계에 영향을 미쳤지만 생성관계에 영향을 미치는 것은 생산력만이 아니라 전 우주적 얽힘의 사건(양자역학의 측정)이다. 그러니 더 미궁에 빠진다. 세상을 이해하는 것으로는 뉴턴과 마르크스가 훨씬 더 쉽고 유용한데 과학자들이 그게 아니라고 한다. 시간의 직진성이라는 진보 세계관을 형성한 뉴턴역학이 상대성원리와 양자역학에 의해 논파되면서 진보는 미아가 되었다. 자본주의보다도 사회주의가 평등에 유리하여서 사회주의를 선택하는 것이지 사회주의가 진보라서 선택하는 것은 아니다. 그런데 이 사회주의도 기후변화 시대에 와서는 성장의 한계에 갇히고 만다.

생성철학에서 열역학 제2법칙인 무질서도의 증가라는 엔트로피는 결코 뺄수 없는 주제다. 자유의지와 관계가 많다. 우주는 엔트로피 법칙을 위배해 존재할 수 없기에 자유의지는 엔트로피의 한도 내에서만 존재한다. 양자역학의 불확정성 원리는 결정론인 뉴턴역학과 마르크스와는 달리 인간의 자유의지를 확장했지만 완전한 자유의지는 아니다. 현대 신경과학자들은 의식도 물질이라고 주장하여 신유물론에 영향을 주지만 의식에 비물질적인 것이 있다면 과학의 범위를 넘어 다시 신을 찾게도 된다.

생명의 자기조직화, 복잡계의 자기조직화(창발)가 다윈의 자연선택에서 말하는, 변이를 통한 대를 이은 생명의 자기전개(unfolding-흔히 진화)와 같은 것은 아니지만, 크게 보아 문제의식은 같다고 할 수 있다. 다윈에게 진화는 진보를 뜻하는 것이 아니어서 줄곧 '변화를 동반한 계승(descent with modification)'이라고 표현하다가 1872년 출간된 『종의 기원』 6판에 가서야 '진화(evolution)'로 대체했다고 한다.[12] 생명의 자기조직화는 우주 전체의 공간과 시간에서는 엔트로피를 증가시키지만 특정계와 시간에서는 엔트로피를 감소시킨다. 따라서 생성 관계에서 생명의 자기조직화가 빠질 수 없다. 생명의 자기조직화가 없다면 파멸의 시간은 가속에 가속을 더 한다. 이 '거대한 가속'의 시계를 '생명의 자기조직화'는 늦춘다. 지금까지는 열역학 제2법칙은 부동의 진리다. 거대한 가속의 자동차를 타고 가다가 멈추지 못해 사고가 나 파국을 겪는 것보다는 브레이크를 밟는 것이 낫다.

아직까지 과학자나 철학자는 우주의 근본을 밝히지 못하고 있다. 초끈 이론이니 통일장이니 하는 것이 있지만, 우주의 미시계와 거시계를 동일한 원리로서 모두 설명하는 이론은 아직 물리학계에서도 철학계에서도 없다. 그걸 모르니 제일 속 편한 것이 신이다. 따라서 현실의 무지로부터 도피한 것이 신이다. 신은 있다고 하는 것이 실재론이다. 아인슈타인이 '빛은 파동일뿐 아니라 입자다.'라고 하기 전에는 에테르라는 매질이 있어 빛의 파동을 매개한다고 생각했다. 조지프 프리스톨리(Joseph Priestly, 1733-1804) 목사에 의해 1774년 산소가 발견되기 전에는 플로지스톤(phlogiston)이라는 기체가 산소 역할을 한다고 생각했다. 신이란 때로 에테르나 플로지스톤 같기도 하다.

생명의 자기조직화뿐 아니라 사건을 통한 생성의 원리를 수운은 '무위이화'(無爲而化)라 불렀다고 생각한다. 수운이 양자역학을 알았다는 뜻이 아니다. 사상이란 생각을 생각으로서 논증하는 것이다. 물리학에서는 이를 '사고실험'

---

12   찰스 다윈, 『종의 기원』, 장대익 역, 사이언스북스, 2019, 26쪽.

51

이라 한다. 실제 실험으로 구현하기 어려워 이론적으로만 생각 가능한 실험이
란 뜻이다. 수운의 무위이화를 필자의 말로 정리하면 이렇다. "불확정성 우주
에서 생명과 물질은 인과율의 제한 속에서도 능동적인 자유의지로 자기생성
을 한다." 양자역학을 가져다가 편리한 대로 하는 말이 아니다. 『동경대전』
「포덕문」 첫 문장에서 수운은 이렇게 썼다.

> 저 옛적부터 봄과 가을이 갈아들고 사시가 성하고 쇠함이 옮기지도 아니하고
> 바뀌지도 아니하니(우주의 단순 반복이 아니라 인과율의 제한 속에서 생성의 무궁함이라고
> 풀 수 있다. - 필자) 이 또한 한울님 조화의 자취가 천하에 뚜렷한 것으로되,
> 한울님의 조화를 모르는 사람들은(동학의 신관이다.) 비와 이슬의 혜택(생성의
> 원리로 인한 우주자연의 변화)을 알지 못하였어도 무위이화(모든 삼라만상이 스스로 자기
> 일을 한다. - 자발적 진화 또는 자기조직화)인 줄은 알았다.(盖自上古以來 春秋迭代 四時盛衰
> 不遷不易 是亦 天主造化之迹 昭然于天下也. 愚夫愚民 未知雨露之澤 知其無爲而化矣.)

그런데 이런 자기조직화는 주체의 자유의지와는 무관하다고 할 수 있다. 어린
아이는 외부로부터 에너지 또는 기(氣)[13]를(기와 에너지는 동일한 것은 아니다.) 받아
들인다. 즉 숨을 쉬고 영양분을 섭취하면 내가 자라지 않고 싶다고 해서 자라
지 않는 것이 아니다. 생로병사는 자유의지와는 무관하다. 자연과 사회도 어
쨌든 변한다. 그것을 복잡계의 자기조직화라고 한다. 단백질이 아주 우연한
계기에 생명이 되었다. 그렇다면 무위이화는 숙명적이고 운명적인가? 아니다.
주체의 의지가 무위이화의 시간을 조절할 수 있다. 수많은 우연과 필연들이
서로 얽혀서 자기조직화를 하는 과정에서 동일한 원인이 동일한 결과를 낳는

---

[13] 동학에서 기(氣)는 이렇다. '기란 것은 조화의 원체 근본'(氣者造化之元體根本也 - 해월신사법설, 천지이기)이라고 해월은 말한다. 이미 모든 존재는 자기 몸 안에 근원적으로 '영(靈=氣의 활성화 상태)'이 있다는 말이다. 이미 존재가 생성되는 그 순간 '영'을 가지고서 난다. 해월은 "안에 신령이 있다는 것은 처음 세상에 태어날 때 갓난아기의 마음이요, 밖에 기화가 있다는 것은 포태할 때에 이치와 기운이 바탕에 응하여 체를 이룬 것이다"(해월신사법설, 영부주문)고 한다.

것은 아니다. 이것을 비선형(非線形)이라 한다. 쉽게 말해 달리기를 위해 아주 느리게, 느리게, 천천히, 보통, 빠르게, 아주 빠르게라는 선형 걸음부터 하는 것은 아니다. 자연적인 상황에서 식물이나 동물의 번식도 시간에 따라 비례해서 번식하지 않는다. 어느 시점까지 매우 빠르게 증식하다가, 그 시점이 지나면 증식을 멈추거나 감소한다. 이처럼 하나에는 하나만큼, 둘에는 둘만큼 반응하지 않는 현상을 비선형 현상이라 한다. 이 내에서 주체의 자유의지가 작동한다.

복잡계의 창발은 비선형이다. 양자역학은 선형이다. 양자 역학의 중요한 2개 이론인 슈뢰딩거의 파동 방정식과 하이젠베르크의 행렬역학은 선형성에 기초한다. 양자역학에도 비선형성이 있을 것 같은데 양자물리학자들이 양자역학은 선형이라고 하니 믿는 수밖에 없다. 따라서 비선형을 주요 특징으로 하는 카오스가 양자역학에는 없다. 그런데 분명 자연계나 사회에는 카오스가 있다. 우리가 흔히 아는 '태평양의 나비 날갯짓이 어디에서인가 태풍을 만든다.'는 것이 카오스다. 이 카오스에 기반하여 나온 것이 복잡계 이론이다.

이 무위이화의 생성을 사상(생각의 생각으로 논증)으로 추상한 것이 수운의 불연기연(不然其然)이다. 그렇지 않다는 불연은 영자역학의 불확정성에 대응하고 그렇다는 기연은 양자의 측정 상태가 된다. 불연과 기연의 경계는 복잡계 이론에서는 혼돈의 가장자리라고 한다. 이 '혼돈의 가장자리'[14]에서 새로운 생성이 일어나는데 이를 창발이라고 한다. 사건(양자역학의 측정)을 통해서 물질과 생명은 외부와의 생태순환과 교환관계를 통해 자신을 조직화한다. 이것이 무위이화다. 무위이화는 '저절로'라는 자동사는 아니지만, 자기조직화라는 주체의 자발적 자생적 행동이 전제된다. 범주를 키우면 우주는 우주생태 순환, 우주생태 교환관계를 통해 자신을 조직화한다.

수운은 동학주문의 조화정(造化定)을 설명하면서 분명하게 "조화는 무위

[14] 스튜어트 카우프만, 『혼돈의 가장자리』, 국형태 역, 사이언스북스, 2002.

이화"라고 한다. 우주는 이전의 것을 계승하여 새로운 사건을 생성하면서, 이전 상태는 무위가 된다. 자기조직화와 같다. 자기조직화란 대략 이렇다: "진정으로 새로운 현상은 서로 이질적인 성질을 가진 계들이 만나는 경계에서 생기는 섭동(흔듦·perturbation)이 각 계의 정상상태에 충격을 가할 때 제대로 일어날 수 있다. 그 결과는 기존 정상상태의 완전한 파괴일 수도 있고, 아주 약간의 변이가 가미된 새로운 정상상태일 수도 있다."[15] 생명은 단백질로 환원될 수 없다. 즉 우주는 그 이전의 요소로 환원될 수 없다. 이런 의미에서 현재 우주는 이전 우주에서 왔지만 이전 우주로 환원할 수 없다. 단백질과 생명은 차원이 다른 질적 발전이다.

필자는 이것이 수운의 조화정이라 생각한다. 필자의 생성관계는 수운의 원래 말대로 조화관계라고 할 수 있으나 마르크스의 생산관계와의 대칭성 및 동학 천도교를 확장하기기 위해 생성관계로 쓴 것이다. 단백질과 생명의 관계처럼 탈성장론은 자연에 대한 일방적 수탈에서 벗어나 지구의 생태수용력 내에서 생성을 이루는 살림경제를 할 때에 발전은 더욱 풍부해질 수 있다. 다시 말하지만 성장과 발전은 다른 개념이다.

【5. 마치는 말 - 탈성장의 생성경제를 위한 행동】

기후변화, 엔트로피, 실재적인 자원고갈 등, 생산의 성장 한계는 명확하다. 지구생태수용력을 키우고, 그 한도 내에서 생성경제를 현실의 일로 만들기 위해서는 어떤 사건이 필요할까? 사건을 '실천'이라고 해도 좋다. 필자는 서두에서 말한 동학의 경천, 경인, 경물의 삼경사상이 그 답을 준다고 여긴다. 해월은 경

---

[15] 박주용, 「엔트로피는 질서의 따분함 깨는 힘」, 《경향신문》, 2022.01.13.

물해야만 경천, 경인을 할 수 있다고 했다.[16] 경물은 소박하게 자원을 아껴 쓰거나, 물질적 배분의 평등을 하자는 차원을 넘는다. 생명과 물질의 자기생성, 자기조직화를 거스르지 않고 기르는 생성을 해야 한다. 그것을 해월은 양천(養天)이라고 했다.[17]

생성경제는 지하에서 지상과 천상으로 이동한다. 몇 만 년은 되어야 생성되는, 그래서 고갈될 수밖에 없는 석유, 석탄, 광물 등의 지하자원을 사용하는 것에서 지구가 하루아침에 생성하는 지상 생물자원과 태양 같은 천상자원을 주로 사용하는 살림경제로 이동해야 한다. 몇십 년은 지구와 인류 역사에 비추어 보면 몇 나노초도 되지 않는다. 그래서 '하루아침'이라고 했다.

1년에 7조5천억 원이 걷히는 한시적 목적세인 농어촌특별세를 생태세로 전환하여 부과율을 높이고 생태시민[18]인 농민자주관리기금으로 운영해야 한다. 농민은 식량 생산자가 아니라 지구자원 생성자로 지위를 바꿔야 한다. 태양에너지를 사용하는 발전된 기술을 농민이 이용할 수 있도록 해야 한다. 농촌(農村)이 아니라 지구자원을 가꾸고 기르는 농시(農市, 農侍)가 되어야 한다. 이것이 경물의 실천적 행동이다.

탈성장의 생성발전이 새로운 일자리를 늘릴 수 있다. 탈성장은 고용의 축소가 아니라 고용의 확대가 가능하다. 이런 뜻에서 농민이 개벽의 주역이라 할 수 있다. 생산 노동계급 중심론은 개벽되어야 한다. 100미터까지 이미 상용화된 목조건축, 해초류를 이용한 발전, 플라스틱을 대체하는 액화목재 기술이 상용화되도록 디지털 경제 이상의 지원을 해야 한다.

쌀이 남아돈다는데 호남평야의 어느 지역에 숲시[林市]를 만들어야 한다.

---

[16] 『해월신사법설』, 「三敬(삼경)」 셋째는 敬物이니 사람은 사람을 恭敬함으로써 道德의 極致가 되지 못하고, 나아가 物을 恭敬함에까지 이르러야 天地氣化의 德에 合一될 수 있나니라.

[17] 『해월신사법설』, 「養天主」, 한울을 養할 줄 아는 者라야 한울을 모실 줄 아나니라…보지 않느냐, 種子를 심지 않은 者 누가 穀食을 얻는다고 하더냐.

[18] 정읍 소재 생명사상연구소 1주년 기념토론회에 참석한 이나미 교수의 강연에서 처음 들었다.

여의도 면적의 120배 되는 새만금에 공장을 가져올 것이 아니라 생서자원의 숲시를 만들어야 한다. 공장을 가져오려야, 제로성장 시대에 가져올 공장이 없다. 쌀이 아닌 숲-먹을거리가 있고 자원이 있는 숲시가 이산화탄소를 포집하고, 사용할 수 없는 무질서 에너지인 엔트로피를 낮출 수 있다.

학교급식 등 공공급식에서의 조달을 시장조달이 아닌 공공조달 – 시장가격이 아닌 공공협상가격으로 바꿔야 한다. 일정 규모의 아파트, 공공기관 공단(노조), 대학교, 공공병원 등에 농어민+도시민 연합매장, 연합농사체제를 입법해야 한다.

자동차 등 만들어진 차량을 공유하는 마을차량공유제가 도입되어야 한다. 즉 생산물의 이용 방법을 획기적인 호혜적 공유로 바꿔야 한다. 이때 시장은 신령한 장터 신시(神市)로 개벽된다. 정의로운 분배는 참살이(well-being)를 발전시킨다.

발전된 기술을 활용하는 태양발전소, 마을작업장(Smart micro factory)을 마을 총유[19]의 자주관리체제로 만들어 마을의 기본 생필품을 자주관리에 의해 생산하도록 해야 한다. 즉 노동수단의 공유가 되어야 한다. 산업단지에서 마을로의 귀환인 유연분산화가 대기업 의존 체제보다도 훨씬 더 많은 고용을 창출한다. 그 최종 수취자가 자본이 되는 생산경제체제에서 국가화폐를 담보하는 기본소득 대신에 마을의 생성관리체제에 기반한 마을연금이 가능하도록 해야 한다. 마을연금은 다시 그 마을에 순환된다.

이런 기반에서 국가화폐에 일방적으로 담보되는 지역화폐가 아니라 국가화폐와 서로 상보하는 대안화폐로서의 지역화폐가 탈성장의 발전을 촉진하는 마중물이 된다.

국가에 의한 파시즘적인 단일표준주의 생산경제가 아니라 3501개 읍면동

---

[19] 민법에서는 262조 '수인의 소유'는 '공유'로, 271종에서는 '수인이 조합체로 소유할 때'는 '합유'로, 275조는 '법인이 아닌 사단의 사원이 집합체로서 물건을 소유할 때'는 '총유'로 하고 있다.

에서의 마을작업장이 지역화의 기반이 된다. 이로서 지역순환경제가 생성체제에서 가동된다.[20] 이런 체제에서 대의제를 통한 국가주의는 해체된다. 지역의 연합에 의한 연합의 원리가 국가를 통치체제에서 지역연합의 서비스기관으로 개벽한다. 지역당이 해야 할 일이다.

강주영
◈ 동학·천도교인, 전주 동학연구소 소장,
전주동학혁명기념관운영위원, 목수 ◈ 한울님인 지구와
사람을 모시는 집을 짓지 못하고 잠자는 집만 짓고 있다
◈ 역사위기 시대에 한울님들을 모시고 문명 전환의
다시개벽을 고심하고 있다 ◈

~~~~~~

[20] 생성경제를 위한 행동을 더 다양하게 언급할 수 있으나 이는 따로 기회를 얻어 쓸 사항이다.

RE: ACT

치유_내 안의 한울님을 발견하고 모셔가는 일

권
이
현

【#1】

"암이에요."

얼마 전 자궁에서 제거한 혹의 검사 결과를 들으러 간 자리였다. 몇 달 동안 불규칙한 하혈을 하고 있었지만 심각하게는 생각하지 않았다. 얼마나 태평했던지 진료 후엔 전날 마신 술을 해장할 약속도 잡혀 있었다. 고작 서른의 나이에, 이 들뜬 연말의 한가운데서 암이라는 진단을 받을 줄은 추호도 예상하지 못했다. 의사의 측은하고도 단호한 표정을 보고서야 내게 닥친 현실이 그리 자상하지 않다는 걸 실감했다.

부모님껜 뭐라고 말씀드려야 하나, 일은 어떻게 하지, 나 죽을 수도 있나? 등등의 생각이 순서도 없이 밀려들었다. 여전히 나는 내게 닥친 이 위기를 어떻게든 컨트롤 해 보려고 안간힘을 쓰고 있었다. 될 리가 없었지만. 머리를 세게 한 대 얻어맞은 듯해서 의사의 입에서 쏟아져 나오는 치료 계획이 잘 들리지 않았다. 양해를 구하고 녹음을 하기 위해 핸드폰을 찾는 손이 덜덜 떨리고 있었다.

진료가 끝나고 친구의 전화를 받고서야 눈물이 터져 나왔다. 쏟아지는 눈물 속에서 마주한 감정은 의외로 두려움도 걱정도 아닌 '미안함'이었다. 나 자신에 대한 미안함. 생소하지만 너무나도 선명하고 명확하게 느껴지는 감정이었다.

잠까지 줄여가며 무리하게 일을 욕심내던 때에도, 소중한 관계를 깨뜨리고 세상이 무너진 듯 느껴진 날에도, 시뻘건 하혈이 5분 간격으로 쏟아지던 때에도, 나는 스스로에게 괜찮냐고 묻지 않았다. 슬프거나 불안할수록 몸과 정신을 더 혹독하게 밀어붙이며 '나는 성장하고 있고, 이별을 건강하게 극복하는 중'이라고 자신을 설득했다. 그게 나한테서 나의 몸과 마음을 지독하게 소외시키고 있는 거란 걸 암 진단을 받기 전까진 깨닫지 못했다. 내가 '감히' 소외시켰던 '나'에게 너무 미안했다.

병원을 나와 약속대로 친구를 만나 쌀국수 집에 해장을 하러 갔다. 방금 나의 개인사에선 엄청난 사건이 벌어졌는데 세상은 허무할 정도로 그대로였다. 겨울바람은 여전히 차가웠고, 사람들은 제 갈 길 가기 바빴고, 쌀국수는 맛있었다. 다만, 나의 세상은 달라졌다. 다시는 나를 소외시키지 않겠다고 다짐했다. 내 감정, 내 생각, 내 욕구를 더 이상 모른 척 하고 살지 않겠다고.

【#2】

암 판정을 받은 뒤, 가장 먼저 한 일은 생존율을 검색해 보는 거였다. 다행히 자궁내막암은 완치율이 높은 질환이었다. 단, 자궁을 절제한다는 조건 하에서 말이다.

꽤 오랜 기간 내게 장래희망이라고 불릴 만한 게 있었다면 엄마가 되는 일이었다. 서른에 접어들고 현실을 마주하며 살짝 내려놓은(?) 꿈이긴 했지만 '자궁 절제'라는 치료 계획을 듣고 동공이 흔들렸던 이유는 아마 생물학적 엄마로서의 가능성이 박탈되는 것에 대한 아쉬움 때문이었을 거다.

혹, 평생 자궁을 쓸 일이 없다고 해도 몸의 장기를 도려내는 것은 꺼려졌다. 자궁을 보존하는 치료법이 궁해지자 내 관심사는 자연스레 자연치료로 향했다. 여러 경우의 수를 헤아려가며 자연치료에 관한 자료를 수집하기 시작했다. 식습관이나 생활습관의 변화로 암이 자연치유된 사례가 적지 않았다. 적어도 희망을 발견할 수 있는 수준이었다. 그렇게 나는 자연치료에 도전하기로 마음먹었다.

【#3】

자연치유를 선택하고 가장 먼저 마주해야 했던 것은 '어쩌면 죽음'이라는 가능성이었다. 그래, 죽을 수 있다. 세포가 비정상분열을 계속해대는 암이라는 질병을 갖고 있다면 말이다. 표준치료 후 완치판정을 받고 난 다음에도 재발과 전이의 가능성은 항상 열려 있다. 그 가능성 때문에, 나는 많은 것을 내려놓아야 했다. 아니, 내려놓을 수 있었다.

먼저 일을 내려놓았다. 전에는 가장 억척스럽게 부여잡던 것이었는데, 내가 암에 걸린 걸 알자마자 그렇게 내려놓기 쉬웠던 것도 없었다. 덕분에 내가 일을 그렇게 사랑하는 건 아니라는 걸 알았다. 괜한 스트레스를 주는 인간관계도 내려놓았다. 겉으로 드러나게 정리한 건 없지만 내키지 않는 관계는 그냥 마음속에서 떠나보냈다.

그렇게 나 자신을 돌보는 것보다 중요하지 않은 것들은 하나씩 정리해 갔다. 비우면 채워지는 게 진리다. '어쩌면 죽음'이라는 가능성은 많은 가능성을 내려놓게 했지만, 또 다른 많은 가능성을 열어 보여주었다. 내가 얻은 가장 큰 가능성은 누구나 좋아하는 일을 시작해도 된다는 것이다.

나는 어릴 적부터 타인의 기대에 부응하는 데 예민했다. 뭔가 '괜찮은' 일을 '제대로' 해내야 할 것 같은 압박감이 늘 있었다. 해야 하는 일과 하고 싶은 일이 있다면 해야 하는 일이 늘 우선이었고, 그건 대체로 나를 위한 것이라기보다는 '눈치나 체면' 때문일 때가 많았다. 그런데 암이, '어쩌면 죽음'이라는 가능성이 삶이라는 시간의 유한함을 깨닫게 해주었다.

인생이 유한하다는 진리 앞에 '좋아하는 일을 해도 될까?'라는 질문은 흔적도 없이 녹아내린다. 진짜 시간이 없다는 사실을 알고 나면 고민할 시간조차 아깝고, 실패에 대한 두려움보다 시도조차 못하는 것에 대한 두려움이 더 커진다.

누구나 '내가 내일 죽는다면 당장 무얼 할까?', '내게 한 달이라는 시간밖에 남지 않았다면?' 같은 상상을 한다. 나도 수없이 했더랬다. 그러나 행동에는 옮기지 않았던 그 버킷리스트들을 당장 하지 않으면 안 되는 이유가 덜컥 생겨 버린 것이다. 우유부단한 나에게는 고마운 일이 아닐 수 없다.

덕분에 요즘의 나는 나를 행복하게 하는 것이 무엇인지 적극적으로 찾아가는 중이다. 덕분에 얼마나 자주 행복감을 느끼는지, 겪어 보지 못한 사람은 모를 것이다. 이 시간들이 30년 인생에서 일어난 꽤 멋진 이벤트처럼 느껴질 정도다.

【#4】

죽기가 두려운 이유는 죽음이 주는 고통보다 그 이후에 무엇이 펼쳐질지 전혀 모르기 때문이다. 죽으면 정말 모든 것이 끝날까? 영혼이 있다면 내 영혼은 어떻게 되는 걸까?

애초에 나는 왜 이 지구에 왔을까? 이렇게 어영부영 살다가 죽으려고 태어난 걸까?

적어도 내가 지구에 온 이유는 알고 죽고 싶다. 무언가 이 별에 온 이유, 숙제 같은 것이 있는 것만 같은 느낌이다. 이생에서 깨달아야 하는 것, 혹은 해야 할 일이 분명 있을 것만 같은 느낌. 그걸 풀기 전에는 절대 죽음이 오지 않을 것 같은 느낌, 난생 처음 느껴 보는 근거 없는 확신감이 든다.

【#5】

치유를 위해 실천하는 것들 중 요즘 가장 마음을 쓰는 것은 '명상'이다. 나에게 맞는 명상법을 찾기 위해 꽤 많은 시간을 할애하고 있다. 자연치유법에 매진 중인 암환자가 어쩌다가 정신수양에 천착하게 되었을까.

자연치유는 획기적인 생활 습관의 변화를 요구한다. 심혈관계, 내분기계, 면역계, 자율신경계의 자연회복력을 높은 수준으로 끌어올리기 위해 동물성 식품, 밀가루, 설탕, 유제품을 끊고 규칙적인 운동, 뜸, 풍욕, 반신욕, 명상 등을 꾸준히 실천해야 한다.

와-. 한 문장으로 표현하니 너무 간단해 보여 억울할 정도다. 실천이 결코 쉽지 않기 때문이다.

좋은 습관이 몸에 배기란 왜 이렇게 어려운 걸까? 매번 스스로와의 약속을 지키지 못하고 자괴감에 허우적거릴 때마다 어리석은 행동을 결정하는 것이 정신의 문제인가 육체의 문제인가 궁금했다.

근래의 행동심리학 연구는 '육체를 지배하는 정신'이 아닌 '정신을 지배하는 육체'에 초점을 두는 경우가 많다. 기분이 좋아 웃는 게 아니라 웃으면 기분이 좋아진다는 식이다. 웃음에 쓰이는 근육을 자극하면 이가 뇌신경을 자극해 기분이 좋아지는 호르몬을 방출했다는 연구 결과는 유명하다. 하지만 억지웃음을 지어 보려는 것도 결국 정신의 결정 아닌가. 정신과 육체, 주도권은 누가 쥐고 있을까?

'닭이 먼저냐 달걀이 먼저냐'처럼 관념적으로 보이는 이 질문은 내겐 생사가 달린 문제였다. 매번 건강한 습관을 만드는 데 실패를 거듭한 나는 내 정신

세계에 무슨 문제가 있는지 돌아보아야 했고, 그렇게 '정신적이고 영적인 나'에 대해 탐구하기 시작했다.

그러다가 치유의 실마리를 '육체'에서 '정신'으로 옮겨 가는 데 결정적인 역할을 한 책을 만났다. 아니타 무르자니가 쓴 『그리고 모든 것이 변했다』라는 책이다. 아니타는 림프암으로 거의 죽음의 문턱까지 이르렀다가 혼수상태에서 어떤 깨달음을 얻고 의식을 회복했다. 그녀는 자신이 육체로 돌아오면 모든 병이 나을 것임을 확신했는데, 실제로 목 부근에 레몬만 하게 자란 암을 비롯해 전신에 퍼져있던 암이 단 며칠 만에 녹아 없어졌고, 이후 자신의 경험과 깨달음을 전 세계 사람들과 나누며 건강하게 살아가고 있다.

내가 책을 읽으며 놀랐던 것은 그녀가 나았다는 사실이 아니라, 깨달음의 상태에서 알게 된 자기 암의 원인이 '두려움'이라는 정신적 요인이었다는 것이다. 그녀가 느끼는 두려움의 종류와 원인은 나의 그것과 놀라울 만큼 비슷했다. 침대에 누워 책을 읽다가 벅찬 가슴을 쓸어내리기 위해 몇 번이나 몸을 일으켰는지 모른다. 내가 지닌 문제(=두려움)의 핵심을 제대로 간파당한 느낌이었다.

나는 어릴 적부터 겁이 많았고, 지금도 나를 고통스럽게 하는 것은 암 자체가 아니라 암이 가져올 극단적인 상황에 대한 두려움이다. '질병이 신과의 소통'이고, 삶에서 수정해야 하는 것들의 변화를 돕기 위해 일어난 현상이라면 내가 극복해야 하는 것은 암이 아니라 이 정체 모를 두려움이라는 확신이 들었다. 그래서 이 책을 접한 뒤로 이 두려움을 들여다보고 해소할 수 있는 방법을 적극적으로 찾기 시작했다.

궁금증을 해소하기 위해 이것저것 찾아보고 읽다 보니 너도나도 비슷한 이야기를 반복하는 낯선 세계가 있었다. 이 세계에서는 '두려움은 실체가 아니며, 모든 것이 나의 의식과 정신에서 비롯된다'고 말하며 명상을 강조했다. 마음공부인지, 정신수양인지 아직 뭐라고 불러야할지도 모르겠지만. 이 안에 내가 아팠던 이유와 치유의 실마리가 들어있을 것 같은 느낌이 든다.

【#6】

영덕 가는 고속도로, 적적함을 달래고자 튼 오디오북에서 '영적으로 성장하고 싶다면 그런 사람들을 찾아가고 배우고 공동체 안에서 성장하라'는 이야기가 흘러나왔다. 이제 나도 그런 스승과 공동체를 찾아갈 때가 되었나? 하는 생각이 스쳤다. 우연인지 필연인지, 그렇게 도착한 영덕에서 이화서원을 만났다. 나는 마치 그러기로 예정되어 있었던 것처럼 자연스럽게 이화서원 식구들의 여행에 동행했다. 여행은 영덕에서 청송으로, 그리고 다시 이화서원의 본거지인 곡성으로 이어졌다. 그 여행은 주역 하경을 공부하는 여행이었는데, 청송의 아름다운 계곡과 한옥 숙소, 심지어 식당에서까지 때와 장소를 가리지 않고 공부의 장이 펼쳐졌다. 지루하다 싶으면 어디선가 대금과 기타 연주가 시작되고, 엉덩이가 쑤신다 싶으면 청명한 가을 밤 공기를 가슴 듬뿍 들이마시는 산책이 시작됐다. 이처럼 배움과 놀이가, 공부와 여행이 어우러진 시간을 가져 본 게 얼마만인지. 주역의 'ㅈ' 자도 몰랐던 내가 이틀 만에, 동전과 음양오행의 도움을 받아 삶에 찾아오는 질문들을 하늘에 묻고, 주역 괘에서 답을 찾는 놀이에 흠뻑 빠졌다.

여행이 끝나고 며칠 뒤, 이화서원 연구원으로 초대를 받았다. 빛살 선생님은 이화서원 연구원이 '자기 삶의 과제를 해 나가는' 청년들이라고 했다. 이화서원으로의 초대는 '더 이상 눈치 보지 말고 네 삶의 과제를 해 나가'라고 격려 받는 느낌이었다.

【#7】

기괴하게 들릴지 모르겠지만 내 장례식에는 처리를 기다리는 시체가 없었으면 좋겠다. '죽은 자는 죽은 자들이 알아서 장례케' 하고 산 자들은 '살아있음'을 기뻐하는 잔치의 장이 되었으면 좋겠다.

　그러기 위해 나는 죽음이 이르기 전에 스스로 장지를 준비하고, 그날이 오면 스스로 장지에 걸어들어가 마지막 숨을 내쉬고 자연으로 돌아갈 수 있었으면 좋겠다는 사치스러운 생각을 하곤 한다. 이게 끝내 사치스러운 망상이 될지, 현실이 될지는 앞으로 살아갈 시간들에 달려 있을 것이다.

　장례식은 내가 평소 많은 시간을 보내던 공간에서 이루어지면 좋겠다. 그곳에는 내가 미리 〈장례식 플레이리스트〉에 담아둔 노래들이 끊임없이 흘러나왔으면 좋겠다. 내 장례식에 참석하는 것이 바쁘게 돌아가던 일상을 잠시 멈추고 숨을 고를 수 있는 핑계가 되었으면 좋겠다. 나를 사랑했던 사람들에겐 나와 함께 했던 시간을 추억하고 살아갈 힘을 얻을 휴식의 시간이 되었으면 좋겠다. 숨 돌릴 틈이, 휴식이 필요하지 않은 사람은 오지 않아도 좋다. 그들이 각자의 자리에서 나를 기억하는 것만으로 나는 그들과 함께 있을 테니까.

　정말로, 정말로 그런 장례식이 되려면 나를 잘 아는 친구의 도움이 필요하다. 삶의 모습뿐만 아니라 죽음까지도 아울러서 나를 이해하고 기꺼이 그 과정을 함께해 줄 친구. 감사하게도 그런 친구가 있다. 이건 정말로, 정말로 감사한 일이라는 걸 내가 잊지 않았으면 좋겠다. 부담스럽다고 거절해도 이상하지 않은 내 제안에 친구는 내 두 눈을 보고 고개를 끄덕이며, 덤덤하게 말했다. "대신, 내가 그 일을 더 잘 준비할 수 있도록 오래 살아야 돼." 나도 힘차게 고개를 끄덕였다.

　나도 안다. 서른두 살에 장례식을 준비한다는 생각이 터무니없다는 것. 사람 목숨이 그렇게 호락호락하지 않다는 것. 하지만 내가 암을 만나고, 암환자의 입장에서 보고 들은 세상에서는 죽음이 멀리 있다는 생각이 더 터무니없다. 죽음이 어울리는 나이란 없다. 죽음은 항상 우리 곁에 있고 그 사실에 익숙해져야 삶과도 더 빨리 친해질 수 있다. 죽음을 생각하는 것은 삶을 생각하는 것과 다르지 않다.

【#8】

이화서원에서 한 달에 한번 진행되는 〈넓게 잇기〉에 화자로 초청을 받았다. 주제는 '삶과 죽음'에 관한 것이었는데 나는 그 주제에 대해 이야기할 만한 정리된 생각이 없었다. 그저 매일 삶과 죽음 사이에 드리워진 동아줄 위를 아슬아슬 걷고 있는 것만 같았다. 빛살(김재형) 선생님은 "그렇다면 주제를 '갈팡질팡'으로 해 보라"며 거절의 가능성을 일축하셨다. 갈팡질팡 하는 거라면 얼마든지 자신 있지. 하기로 했다. 사실 내심 오래된 고민들을 물밑에서 건져 올려 정리해 보고 싶은 마음이었다.

생각하는 대로 된다고 했던가. 소재 글을 쓰는 과정에 생각이 많이 정리됐다. 가장 좋은 것은 나의 에너지가 어디를 향해 있는지 발견한 것이었다. 자연치유를 선택하고, 죽음과 그 저변에 드리워진 영적 세계를 탐구했던 2년여의 시간 속에서 내가 끊임없이 갈망했던 것은 '삶'이었다. 때로 내가 너무 삶에만 집착하는 것 같은 기분도 들었고, 죽음을 의연하게 받아들이지 못하는 것 아닌가 하는 걱정이 들 때도 있었는데, 그건 노파심이었다. 내 에너지는 '삶'을 향해 활짝 열려있고, 정말 죽음을 준비할 때가 되면 나는 절로 그것을 알게 될 거라는 확신이 들었다. 이것을 발견하고 인정하게 된 것은 내겐 큰 수확이자 성장이었다.

그런데 웬걸. 줌으로 진행되는 넓게 잇기 당일엔 더 큰 선물을 받았다. 존경하는 신학자 현경이 미국에서 접속하여 (오랜 팬인 나는 말문을 잇지 못했다) 이제 막 삶에 대한 애정을 발견한 내게 '살림'의 정신에 대해 잊지 못할 코멘트를 주었다. "'죽임'과 '죽음'은 다르다. '죽임'에 대해서는 '살림'의 정신으로 저항해야 하며, '죽음'에 대해서는 다른 차원에 대한 호기심을 갖고 당차게 들어가길 바란다"는 이야기였다. 또 다른 청자는, 다른 차원의 나(참나, 빛 몸)를 의식하는 맥락에서 '병의 치유'와 '죽음의 준비'는 별개의 문제가 아니라는, 내가 갈팡질팡했던 문제에 대해 정곡을 찌르는 코멘트를 남겨주셨다. 또 다른 여러 참여자들의 코멘트를 들으면서 죽음이 나만의 문제가 아니라는 당연한 사실에 위안을 받기도 했다. 그 벅차고 훈훈한 평화로운 기운은 다음날 침대에서 눈을 뜰 때까지 나를 둘러싸고 있었다.

【#9】

우리 몸을 물질로만 바라보는 현대의학과 달리 양자의학에서는 건강을 몸장-에너지장-마음장으로 나누어 바라본다. 여기서 에너지장은 우리가 기(氣), 혹은 경락이라고 말하는 보이지 않는 파동장을 말하며, 마음장은 종교에서 말하는 '영'의 세계, 심리학에서 말하는 잠재의식과도 그 의미가 상통한다. 몸장과 에너지장은 서로 공명하며, 에너지장과 마음장도 서로 공명하여 영향을 주고받는다.

양자의학의 입장에서 보면 몸이 먼저냐, 정신이 먼저냐 물었던 나의 질문은 우문이 된다. 몸-기(에너지)-마음이 독립적으로 존재하는 것이 아니라 상호 공명하며 항상 영향을 주고받는 것이다. 몸에 좋은 일을 해주면 몸이 에너지장과 공명하고, 에너지장은 마음장에도 영향을 주어 나의 무의식까지 향기롭게 만들 수 있다. 반대로 마음에 좋은 일이 일어나면 그것은 또 에너지장-몸

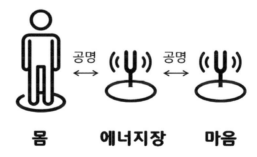

장에 공명하여 몸에 좋은 영향을 준다.

누구나 어느 정도는 본능적으로 알고 있을 이 사실을 제대로 이해하게 되면서, 건강을 되찾기 위해 100점짜리 자연치유 매뉴얼에 집착하거나, 암을 한 방에 낫게 해 줄 모종의 영적 체험을 갈망하는 나의 극단적 심리가 균형을 잡기 시작했다.

그저 내가 해야 할 일은 살면서 다가오는 많은 선택의 순간에 몸-정신-영혼을 더 이롭게 하는 선택을 하는 것이다. 물론 이도 말처럼 쉽지 않다. 자신을 대하는 태도에 신(한울님)을 모시는 수준의 정성과 겸허함 없이는 어려운 일이다. 그렇다. 내 몸과 맘을 대할 때 신(한울님)을 모시는 경외심의 백분의 일만 들여도 내 몸, 마음, 영혼을 위한 선택을 하기가 훨씬 수월해진다.

치유는 곧 내 안의 한울님(신)을 발견하고 모셔가는 일이다. 삶을 꾸려가는 일이나 죽음을 준비하는 일이라고 이와 다를까? 이제서야 삶과 죽음, 치유가 내 안에서 조화를 이루기 시작하는 것 같다.

권이현

◈ 서른 즈음, 난데없이 찾아온 암 덕분에 인생 2막을 맞이했습니다 ◈ 자연치유 덕분에 몸뿐만 아니라 마음에서, 관계에서, 삶에서 치유되어야 하는 것들을 다양하게 발견하고 돌보며 지내고 있습니다 ◈ 쉽지만은 않은 시간이지만, 내가 내 몸과 마음을 위해 실천하는 것들이 내 안의 신성, 다른 말로 '내 안의 한울님을 모시는 일'이라고 생각할 수 있게 되면서부터 비로소 이 과정을 조금씩은 느긋하게 즐길 수 있게 되었습니다 ◈ 인생 2막에서는 내 안의 신성을 발견하고 모셔가는 이 일을 부디 잘 해낼 수 있기를 바랍니다 ◈

사랑을 물려 줄 수 있을까

서
혜
연

지구는 인간의 것이 아니다. 인간은 언어로 통하지 않는 이들의 모든 것을 빼앗았다. 그리고 정복했다. 인간이 정복하지 못할 건 없다는 듯이 말이다. 지구는 답하고 있다. 이 세상에 이제 인간이 포화상태라 더 이상 필요가 없다고. 인간이 막을 수 없는 방법으로 지구는 인간 개체수 줄이기에 돌입했다. 공생하는 법을 잊은 인간들에게 지구는 자신을 지키기 위한 자가 백신을 보급중이다. 이렇게 멸종이 오는 걸까? 온다 해도 할 말은 없다.

아이를 낳고 싶지만 동시에 낳지 못하겠다는 생각도 이 '자연'스러운 흐름의 연속이라고 생각한다. 아이를 낳지 않는 선택이 사회문제라 말하지만, 문제가 많은 사회이니 아이를 낳고 싶어 하지 않는 선택이 자연스러운 것이 아닐까. 인간이 이렇게 스스로 만든 사회로부터 부메랑을 맞고 자멸하게 될 것이라고 보는 학자들도 있다.

산업혁명 이전, 근대적 생산 방식이 도입되기 이전은 생산 과정에 인간의 노동력이 많이 필요했을 것이다. 하지만 오늘날 사회적으로 경쟁이 가중되고, 과학기술이 초고도화된 시대에서 인간들의 생각은 이동하고 있는 듯하다. 아이를 낳아야 할 이유가 있을까?

나더러 다시 태어나 지금부터 새로이 살아가겠냐고 묻는다면 나는 어떤 선택을 할지 모르겠다. 오늘날 전 지구적 상황을 생각할 때 인간의 삶의 문제에 대해 고민하는 것은 지구 입장에서 사치일지도 모른다. 내가 살고 있는 이 시점도 지구의 생명이 얼마 남지 않았다고, 더 짧아지고 있다고 경고하는데, 나와 아이가 같이 살아가야 할 20년 뒤 지구의 생명성이 보장되어 있지 않는 상태에서 아이를 낳고 싶다고 생각하기란 어려운 일이다. 나도 어떤 선택을 할지 모르는 세상을 물려줄 필요가 있을까 하는 것이 현재의 생각이다.

하루하루 더 좋은 사회를 만들고자 미약하지만 힘을 보태고 있으나, 아이를 낳고 싶지 않다는 나의 생각은 다음 세상을 염두에 두지 않고 있다는 말이고, 또한 그것은 어쩐지 100년 뒤 세상에는 희망이 없다고 생각한다는 말과 같은 것이라고 느껴지기도 한다.

나는 많은 역사 유산을 물려받은 세대이다. 독립운동, 통일국가 수립운동, 산업화와 민주화…. 그들의 희생으로 이뤄낸 국가. 뿐만 아니라 작은 땅, 작은 국가에서 이뤄낸 급속한 발전과 함께, 정치·사회·경제적 발전 속도를 따라잡지 못한 시민의식 속의 욕망과 위선, 차별과 혐오…. 그것들은 메시지를 가져다주었다. 시대적 메시지. 각 세대마다 20, 30대 때 명확하게 드러난다고 할 수 있는 메시지를 받을 것이다. 나의 경우 '비혼'이었다. 결혼하지 말아라. 아이도 낳지 말아라. 너희는 선택할 수 있는 기회가 있다. 어쩐지 그 메시지 뒤에는 바턴을 넘겨주기 위해 쓰러져 간 언니들이 눈에 선했다.

나는 이제 이 나라 이 땅에서 결혼과 출산을 강요받지 않고 선택할 수 있다. 과연 어떤 선택을 하게 될지 나 자신도 궁금하다.

【선택】

성인이 된 후 사회적으로 '비혼'이라는 키워드가 떠오를 때, 출산을 내가 선택할 수 있는 일이라는 것을 깨달았다. 그때까지만 해도 취직해서 결혼을 하고 아이를 낳고 사는 삶의 사이클을 의심해 본 적이 없었다. 받아들인다는 생각도 없이 그렇게 키워졌다고 표현하는 것이 더 적절하겠다. 취직을 하고 점점 그 사이클에 발을 들일 때가 가까워질수록 어쩐지 거부감이 들었다. 그 사이클에 들어서서 너무도 많은 것을 잃은 여성들을 수없이 많이 봤기 때문일 것이다. '저기'에 발을 들이면 '나를 잃는다'는 것을 온 몸이 느끼고 있었던 것이다. 나는 점점 아이를 낳지 않겠다는 쪽으로 마음이 기울게 되었다.

아이를 낳지 않으면 더 행복한 삶을 살 수 있다고 결론 내리게 되는 현실은, 지금까지의 한국 사회와 문화가 큰 영향을 미친 당연한 결과겠지. 아이 낳는 것과 양육의 부문에서 많은 부분이 뒤틀린 오늘의 한국사회에서 아이를 낳지 않는 것이 자연스러운 선택이라면 평등하고 아름다운 사회가 되어 아이를 낳는 선택에 거리낌이 없는 사회는 왜 될 수 없는 것일까.

아이들이 태어나도 여성들이 다시 일하던 직장으로 돌아가게 되기를, 그 직장에서 엄마라는 이유로 업무 능력이 폄하되거나 배제되지 않기를, 양육자가 모두 육아휴직을 눈치 보고 쓰지 않게 되기를, 독박육아라는 단어가 사라지고, 도와주는 것이 아니라 함께하는 것이 되기를, 깨끗한 공기와 물을 모든 생명체가 나누어 가져야 한다는 것이 자연스러워지길, 아이들은 자라며 존중과 평등과 평화를 배우게 되기를 바란다. 그렇게 100년 뒤 세상에 대해서도 희망을 품을 수 있는 세상이 오길 바란다.

【시작】

한국사회에서 여자라는 이유로 존중받지 못한 경험이 '평등'을 외치는 밑거름이 되었다. 차별을 당하는 모든 사람들은 사연과 이유는 제각각이겠지만, 모든 존재는 소중하다는 기본적인 사실로부터 외면당했다는 현실에서 해방시켜 주고 안아주고 싶었다. 나 자신이 소중하듯 모든 존재는 소중하다는 것을 느끼고 차별이 생기는 지점이 어디인지, 어떤 이유에서 '다른 것'을 '틀린 것'으로 느끼는지 알고 싶었다. 알아야 이겨낼 수 있으니 말이다.

이렇게 나의 '동학'이 시작된 듯하다. 차별의 경험으로부터. 이유를 물어야 했다. 나는 왜 이런 차별을 겪어야 했느냐고. 그에 대한 답을 찾다 나는 여기까지 왔나 보다. 개인적인 문제에서 사회적인 문제에 눈 돌리기까지 경험과 시간이 많이 필요했다. 그것은 성별의 문제만이 아니었다.

사람의 마음이 이토록 다르다는 것을 알고, 마음이 다르기 때문에 차별이 생긴다는 것을 알기 위해 가장 좋은 방법은 책을 읽는 것이었다. 책 속에는 많은 사람들이 살고 있었다. 가장 흔한 유형의 사람부터 보기 드문 사람의 유형까지 말이다. 함께 더불어 사는 사회는 과연 어려운 것일까? 난 스스로의 묵은 때들부터 벗겨내야 했다. 나 자신도 아직 깨닫지 못하고 몸에 밴 차별의식을 마주할 때마다 눈은 발끝을 쳐다봤지만, 모른 척하지 않고 인정하는 용기가 필요했다.

삼라만상 모든 존재는 평등하고 소중하다는 간단하면서도 당연한 말이 모든 사람들 마음에 깃들기를 바라지만, 이루어지기 어려운 소원이라는 것을 잘 알고 있다. 성평등 하나의 문제만으로 이리 분열되는 존재들 아닌가.

지금 이 글을 쓰는 순간에도 많은 존재가 차별 속에 쓰러져 사라지고 있다. 차별과 혐오를 일삼는 사람들이 부끄러워해야 하는 사회 반응이 당연한 시대는 과연 올 것인가. 나는 50년 안에 그 모습을 보고 좋은 세상을 물려줄 수 있게 될까. 차별금지법이 제정되었다면 25년 정도 당겨봄직도 했을 텐데 말이다.

그런 세상을 만들지 못한 채 다음 세대에게 바턴을 넘겨줘도 될까? 내가 내 뒤의 사람에게 물려줄 시대적 메시지는 무엇이 될까? 적어도 '내가 여기까지 풀고 끌어 올렸어. 이제 다음은 네 차례야' 정도는 되어야 하지 않을까? 아니다. 그런 건 없었으면 한다. 어떻게 하면 재미있고 행복하게 살까 하는 세상에서 많은 이들이 방향은 다르지만 한 곳을 보고 좋은 세상을 만들기를 꿈꾼다.

그러기 위해서 나는 '큰' 내가 되고자 한다. 차별과 인권에 대해서 공부하다 보니 어느 순간 나는 너무 작은 정도로는 설명이 안 될 정도로, 나노 단위로

힘도 없는 약한 사람이라고 생각될 때가 있다. 나 하나로는 바뀌지 않는 세상이라는 것을 깨닫게 될 때 말이다. 나 하나의 힘이 너무나도 약하게 느껴질 때가 있다. 내가 사라지고 무너지는 개인의 삶을 바꿔주기에 너무나 작고, 그 작은 하나의 삶을 바꾸려면 사회가 강강술래를 하듯 손을 잡고 돌아가야 한다는 것을 느낄 때 말이다. 하지만 너무 작은 나를 마주 했을 때 나는 반대로 가장 '큰' 내가 되기도 한다. 그 문제 앞에 당당하게 서서 "문제다. 나는 지켜볼 것이고 이것은 나 혼자만의 생각이 아니다."라고 말할 수 있는 사람, 당장 행동 할 수 있는 것 또한 나 하나로부터 시작되기 때문이다.

【만남】

그렇다. 나는 혼자가 아니다. 뜻이 맞는 여성들과 함께 있다. 책을 읽으며 나의 허물을 하나하나 벗어가던 중, 강강술래를 하려면 혼자서는 절대로 할 수 없다는 것을 깨달았다. 책에는 경험이 있을 뿐 사람은 현실에 있다. 문제를 깨닫고 그 문제가 해결되기를 바라는 사람으로서 행동하고 싶었다. 뜻이 통하면 만나게 된다고 했던가. 은유 작가의 『있지만 없는 아이들』 북토크에서 언니들을 처음 만났다. 책을 사고 집으로 돌아가던 어느 날 '공책여행'(공주책읽는 여성행동) 아지트 〈나,됨〉을 발견해서 간판을 보며 구성원이 되고 싶다는 생각을 했던 터라 언니들을 보는 순간 강강술래를 시작하게 될 것임을 예감했다.

아지트에 처음 방문했던 순간이 생생하다. 서로 존중하는 느낌이 공간에 가득했다. 영화를 함께 보고, 그 다음 주에는 책을 읽고, 그렇게 나는 자연스럽게 공책여행 구성원이 되었다. 내가 신입이라 어려움으로 치면 가장 어려웠어야 했을 수도 있지만 한 주 한 주 거듭 안전하고 편안하다 느낀 것은 그만큼 나를 존중해주는 구성원들의 노력이 있었던 덕분이리라. 이것이 자연스럽게 되는 모임이라는 것에 자부심을 느낀다. 내가 가장 어리고 구성원이 이제 막

되려는 참이라 어려움이 있을 것이라고 생각했던 것은 내가 여태까지 겪어 온 인습이 가득한 공동체에 일원이 되려 할 때 느낀 감정의 트라우마였을 것이다. 여긴 〈나,됨〉이라는 공간을 가진 페미니즘 독서모임이었고, '나'대로 그곳에서 하나 되었다. 난 그 분위기가 공책여행을 다 말해준다고 생각한다.

그녀들의 의견을 듣고 행동하는 모습을 보며 나만의 세계관과 방향성을 만들어가는 중이다. 나의 '나, 됨'이 진행되고 있는 것이다. 생각은 다짐이 되고 다짐은 행동으로 표현되어야 하는 것이라지만, 다짐이 행동으로 표현되는 이 부분은 누구에게나 간단한 일은 아닐 것이다. 언니들이 보여주는 삶과 삶에 대한 태도를 믿는다. 행동하는 여성들을 보고 그들을 따라 나 자신도 행동하는 여성이 되고자 함은 나에게 상당히 고무적이다.

페미니즘뿐 아니라 사회인문학적으로 관심이 필요한 분야의 책과 영상을 함께 보며 치열하게 대화하는 장 안에서 평온함을 느낄 때가 많다. 그 평온함이 어디서 오는지 가만히 생각해 보면 우리가 모두에게 이로운 가치를 향해 치열하게 뜻을 모으고 있다는 점에서 오는 것이라 할 수 있겠다. 그 치열함에서는 다정함이 느껴진다. 관심이 필요한 곳에 관심을, 사랑이 필요한 곳에 사랑을, 모색이 필요한 곳에 모색을 가져다주는 대화이다. 앞서 말했듯 나 하나의 힘이 세상에 보탬이 되는 것은 물리적으로 눈에 보이지 않아 지칠 때도 있다. 공책여행의 대화는 그것이 눈에 보이게 하는 힘을 가졌다. 함께하기 때문일 것이다. 일주일 정도 쌓인 물음표를 가져오면 느낌표 또는 마침표를 만들어 나가게 되는 공책여행 매직.

【미래】

나는 미래의 선택지를 늘려가는 중이다. 내가 너무 터무니없는 세상을 바라는 걸 아닐까 생각해 본 적도 있다. 서로 존중하며 살자는 것이 이상적인 세상이라고 생각하는 현재는 조금 서글프기도 하다. 어떤 희망의 결과는 내 생애 동안에 보지 못하는 경우도 있다. 내가 물려받은 많은 것들이 그 희망에 대한 결과들인 것처럼 말이다. 나는 작고 작지만 희망을 남기고, 그것들이 50년, 100년 후에 누군가에게 닿을 수 있다면 그 사실 앞에 나는 큰 내가 되어 서 있을 수 있을 것 같다. 조금 더 나은 세상을 만들고자 하는 이 생각과 마음을 건네주고 싶다. 그렇게 이 지구가 인간과 오래도록 공존하며 지냈으면 좋겠다. 나와 같은 생각을 하는 사람들과 함께 있으니 그 세상이 또 멀지는 않은 것처럼 느껴진다. 그렇게 생각하며 살고 싶다. 그런 미래는 오고야 말 것이다. 바턴을 물려받았고 물려주고를 반복하며 우리는 각자 나답게 한 방향을 꿈꾸며 사는 날이 오고야 말 것이다.

서혜연
◈ 공책여행 구성원이다 ◈ 내가 나를 잃지 않으면
종이 낱장이 넘겨지며 책이 되는 것처럼 서서히 성장한다고
믿는다 ◈ 더 나은 내가 되기 위해 공책여행에 구성원이
되었고, 과거에는 지나치고 입을 닫았던 것들에 더 이상
침묵하지 않음으로써 성장을 증명하는 중이다
◈ 아직 멀었지만 가야 할 방향을 알기에 두렵지는 않다
◈ 조용하게 사랑이 필요한 곳에 사랑을, 힘이 필요한 곳에
힘을 주는 사람이 되고 싶다 ◈ 새로운 감정을 발견하기를
즐긴다 ◈ 무엇이든 감상하는 것이 취미이다 ◈ 감상은
공상을 불러오기도 한다 ◈ 그 공상이 언젠가 이야기가
되기를 바란다 ◈

문명전환 하는 지리산정치학교

이무열

연결된 사이에서 생성되는
문명전환의 정치 플랫폼을 지향하며

한 사람

한 사람이 곧 한 세계다 / 그 한 사람이 있어 / 그 한 세계가 또한 있다 /

세계는 그 한 사람에게 비롯되고/ 마침내 그 한 사람에게서 끝난다 /

그러므로 그 한 사람이 평화로우면 / 그 세계 또한 평화롭다 /

세상의 평화를 원한다면 / 당신이 먼저 평화가 되어야 하는 것은 /

당신이 바로 / 그 한 사람인 까닭이다

지리산정치학교는 지리산정치학교를 돌봐주시는 세 분 중에 한 분인 여류 이병철 선생님의 시 낭송으로 시작합니다. 문명전환의 의미를 강조하는 어떤 말보다 한 생명으로 온전히 평화로이 살아가는 것이 문명전환이라는 것을 느낄 수 있습니다.

글을 읽는 분들도 잠시 떠올려보십시오. 들창문이 열린 지리산 대청봉이 바라보이는 실상사 선재집에 앉아 각지에서 온 벗들과 시(詩) 한 편으로 시작하여 서로를 환대하는 모습을. 게다가 실상사는 인드라망생명공동체를 지향하며 '구산선문 최초가람'으로서 한국 선풍의 발상지입니다. 양의 얼굴을 한 늑대의 모습을 하고선, 배제하고 독점하는 정치로 '정치'를 망친 지금의 정치와는 어울리지 않을지 모르지만 지리산정치학교가 꿈꾸는, 각각의 존재가 어울려 서로 의지하며 함께 살아갈 수 있도록 하는 정치와는 꽤 잘 어울립니다.

이러한 정치를 김지하 시인은 '구릿골 기행'에서 '서로 어울려 조절해가는 생명운동의 법칙을 인위적으로 실천하는 정치가 동양의 정치'라고 설명하고 있습니다.

> 동양에서 정치는 본래 하늘의 뜻을 받아 그 뜻이 가진 법칙에 따라
>
> 인위적으로 세상을 조절해 가는 행위를 말하는 것과 마찬가지로, 전 우주적인
>
> 후천개벽의 정치적 실천에 있어서도 우주적인 생명운동의 법칙에 따라 그것을
>
> 인위적으로 적극적-능동적으로 실천하는 의미에서의 포괄적 정치성이라
>
> 불러야 하겠습니다.
>
> ― 김지하 전집 1권 '구릿골 기행' 중에서

지금까지도 국내외에서 여러 정치학교가 열리고 있습니다. 정치학교마다 특정 정파, 여성, 청년, 정치개혁 등의, 각 학교가 지향하는 목적을 분명히 하고 있습니다. 지리산정치학교는 이름 앞에 '문명전환'이라는, 이 학교가 시작된 이유를 친절하게 설명하고 있습니다. 근사하게 말하면 인류학자 스태리 다이어먼드의 말처럼 '낮은 계층을 억누르고, 밖으로는 다른 민족(생명)을 정복하는 문명'의 작동으로 벌어지는 기후재난과 불평등, 차별과 혐오의 파국적 상황을 새로운 문명을 창조하는 기회로 삼으려고 하는 능동적인 실천입니다. 절박하게는 생명활동에 필요한 물질적 성장이 지나쳐서 인간들의 계속되는 탐욕을 만들어낸 선형적이고 파편화된 근대산업문명이 전환되지 않고서는 바로 눈앞에서 겪고 있는 대재앙 속에서 지구생명이 나음 문명으로 연착륙할 수 없다는 것의 깨달음이비다. 이 전환의 과정에서 무엇보다 정치가 촉진제가 될 수 있고 장애가 되기도 합니다. 하지만 지금의 정치는 막다른 절벽 앞에서도 자본의 무조건적 질주를 부추기고 화염 속에 녹아내리는 기후재난에 무감각하며

소외와 배제에 눈감고 있습니다. 중층적인 위기 속에서 인간이 할 수 있는 극적인 전환을 위해서는 이제는 정치가 문명전환의 촉진제가 되지 않으면 안 된다는 간절한 바람으로 지리산 연찬이 지리산정치학교를 시작했습니다.

【판을 뒤집고 도약할 수 있는 이중적 정치활동과 정치 플랫폼을 지향】

처음 지리산정치학교를 소개하면 자주 받게 되는 질문이 있습니다. 지리산정치학교를 돌봐주시는 이남곡 선생님, 도법스님, 이병철 선생님이나 지리산과 실상사 등의 이미지를 먼저 떠올리고 생명운동과 정치라는 어울리지 않은 연결에서 나오는, 시작과 배경에 대한 궁금증이 그 하나이고, "'정치' 하면 '정당'"이라는 공식과도 같은 습관적인 생각으로, "그러면 앞으로 정당을 만들 계획이 있느냐?"는 질문입니다. 우스갯소리를 더 하자면 나이가 좀 있으신 분들에게는 "지리산이라 하니 빨치산이 생각난다"는 이야기를 듣습니다. 돌아보면 생명운동과 정치가 낯설 수 있지만 처음은 아닙니다. 이미 40년 전 '생명의 세계관 확립과 협동적 생존의 확장'이라는 제목의 〈원주보고서〉에서부터 협동적 생존의 확장운동으로서의 정치가 이야기되었고, 뒤를 이어 지금까지도 생명가치와 주민주권에 중심 가치를 두고 시민정치운동을 꾸준히 해 오고 있습니다. 아니라고요? 정치는 정당의 몫이라고 생각하면 그럴 수 있습니다만, 생명운동의 정치는 정당을 포함해 생명활동(생활)이 되는 모든 활동, 즉 귀농운동, 기후행동, 협동조합, 환경운동, 돌봄, 자활, 마을활동 등을 포괄하는 정치이기 때문에 근대 서구중심적인 정치적 규범에서 벗어나 생명운동을 인위적으로 실천한다는 정치의 본원으로 보면, 정치를 하고 있었습니다. 그래서 다시 말씀드리겠지만, 지리산정치학교의 정치는 문명전환을 위한 정치적 영향력을 발휘할 수 있는 정당정치인뿐 아니라 풀뿌리(시민) 정치인을 참가자로 모시고 있습니다. 거대 양당, 진보정당을 포함한 다양한 정당과 기후, 여성, 지역, 교육, 살림 등의 풀뿌리현장에서 정치활동을 하시는 분들입니다. 그래서 지리산정치학교의 정치는, 정치 개념에 대해서 근본적인 전환을 담아내는 새로운 정치일 수도 있습니다.

개념적인 정치는 그만 말씀 드리고, 다시 말해 지리산정치학교는 문명전환을 위해 이중적 정치활동을 계획하고 있습니다. 모든 정당 안에서 문명전환정치의 의제를 추동하고 정당 밖 현장에서 정당의 정치활동을 추동하는 이 둘이 상호 보합 될 수 있도록 연결하고 둘 사이에서 또 다른 문명전환적 정치사건이 생성될 수 있는 장을 만드는 역할입니다. 그 이유는 문명전환을 이루기 위해서 정당정치와 풀뿌리정치의 상호보합적인 횡단의 정치력을 발휘하지 않고서는 콘크리트벙커 같은 기성 정당정치 체제에 다시 기댈 수밖에 없고, 풀뿌리정치만으로는 단번에 거대한 정치시스템을 전환하기에 아직 힘이 부칩니다. 그래서 정당 안에서 문명전환 정치를 추동하기 위해서 정당 밖 풀뿌리정치의 지지가 필요하고, 풀뿌리정치의 활동을 넓히기 위해서는 정당이 정치개혁의 문을 열어주어야 합니다. 지리산정치학교는 조직된 단일한 결사체로서의 정당이기보다는 다양한 정치활동이 문명전환으로 연결되고 끊임없이 판을 뒤집고 도약할 수 있는 정치 사건을 생성하는 느슨한 네트워크이면서 정치플랫폼의 준비단계인 프리플랫폼(pre-platform) 정도로의 과정을 생각하고 있습니다.

【모심이 반이고 연찬이 나머지 반】

지리산정치학교에서 가장 중요하게 생각하는 일이 참가자 모심입니다. 모시는 참가자들에 의해 사건의 발생률은 더 높아질 수 있고, 영향력은 더 커질 수 있습니다. 그러니 참가자 모심이 성과의 반 이상이라고 해도 전혀 지나치지 않습니다. 눈치 채셨는지 모르지만 참가자 모집 대신에 '모심'이라는 말을 쓰는 데는 그 이유가 있습니다. 모심이 가진, 옮길 수 없는 각자의 개성과 능력을 존중하는 동학의 각지불이(各知不移)와, 서로 연결되어 있음을 확인하고 더불어 활동하는 인드라망을 만들어 가려는 뜻을 살리고픈 다짐이 있기 때문입니다. 모심이 시작되면 취지문과 제안문을 개인과 시민단체, 사회적 경제, 연구단체, 시민단체, 정당 등에 보내고 지리산정치학교의 취지에 공감할 수 있는 분을 추천받아 매 기수별로 스무 분을 모시고 있습니다. 아직까지 공개적인 참가자 모심을 하고 있지는 않습니다만 3기의 경험으로 올 10월에 열릴 4기부터는 지금과 같은 추천 방식과 함께 공개 모심을 병행해 보려고 합니다. 추천을 받은 분 모두를 모시지는 못하고 간단한 인터뷰 과정에서 단순한 호기심이나 학습을 지향하는 분들은 특별한 강의 없이 참가자들의 연찬으로 진행되는 지리산정치학교를 안내하며 참가를 제한하고 있습니다. 모심을 위해 나가는 지리산정치학교의 취지문과 제안문에는 "'왜' 지금 지리산정치학교를 여는지? '무엇을' 하려고 하는지? '어떻게' 하려고 하는지?"의 문명전환의 정치 방향과 실천의 서사를 만드는 지리산정치학교 전체의 내용이 소개되어 있습니다.(별첨 '지리산정치학교 취지 및 제안문' 참조)

지리산정치학교 프로그램은 크게 연찬–감응(영성)–내러티브로 구성되어 있습니다. 하지만 프로그램이라기보다는 '다이어그램'(圖表)이라는 말이 더 잘 어울리는 게, 정해진 커리큘럼에 따라서 진행되고 예상된(고정된) 성과에 도달하려고 하기보다는 연찬·감응·내러티브의 즉시성·연결성·탄력성 등의 특징으로 과정생성을 기대하기 때문입니다. 브뤼노 라투르의 'ANT 이론(Actor-Network Theory: 행위자 연결망 이론)'처럼 참가자들이 행위자가 되어 연결된 네트워크상에서 연찬하고, 잠자고, 밥 먹고, 걷고 하는 과정에서 끊임없이 생성되는 사건을 찾고 있습니다.

연찬의 시작은 이남곡 선생님(연찬문화연구소)의 연찬 안내와 함께 지리산정치학교 2박 3일 기간 중 문명전환을 위한 정치 사건을 생성하는 3회의 주제 연찬을 진행합니다. 지리산정치학교 프로그램의 전부라 할 수 있는 연찬의 중요성을, 이남곡 선생님은, 지금의 국내 정치가 심리적 내전에 가까운 극단적 편가름의 집단적 확증편향에 빠져 있는 상황에서 구존동이(求存同異)와 실사구시(實事求是)를 할 수 있는 정치의식 진화의 필요성으로 말씀하십니다. 지리산정치학교에서 '문명전환의 정치'를 모색하는 가장 큰 특성은 '과학적 이성'과 '숭고지향성'에 바탕을 두고 자주적인 사람들이 자유롭게 합의(최선의 타협)를 향해 나가는 새로운 정치문화를 만들어가는 것인데, 이를 위해 '깨달음'의 사회화가 이루어져야 하고 그 의식과 태도를 '연찬'(원탁회의나 화백회의 다른 이름으로 부를 수도 있다)이라고 부른다고 안내합니다.

여기서 연찬의 특징 몇 가지를 간략하게 소개하면 다음과 같습니다: "(1) 연찬의 입구는 '단정(斷定)하지는 않는 것이다.' (2) '누가 옳은가?' 하고 마주보는 토론이 아니라, 이 시점에서 '무엇이 옳은가?'를 같은 방향을 바라보고 함께 탐구하는 과정이다. (3) 솔직하고 편하게 자신의 의견을 내놓고, 자신과 다른 의견에 대해서 '경청'하는 데 집중해 본다. (4) '사람'과 '의견'을 따로 떼서 말하고 듣는 연습을 한다."

　　지리산정치학교는 이 연찬으로 문명전환 정치의 서사를 만들기 위해 '왜(why)-어떻게(how)-무엇(what)'을 앞에 둔 질문으로　지금의 근대산업문명과 여기에 동승한 무능력하고 무책임한 정치를 돌아보고 지금 곳곳에서 갈라지고 틈 사이로 전환의 정치를 상상할 수 있는 세 가지 연찬 주제를 정해 연찬을 진행합니다. 언뜻 보기에 마케팅에서 많이 사용하는 『나는 왜 이 일을 하는가?(START WITH WHY?)』의 작가 샤이먼 샤이넥(Simon Sinek)의 '골든 서클(Golden Circle)'의 'Why-How-What'과 닮았지만 둘 사이에 다른 점이 있다면 골든 서클은 분명한 성과를 계획하고 있는 반면에 시리산성치학교의 서사적 구성은 참여자들이 만든 장에서 공명하며 사건의 생성을 계획한다는 것입니다.

　　1기까지와 3기까지의 연찬 주제는 각 회차가 열릴 즈음의 국내외 정치사회 상황, 참가자 반응, 진행 과정에서 찾은 개선 사항 등으로 개인과 공동의 서사를 만드는 구성은 유지하되 내용은 바뀌 가고 있습니다. 1기에서는 '당신은 문명 전환정치를 꿈꿔 본 적이 있습니까?', '나는 OOO으로 문명전환 정치를 하고 싶다.', '우리가 함께 실행할 수 있는 문명전환을 위한 정치 방법은?' 세 가지가 연찬의 주제였습니다. 시작부터의 열망과 정치전환의 갈급함 때문인지 문명전환을 위한 정치의 필요성과 그 방법을 찾는 직접적인 질문(과업)으로 연찬을 진행했습니다. 문명전환을 위한 정치는 새로운 정치체제를 지향하는 것입니다. 즉 기존 체제 안의 사고와 방식으로는 기존 시스템에서 벗어날 수 없기 때문에 탈주와 상상력이 모두 필요합니다. 이런 일 앞에서 개념과 의미만이 강조된 1기의 연찬 주제는 다시 개념과 의미만을 확인하고 자신들의 활동을 재구성할 수 있는 환경(자극)을 적절하게 제공하지 못했습니다. 각 당의 대선 후보들이 확정되고 본격적으로 대선 분위기로 들어선 2021년 11월 말에 진행된 2기는 진영으로 갈라진 대선 판에서 무모하다 싶게 대선을 연찬 주제의 하나로 올렸습니다. '대통령선거를 앞두고 문명전환의 정치를 위해 할 수 있는 일'이 무엇일까를 상상하는 주제입니다. 이 연찬에서 문명전환을 위한 전국 순례와 기후정책 제안, 상징적 대선후보, 기후 후보 등의 아이디어가 나왔습니다. 이렇게 나온 아이디어의 실행은 어떻게 되었는지 궁금하시겠지요. 하지만 지리산정치학교는 하나의 실험보다는 여러 개의 실험이 벌어지기를 원하고 단일한 방식보다는 다양한 방식이 흐르는 현재 속에서 일어나길 원하고 있습니다. 다시 말해 지리산정치학교는 조직, 결사와 집행의 결과를 안에서 만드는 일이 아니라 연결과 생성으로 밖에서 사건이 일어나는 환경을 만드는 일을 역할로 보고 있습니다. 이것이 새로운 문명전환을 가능하게 하는 판이 된다는 생각을 하고 있습니다. 즉 집행은 밖으로 열려 있는 일입니다. 또 2기에서는 영성(정치) 프로그램과 1기 참가자들과의 대화마당이 새롭게 진행되었습니다. 영성정치는 소소하지만 대단한 프로그램입니다. 매 기수별로 계속되는 차담, 몸 명상, 실상사 짧은 순례길 그리고 그대로의 지리산과 실상사

사이에서 자기 내면의 모습을 찾는 일입니다. 자기 내면의 개체성과 전체성을 하나로 느낄 수 있고, 이것이 사회적 성화가 된다면 그것이 영성정치라고 생각합니다. 다 알다시피 연결과 연대는 아무리 강조해도 모자란 일이고 연결과 연대의 보이지 않는 힘은 예상할 수 없을 만큼 큰 현재력과 잠재력을 가지고 있습니다. 흐름은 끊임없이 만나고 끊임없이 얘기하는 사이에서 만들어진다는 기대가 있습니다. 지리산정치학교를 먼저 거쳐 간 앞선 기수와의 대화는 지리산정치학교를 종적으로 연결하는 축이 됩니다. 이 축은 1, 2, 3기가 함께 참가한 '6월 (강원도) 인제 깊은 연찬회'까지 이어집니다. 2기까지 경험을 바탕으로 지리산정치학교는 3기부터 문명전환을 위한 정치적 테제로 기후정치, 지역정치, 젠더정치 세 가지를 정했습니다. 가장 정치적인 문제들로 여기서부터 새로운 문명이 시작될 수 있다고 생각해서입니다. 지리산정치학교의 참가자들이 기후, 지역, 젠더의 영역에서 활동하는 분들이 많다는 것도 이 사실의 반증일 것입니다. 이렇게 테제가 있지만 결국 개인의 활동으로 분자화 되기 때문에 모든 활동은 참가자 수만큼의 n개의 문명전환 정치의 서사가 만들어지는 것으로 마무리됩니다. 3기가 지방선거를 앞에 두고 진행된 것을 보면서 3기까지의 지리산정치학교의 일정은 국내 정치 시즌 안에 있었다는 것을 알았습니다. 연찬 주제와 참가자 모두 이 영향을 받을 수밖에 없었고요. 어쩌면 본격적인 문명전환 정치의 시작은 국내 정치 시즌이 끝난 지금부터일 수 있습니다.

【정치 플랫폼의 가능성을 본 것이 현재의 희망】

참가자들과 운영진 모두 지금까지의 활동에 아쉬움이 큽니다. 참가자는 분명하게 지리산정치학교가 자기 계획(예를 들어 정당이나 네트워크 조직 등)을 가지고 이후 활동을 제안해 주기를 바라기도 하고, 정치적 입장을 분명히 했으면 하는 바람도 있습니다. 운영진은 조금 더 참가자들의 적극적인 자기활동과 조직을 기대합니다. 둘 사이가 닮아 있습니다. 이것이 지금 우리 운동의 딜레마이기도 합니다. 강한 조직의 향수와 누군가의 선도성. 무엇인가 명확한 판단과 분명한 계획이 세워지기를 기대합니다. 판단과 명확함은 자기 확신에서 시작합니다. 하지만 거대한 일은 자기 확신만으로 어렵고 끊임없이 보완되는 과정에 있습니다. 결정적 차이를 조화로 만드는 기술이 필요합니다.

『정동정치』에서 마수미는 '어울림(관계)의 정치'(a politics of belonging), 사이에서 발생되는 상관의 정치에 주목합니다. 지금 할 수 있는 일은 문명을 뒤집기 위해 정당 정치가와 풀뿌리 정치가들이 차이의 다양함을 포섭하여 사건이 생성될 수 있는 장을 만들고 지켜내는 일입니다.

처음 지리산정치학교가 시작될 때 2024년 총선까지를 활동 기간으로 정해두었습니다. 10월에는 벌써 4기를 준비하고 있습니다. 마음이 급해지기도 합니다. 뚜렷하게 세를 보인 것도 사건을 만든 것도 아니기에 연결과 생성의 정치플랫폼이 의심스러워질 때가 있습니다. 그리도 한쪽 구석 가장자리일지라도 문명전환을 위한 정치를 열망하는 사람들이 연결되고 끊임없이 실험들이 벌어질 수 있는 네트워크에 망점 하나가 생긴 것에 가능성을 기대합니다. 참가자들의 현장 활동에서 정치 플랫폼의 가능성을 본 것에 현재의 희망을 찾습니다.

참여자 소개와 이후의 몇몇 사건들 그리고 새로운 움직임들에 대해서는 다음 글에 이어서 말씀 드리겠습니다. 또 지리산정치학교는 여러분이 함께하고 있습니다. 이 글은 그중에 한 사람인 제 개인의 글이라는 것을 이해해주셨으면 합니다. 글을 읽고 지리산정치학교에 관심이 생기고 4기 과정에 참여하고 싶거나 추천하고 싶은 분이 있다면 언제든 연락주시기 바랍니다.

문명 전환 하는 지리산정치학교 4기 안내

▶ 일정 — 2022년 10월 21-23일 (2박3일)

▶ 장소 — 지리산 실상사

▶ 대상 — 문명전환을 위한 정치전환에 공감하는 정당 정치가
　　　　　또는 풀뿌리 활동가

▶ 참가비 — 전액 지원

▶ 문의 — happyyeori@gmail.com

이무열

◈ 전환스튜디오 와월당 대표 ◈ 달에 누워 구름을
보는 삶을 꿈꾼다 ◈ 세상의 모든 일은 사회적 관계
속에서 생겨나며, 브랜드가 지닌 힘으로 세상이 호혜의
관계로 연결되기를 바라면서 일하고 있다 ◈ 사단법인
밝은마을_생명사상연구소와 함께 개인의 욕망, 트렌드,
사회적 경제, 생태철학, 생명운동 등을 연구하며 브랜드를
만들어 가고 있다 ◈ 요사이는 근대산업문명이 일으킨
기후위기 시대에 '지역이 희망이다'라는 생각으로
지역활성화를 위한 연구와 실천을 하고 있다 ◈

〈첨부〉지금, '문명전환의 정치'를 시작합니다

깊은 물이 마르고 땅은 바닷물로 잠기고 있습니다. 우리 곁에서 벌과 나비의 모습을
보기가 어려워졌습니다. 당신이 느끼는 것처럼 인류는 '위기'에 처해 있습니다. 근대
문명이 만든 절박한 위기를 올해 대통령선거와 지방선거에서 경험한 것처럼, '정치를
망가트린 기존의 정치'로는 해결할 수 없습니다. 오히려 위기를 더 악화시킬 뿐입니다.
이 위기를 기회로 삼아 사회운동과 정치운동은 지금 여기에서 문명 전환을 위한 새로운
정치를 생성해야 합니다.

1. '왜' 지금 지리산정치학교인가?
새로운 질서는 혼돈의 가장자리에서 생겨납니다

문명전환의 나비효과를 일으키기 위함입니다. 새로운 질서를 촉매하기 위함입니다.
팬데믹-기후재난 시대, 기존의 질서가 무너지고 있는데 새로운 질서는 아직 형성되지
않은, 혼돈의 한복판에 서 있습니다. 그렇지만, 사람들은 이미 잘 알고 있습니다.
'위기는 곧 기회'입니다. 미래는 때를 따라 흘러나오는 것이기도 하지만, 동시에
만들어지는 것이기도 합니다. 성찰만으로 새로운 질서를 만들 수 없습니다. 전환의
정치가 필요한 이유입니다. 지금 문명전환을 촉진할 정치를 만들어내지 못한다면
암울한 미래는 현실이 될 수밖에 없기 때문입니다. 지리산은 우리에게 혼돈의
가장자리입니다. 가장자리는 동시에 새로운 질서의 중심지가 될 수 있습니다.
지리산은 현대사의 참혹한 아픔을 안고 있는 역사의 현장입니다. 지리산 실상사는
유서 깊은 깨달음의 도량입니다. 무엇보다 지리산은 뭇 생명을 품은 치유의 숲입니다.
〈지리산정치학교〉가 새로운 사람, 새로운 흐름, 새로운 질서의 태동을 촉진하는
전환적 사건의 현장이 되기를 기대합니다.

2. '무엇을' 하려고 하는가?
문명전환과 정치를 연결하고 사람과 사람을 재-연결합니다

우리의 기대와 바람은 분명합니다. 새로운 만남은 새로운 흐름의 출발점이 되리라
믿습니다. 그리고 그 흐름은 대전환의 물꼬를 트게 하고, 뭇 생명공동체들에게는

희망의 소식이 되리라 믿습니다.

무엇보다 '문명전환'과 '정치전환'의 만남과 연결을 기대합니다. '문명전환의 정치'가 그것입니다. 지금까지 정치와 문명전환은 별개의 일이었습니다. 정치는 정치하는 사람들만의 것이었습니다. 그런 점에서 우리의 기대는 단지 세력교체나 세대교체만이 아닙니다. 팬데믹-기후재난을 통해 경험하듯, '정치의 전환'은 다양한 정치주체와 정치근본을 회복하는 대전환의 일부입니다.

문명전환 하는 사람들은 이미 다양한 모습으로 떡갈나무혁명을 꿈꾸며 전환적 삶을 살고 있습니다. 기후위기에 맞서는 사람들, 소수자의 권리를 되찾으려는 사람들, 폭력과 차별에 맞서는 사람들, 생명평화세상을 꿈꾸고 묵상하는 사람들, 그리고 일상생활 속에서 이웃과 뭇 생명을 돌보고 또 돌봄을 받으며 하루하루를 사는 사람들. 이들의 삶과 활동을 문명전환의 정치와 재-연결하려고 합니다. 그리고 이 과정을 통해 우리의 삶과 사회와 문명을 재-정의하고자 합니다. 산업화-민주화 이후를 실험하고 또 경험해 보고자 합니다.

3. '어떻게' 하려고 하는가?
대화와 연찬을 통해 새로운 의미를 공동-창조합니다

'나'에게는 수많은 삶의 경험이 있습니다. '우리'에게는 알 수 없는 지혜가 숨겨져 있습니다. 무엇보다 '우리'에게는 열정과 희망이 있습니다. 신명이 있습니다. 그리고 '나'와 '우리'의 만남과 연결은 그 지혜와 희망과 신명을 증폭시키리라 믿습니다.

우리의 주요 방법은 '대화'와 '연찬'입니다. 옳고 그름을 이야기하기 전에 자신의 욕망과 바람을 이야기합니다. '대화'는 생각의 공유만이 아니라, 서로의 삶을 경험케 합니다. '연찬'은 '또 하나의 탐구의 기술'입니다. 그러나 '미디어가 곧 메시지'이듯이, 방법과 기술이 곧 내용입니다. '알 수 없음'에 대한 자각을 토대로 우리의 잠재성을 발견하고 발명하며, 공동의 의미와 서사를 창조합니다.

그리하여, 참가자로 혹은 진행자로 〈지리산정치학교〉에 함께하는 우리는 모두 이미 '문명전환의 정치'를 하는 사람들입니다. 새로운 세계를 태동시키는 사람들입니다. 이제, 문명전환의 정치가 시작됩니다.

생명학연구회, 무엇을 연구할까 (2)

〈지구인문학의 시선〉을 함께 읽다

'생명학연구회'는 인문학, 사회과학, 자연과학, 종교학 등 다양한 배경을 가진 연구자나 활동가들이 '생명'이라는 공통관심사를 중심으로 모여서 공부하는 공부모임이다. 규모는 작으나 '씨앗'이 되어 생명에 대한 담론의 숲을 이루고 체계화하려는 야심찬 꿈을 꾸고 있다. 연구회에 참여하는 사람들은 학문적 관심에 머물러 있기보다는 생명의 가치가 사회 속에 확산되고 뿌리내리도록 하는 현실참여에 관심이 많은 편이다.

지난 6월과 7월 생명학연구회는 『지구인문학의 시선』을 함께 읽고 정동이론에 대해 공부하는 시간을 가졌다. [등장인물 : 도상록, 박길수, 이나미, 이무열, 전진택, 정현경, 신채원(관찰 및 기록)]

【왜, 〈지구인문학의 시선〉인가】

이 책은 전 지구적으로 기후위기나 그에 따르는 기상이변, 팬데믹이 현실화, 일상화하는 인류세 시대에 즈음하여 지금까지 인류가 안주해 온 '인간 중심의 시선'을 지구환경 문제로 확장하는 것을 넘어서, 근본적으로 그 방향을 전환해야 한다는 요구를 반영하여 '지구의 시선'으로 인간과 지구를 들여다보는

90

지구인문학의 최신 쟁점과 관점을 제안한다. '지구인문학'은 인문학의 종결자로서, 디스토피아의 징후를 보이며 다가오는 '지구-시대'를 살아가는 지혜와 삶의 방식을 모색하는 내용으로 구성되었다. 현재 '형성 도상에 있는 지구인문학'을 구체적인 현장에서부터 귀납하여, 그 의미와 지평을 열어내는 책이다.(프리퀄이라고 할 〈지구인문학의 탄생〉이라는 책이 뒤이어 나올 예정이다.) 이 책은 머리말에서 "기후 변화와 생태위기가 지난 수십 년 동안 우리를 경각시켜 왔지만, 그 위기들을 극복하기 위한 우리의 정치적 노력들은 그 어떤 의미 있는 결과들을 만들어 내는 데 실패했다"고 첫 문장을 연다. 아래는 제1장-제4장까지 내용에 대한 발제문의 요지이다.[i]

【가장 정치적이고 가장 실천적인 노력】

지구인문학은 서구 유럽인의 눈으로 인간과 세상과 다른 동식물들과 자원들을 읽는 법을 배우고 그에 따라 살아온 결과가 팬데믹이라는 재앙을 가져왔다고 고백하고, 이에 우리가 '지구의 눈'으로 인간과 세상을 읽는 법을 배워야 한다고 한다.

　여태껏 우리는 인식의 전환 없이 우리-인간의 눈으로 세상과 우주를 바라보았다. 전 지구적 기후위기와 전체주의로 변해 가는 민주주의를 바라보면서 그 위기를 '인류세'나 '자본세' 등으로 정의할 수 있었지만, 우주적 차원의 역지사지(易地思之)를 결핍한 우리의 시선은 짧고 좁았다.

　코로나라는, 전파력과 치사율이 높은 전염병의 갑작스러운(지구의 눈으로 보면 이미 예견된) 도래 앞에 온 세계가 허우적거리는 동안 경제, 정치, 문화 등 이른

---

i　이 책은 6명이 쓴 공저이다. 각 필자가 쓴, 이 책의 6개 장의 제목은 다음과 같다; 제1장 '장소'의 지구철학: 세계철학의 신(新)구상(박치완), 제2장 '사이'와 '너머'의 지구정치학(김석근), 제3장 '공생'의 지구정치신학(박일준), 제4장 '은혜'의 지구마음학(이주연), 제5장 '실학'의 지구기학(김봉곤·야규 마코토), 제6장 '미래'의 지구교육학(이우진)

바 인간들의 삶은 더 뚜렷한 양극화로 내몰렸다. 지구 위의 1% 미만의 종족들이 가진 부(富)가 전체 부의 50%를 넘기고 있다는 아찔한 사실은, 인류세나 자본세는 완곡한 표현이고 '탐욕세(貪慾世)'야말로 현세의 실상임을 말해준다.

전 세계로 확장된 자본주의는 인종과 민족에 상관없이 모든 이들의 시선을 장악하는 렌즈가 되었고, 대부분의 지구인들의 눈을 '근대 서구 유럽인'의 눈과 욕망으로 표준화-세계화해 버렸다. 그래서 데리다는 근대 휴머니즘에서 '인간'은 서구 유럽인들일 뿐이었다고 고발했고, 하라리는 이 휴머니즘의 시대가 제4차 산업혁명의 도래로 전환되고 있음을 알리면서 '불평등의 업그레이드'를 경고하기도 한다. 이에 더해 해러웨이[2]와 캐서린 켈러 등은 우리 사유의 틀을 '지구'(earth)적인 것으로 전환하기를 촉구한다. 이와 아울러 풀뿌리 운동을 통해 현실정치를 바꿔내는 정치신학이 요청되며, 제도권 정치 바깥의 정치적 목소리들을 결집하고 연대해 내는 정치적인 것(the political)의 아상블라주(조각보 맞추기)가 되어야 한다고 주장한다.

이 모든 것들을 종합하면, 결국 "'지구의 시선'으로 인간과 세상을 다시 읽어야 한다"는 것이다. 이제껏 '우리-인간의 시선'이란 비인간 유기체들의 시선을 포괄하면서 확장되었을 뿐, 본질적인 전환은 없었다. 지구의 시선에서 인간과 사물과 세계를 논하는 담론을 우리는 '지구인문학'(Earth Humanities)'이라고 명명한다. 지금 우리는 지구의 시선을 상상하고 발명해야 할 긴급한 처지에 놓여 있다. 팬데믹의 도래는 지구 위를 살아가는 물질적 존재들이 전혀 수동적이거나 죽은 물질이 아님을, 그들의 능동성이 치명적인 것으로 비화하여 인간에게로 언제든 향할 수 있음을 엄중히 경고한다. 이 행성 위에서 정치적 행위, 주체성을 행사하는 유일한 존재인 인류가 지구의 정치적 의견을 대변해

---

[2]   도나 진 해러웨이(Donna Jeanne Haraway, 1944.9.6-)는 미국 캘리포니아 주립대학교 산타크루즈의 '의식사학과'와 '페미니스트 연구학과' 명예교수이다. 과학과 기술 연구에서 성가를 높였으며, 1990년대 초반에 "페미니스트, 그리고 느슨한 포스트모더니스트"라고 불렸다. 「사이보그 선언: 20세기말 과학, 기술, 그리고 사회주의-페미니즘」(1985), 「상황적 지식들: 페미니즘에서 과학의 질문과 부분적 시각의 특권」(1988) 등 과학과 페미니즘을 한데 묶는 데 기틀이 되는 다수의 주요 저서와 에세이를 남겼다. 〈위키백과〉

내지 못한다면, 우리에게 희망이 없음을 이미 오래전부터 브루노 라투르[3]는 경고하고 있었다.

【우리는 '어디'에서 학문을 하는가】

장소를 철학화하는 것은 철학을 장소화하는 것과 지향하는 바가 동일하다고 말한다. 그런데 우리는 늘 '보편'의 휘장을 두르려 안달한다. '보편'의 휘장을 두르는 것으로 '보편적인 것'이 담보될까? 근대의 보편주의는 실은 서구 유럽이 절대화한 이념, 즉 '서구(유럽) 중심주의'이다. 이 유럽 중심주의는 철학 자체를 획일화, 단순화함으로써 다른 지역-로컬의 철학이 개별화되는 것을 차단했다. 맥베스는 "어느 장소에도 속하지 않은 철학은 분석철학이 유일하다", "장소를 가졌을 때 철학은 진정으로 세계적인 철학(global philosophy)이다"라고 강조한다. 역설 같지만, 철학의 재지성(在地性)에 대한 관심의 환기는 보편주의, 신자유주의, 세계화가 불을 지폈다.

    C. 타운리는 '새로운 세계철학의 탄생'과 관련하여 네 가지 변화에 주목할 것을 제안한다. (1) 비서구적 철학공동체의 활동이 두드러진 역량을 발휘하고 있다. (2) 기존의 '세계철학(world philosophy)'에서 드러나는 지적 폭력성에 강한 의문을 제기하면서 철학의 중심부로 진입하고 있다. (3) 기존의 철학 자체의 근본적인 변신을 요구하고 있다. (4) 환경문제를 필두로, 만연한 불평등 문제 등 세계적인 이슈와 관련해 초국가적 보상적 정의와 차이를 부인하지 않은 공정한 포용 및 인정과 같은 논제를 제기하고 공유하기 위해 노력하고 있다. 즉 유럽 중심이면서 '보편'의 탈을 쓰고 세계로 퍼져나간 '서구철학'에 여러 측

---

3   브뤼노 라투르는 프랑스의 인류학자, 사회학자, 철학자, 과학기술학 연구자이다. 1982년부터 2006년까지 파리국립광업학교의 혁신사회학센터에 있었고, 2006년부터 2017년까지는 파리 정치 대학의 교수로 일했다. 〈위키백과〉

면에서의 심대한 도전이 표현된 것이다.

1990년을 전후해 '워싱턴 컨센서스'와 더불어 본격화된 '세계화'는 이런 점에서 우리에게 철학의 본질을 재고하도록 요구하고 있다. 그러하기에 서구적 사고 틀을 넘어서는 '지구학', '지구인문학'이라는 이념추구는 시의적절하다. 이에 못지않게 중요한 것은 새롭게 제기하고자 하는 이념에 부합하는 방법론이다. 지구공동체(global community)에 거주하는 인류가 바로 '지구학', '지구인문학'의 주인임을 잊지 말아야 하는 이유다.

(1) '지구학' 번역어 문제 : 제1세계의 지구학 연구는 자기 국가를 중심으로, 즉 세계의 중심부(=서구)에서 주변부를 관찰하며 어떻게 계속해서 자기 밖의 세계에 영향력을 행사하고 지배력을 존속시킬 것인지에 몰두한다. 중·후진 국가는 어떻게 하면 경제적 수혜를 입을 것인지에 초점을 맞추고 있다. 그러나 '전 지구적 관점'에서 지구학을 논하려면 제3세계가 제1세계와 맞서 연구 주체로 서야만 한다. 이때 비로소 본연적 의미의 지구학이 탄생할 수 있다. 따라서 제3세계에서 지구학을 연구하려면 자신의 지역-로컬의 기반학(underlying studies of locals)을 먼저 정초(定礎)해야 한다.

그러지 않은 상태라면 제1세계의 영향력만 강화될 뿐 기존의 학문적 지배-종속 관계는 호전될 수 없다. 즉 비자발적·강압적으로 묶인 학문적 식민성의 매듭을 푸는 주체가 제3세계여야 한다. 제3세계가 주체가 되어야만 제1세계와 비교할 수 있고, 전 지구적 관점에서의 인류의 미래 연구에 제1세계가 동참하라고 권유할 수 있다.

제1세계와 제3세계 간의 지식/철학의 비교작업은 다음의 이유로 필수적인 것이다. ① 제국의 환상에 젖어 있는 제1세계에서는 예나 지금이나 〈global studies〉를 중요하게 여긴다. ② 단일국가 중심의 연구에서 글로벌과 로컬들의 관계를 이슈별로 공동연구 한다. ③ 2008년부터 〈global studies〉는 국제적 연구(자)네트워크까지 결성해 매년 기획 컨퍼런스를 정기적으로 개최하고 있다. 제3세계에서 지구학이 새로운 주장을 펼칠 수 없으면, 결과적으로 제1세계의 기존 연구에 편입 또는 동화될 확률이 높아진다. 따라서 〈global studies〉를 굳이 '지구학' 또는 '지구적 연구'(global researches)라고 하려면 제1세계의 연구와 변별점이 무엇인지를 예리하게 하는 작업이 급선무다. 즉 안목은 거시적으로 갖되, 주제는 미시적으로 잡아야 해결의 실마리를 풀 수 있다.

(2) 제3세계적 관점에서 새로운 방법론을 모색해야 하는 이유 : 제3세계가 중심이 된 지구학은 '모든 관점을 초월하는' 방식에서, '모든 관점을 배려하는 방식'으로 정초해 나가야 한다. 이는 아래로부터 위로 접근하는 방식이다. 그다음 단계에서는 기존의 세계 지배학 내에 결여되어 있거나 간과하고 있는 것이 무엇인지 성찰하고 그 대안을 제시해야 한다. 이를 위해서 제1세계와의 지적 대결이 필수적이다. 왜냐하면 '모든 관점을 배려하는 방식의 지구학'을 구축하기 위해서는 기본적으로 제3세계가 중심이 된 탈식민적 인식론에 기초해야 하기 때문이다. 지적 대결을 피한다면 진정한 '지구적 비판의식'이 발현된 지구학 연구라 할 수 없다.

탈식민적 인식론은 새로운 주장을 펴는 데 단계적으로 요구되는 '지적 전략'이다. 그런 의미에서 '지구학'은 제3세계가 중심이 되어 학문의 토대를 근본적으로 다시 세우는 것을 목표로 해야 한다. 최근 조성환이 새롭게 밝혀낸 동학(東學)에서의 '자아의 지구성'이나 천도교에서의 '우주적 자아' 논의도 주목해 볼 필요가 있을 것이다.

정리하면, 지구인문학의 정립은 1단계에서는 지역-로컬의 고유 지식/철학을 기반으로 구성(construction)하고, 2단계에서는 다른 지역 로컬 지식들과 융합이 가능한 영역 간의 상호구성(co-construction)을 시도하며, 마지막 단계에서는 제2단계에서 새롭게 도출한 지식들을 지구촌 차원의 공론화 과정을 거쳐 제3의 지식으로 재구성(re-construction) 하는 것이다.

삶의 공간, 즉 주거지는 그것이 어디에, 어떤 형태로 위치하건 인간이 '장소-세계(place-world)에서 살아가는-존재'라는 것을 단적으로 입증한다. 그런데 현대인의 생활공간은 도시화·상업화·세계화·디지털화 되면서 점점 장소-

세계를 잃거나 빼앗긴 실향민의 수가 매년 늘고 있다(일종의 디아스포라). 이는 그 사람이 발 딛고 바깥을 바라볼 수 있는 자기성찰, 세계 성찰의 기회를 박탈당하는 것이다. 이로써 새로운 철학은 싹틈의 기회를 제거 당하고 기존의 철학이 보편화·표준화되면서 굳어져 철학과 사상의 패권주의를 낳는 것이다.

주지하다시피 근대 시기까지 세계의 정치사상을 포함하여 철학사상은 서구의 독점물이었다. 전쟁 무기와 약탈·탐욕을 그 근본적인 에너지로 삼는 서구 자본주의의 위력을 등에 업고 "철학의 보편성"이라는 구실 아래 세계를 점령하고 식민화했고, 물리적인 식민화가 종말을 고한 오늘날에도 변함없이 영향을 미치려는 서구와 거대 패권국인 미국의 욕망은 여전하다. 그러나 유럽이나 미국 밖에는 수천의 문화들이 존재한다. 이 수천의 문화들이 존재하기에 인류는 풍요로운 삶을 영위할 수 있다. 다시 한번 말하지만, 그러하기에 '지역-세계화'에 대한 자각에 기반하지 않는 지구학은 세계 지배학에 종속되고 만다. 제1세계에서는 세계지배학의 꿈을 과거에도 말할 것도 없지만 현재에도 포기하지 않고 있다.

두셀이나 미뇰로의 입장에 따르면, 서구 유럽을 포용하는 당위성은 말할 것도 없고 제3세계에서 필요한 것은 ① 인식적 불복종 ② 독립적 사고-창조성, 상상력 ③ 탈식민적 자유라고 말한다. 특히 "가장 지역적인 것이 가장 세계적인 것"이라는 경구를 인정한다면, 우리의 주체적인 지구학은 세계를 평화롭게 아우를 수 있는 동학의 시천주 사상에 입각한 '개벽적 지구학'이다. 동학의 '개벽적 지구학'은 제3세계의 신흥 철학으로서, 구 인류의 경제적 소비 지향적 사고로부터 신인류, 즉 '신인간'이란 창조적이고도 주체적인 사고, 제1세계와 제3세계를 아우를 수 있는, 발은 지구에 딛고 사고는 우주적으로 하는 무한히 열린 '지구인문학' '개벽인문학'의 관점에서 사유할 수 있을 것이다.

제1세계의 패권적 철학을 반면교사 삼아 제3세계의 '지구인문학'은 그들의 식민주의적/제국주의적 물리적·정신적 폭력을 극복하고, 지구의 마음으로 지구의 눈으로 지금 여기를 사유해야 할 것이다.

【'사이'와 '너머'의 지구정치학: 개인·국가·세계 너머의 시선과 사유】

이무열은 박일준의 글이 '정치신학'을 이야기하지만, 영성신학, 영성의 정치학으로도 읽힌다고 말한다. 이 책에서 글쓴이는 처음부터 지구정치학이 가리키는 곳은 그동안 배제되고 소외되었던 개인과 국가 사이, 세계 너머에 있다고 말하며 바로 그곳을 향해 간다. 지구정치학은 그들 모두와 정치적인 것, 비정치적인 것까지를 감싸 안고 정치의 규범을 넘는 '자유비행'을 시도한다. 하지만 시작과 함께 정치를 다시 제자리로 돌려놓은 듯한 느낌이 든다. 개인 너머의 정치는 어디를 향하는 것일까? 자칫 개인 너머의 정치가 낡은 진보주의자들이 주장하는 평등과 공동이라면 그런 지구정치학은 단호히 거부한다. 그것이 인간과 비인간 지구 전체를 위한 것일지라도.

지구정치학의 배경이 되는 지구인문학을 소개하며 새로운 용어와 단어의 사용에 주의를 기울이고 있다. 그 핵심을 '세계, 지구, 구(球), 세상' 등 여러 가지 의미가 담겨 있는 'Globe'로 개념화한다. 그리고 '지구위험시대'에 지구 의식이 생기면서 지구정치(학)을 위한 이런 질문을 시작과 끝에 올려놓았다.

'지구에서 살아가고 있는 인간 이외의 존재는 어떻게 보아야 하며, 인간과 관계설정은 어떻게 되어야 하는가?', '만물은 평등한가? 그렇다면 진정한 의미 의 지구민주주의가 가능할 것인가?'

다시 이무열은 '글쓴이(박일준)는 지구 정치가 소외된 인간 및 비인간을 포함한 정치라고 다시 강조한다'는 것에 주목하며, "(1) 지구민주주의는 가능할 것인가? 읽는 분들의 생각은? (2) 개인과 자유는 정말 영성, 신성, 장엄을 밀어내 버렸을까? (3) 생명운동(연구)을 하는 이들에게 지구정치는 무엇일까?"라는 논제를 제시한다. 그리고 정치신학이라고 하지만, 영성신학, 영성의 정치학으로도 읽힌다는 말에 무게가 실린다.

이무열은 이 책과 영성정치를 연결시킨다. 현재의 정치와 경제의 제도는 기후 비상사태라는 문제에 대처할 수 없고 무능하다는 것이 점점 더 분명해지고 있다. 이 무능한 체제에 대한 신학적 비판으로서 캐서린 켈러는 '지구정치신학'(political theology of the earth)을 주장한다. 기후변화 위기에 대처하기 위하여 정치적 행동주의를 조직해 내려면 종교적인 것의 귀환 혹은 정치신학으로의 전환이 성취되어야 한다고 역설한다. 영성정치와 지리산정치학교의 등장이다. 보수/진보의 이분법을 넘어서, 부르주아와 프롤레타리아 식의 이분법을 넘어선 기호자본주의의 매트릭스를 비판적으로 성찰하고, 프레카리아트(precariat)[4]를 위해 우리에게는 제3의 대안이 필요하고, 신학으로부터 그것을 제시한다.

'정치신학의 귀환'에서 '정치'는 결코 제도권 정치나 정치학의 분석 대상으로서의 정치를 의미하지는 않는다. 오히려 여기서 '정치적인 것'은 기존 제도권 정치에 대한 대안정치로서 정치적 모임의 귀환을 가리킬 수 있으며, 켈러에 따르면, '정치적인 것'은 곧 시민화로서 문명의 도시적 단위들, 다시 말해 사람들의 결집 혹은 함께 모임을 가리킨다. 정치신학은 예외주의를 반대한다. 남성 중심적 예외주의, 백인 중심적 예외주의, 서구 중심적 예외주의 등을 넘어서 "예외 없는 상호의존성의 창조적 취약성"들을 정치적 대안으로 삼는 신학을 가리킨다. '정치적인 것'은 정치적 투쟁을 동반하지만 증오와 혐오에 근거하며 반대하는 투쟁이 아니라 "공중(公衆)을 위한 그리고 공중과 함께하는" 투쟁으로의 방향 전환이다. 이를 샹탈 무페는 아고니즘(agonism)이라 했다. 상대방의 의견을 민주적으로 경합하는 경쟁자로 존중하는 아고니즘의 민주적 윤리는 투쟁의 중단이나 일치된 행동을 의미하지 않으며 오히려 정치적 혁명이나 전복으로 한 번에 도래하는 것이 아니라 길고 장구한 인고의 시간을 거쳐도 실패할 가능성이 높다는 것을 인식하는 운동이다.

베라르디는 집단체를 다중과 네트워크 그리고 떼(swam, 多衆)로 분류하는

---

[4] 불안정한 고용·노동 상황에 놓인 비정규직·파견직·실업자·노숙자들을 총칭하는 말이다.

데 특히 떼는 "자신의 신경체계 속에 새겨져 있는 규칙들을 따라 행동하는 (혹은 따르는 것처럼 보이는) 살아 있는 존재들의 복수성"이라고 한다. 사회가 복잡화와 정교화가 가속화될수록 사람들은 "떼처럼 행동하는 경향"이 늘어나, "의미의 공통적인 자동적 속성에 의존하고 서로 일치하는 행동을 공유하는 경향"을 보인다. 떼에는 "중앙의 명령도, 전체 떼를 감시하거나 통제할 수 있는 단위 혹은 대리인이 없다." 그럼에도 불구하고 "일정한 방향으로 행동하고, 그 움직임에는 동기가 있으며, 그 패턴에는 목적이 있다." 촛불혁명이 그 대표적인 사례이다. 우리는 떼의 정치적 잠재력을 회복할 수 있을까? 촛불혁명 이후 계속되는 숙제이다.

지구 생태계와 더불어 살아가는 사람으로서 삶의 역량을 넘어서, 모든 존재의 존재 역량을 고민해야 하는 시대가 되었다. 켈러는 인간됨이란 곧 더불어 뒤얽혀 살아가는 존재이며, 이는 우리의 구원이 이 척박한 세상의 관계를 탈출하는 데 있는 것이 아니라, 성육신의 구원 논리를 따라, 이 떼의 군상들과 아픔을 공유하며, 이 난국에 머무르는 데 있음을 강조한다. 하나님의 나라로 가는 길은 성공이냐 실패냐의 문제가 아니라, 바로 과정임을 여기서 다시금 주지하게 된다. 그래서 정치는 신학일 수밖에 없다.

토론이 이어졌다. 이 책을 읽기로 한 취지는 무엇이었을까? "'생명학연구회'에서 앞으로 뭘 할 거냐?" 하는 질문은 반복적으로 이어져 왔고 이제 '지구인문학'으로 시선을 돌려야 할 때라는 결론으로 이 책을 다 같이 읽어야 한다는 결론에 이르렀다.

"정치의 근본성을 회복해야 한다"는 말의 의미는 무엇인가? 도상록, 신현경 질문의 질문에 이무열은 김지하의 글을 인용한다. "우주 만물이 제각기 자기 삶을 살 수 있도록 하는 것, 그것이 정치다." 나는 처음에 '왜 지구인문학이 정치적이고 실천적인 노력의 첫걸음'이라고 하는지 그제서야 감을 잡기 시작했다. 인간의 주체성 속에서, 인간 역할은 우주 전체 모든 것을 모자람-남음 사이를 조화하는 것이라고 말하는데, 그걸 하는 것이 정치인 것이다.

도는 모든 만물을 다스린다. 다스린다는 말을 제대로 해석하면 '관리자, 창조 질서를 유지되도록 돕는 것'이다. 자본주의 체제하에서 다스림을 잘못 해석한 것이다. 창조적 신학이 들어오면서, 창조 질서의 보존이라고 하는 것이 중요한 문제가 되었다.

이러한 생태적 시선으로 본문을 들여다본다. 박길수는 출판사 모시는사람 들의 강령—"모시는 사람들은 이땅 온갖 답지 못한 사물들의 본래 이름을 찾 아 한울님처럼 모시는사람들입니다"—을 이야기하는데, '본래 이름'이란 곧 천명 또는 내재화된 창조질서라고 볼 수 있다는 부연 설명이 회원들에게 큰 울림을 준다.

이나미는 정치와 가치의 권위적 분배를 전통적인 정치의 의미와 새로운 정 의를 상기시킨다. 랑시에르(프)의 말 "정치란 모든 인간이 모든 인간이 평등하 다는 것을 증명하는 과정"이라는 말은 자연에까지 적용(확대)시킬 수 있다. 거 버먼트(통치)에서 거버넌스(협치)로 이행한다고 할 때 거버넌스는 여당+야당 협치가 아니라, 모든 시민과의 협치를 말한다. "정치란 동료(협조자)를 구하는 과정"이라고 말하는 아렌트의 말로 '왜 정치적이어야 하는가'에 대한 질문에 마침표를 찍는다.

이무열은 여기에 한발 더 나아가 '정치와 영성, 우주적 정치(인간을 벗어나는 정치)에서 평등으로'를 화두로 내건다. 그런데, 평등이 있을 수 있는가? 평등보 다는 평화라는 말이 더 적절하다는 의견을 제시한다.

이에 이나미는 평등은 불교적인 맥락에서, 모든 사람이 죽는다, 태양이 고 르게 비치는 것, 생로병사는 평등하다는 의미이고, 그보다는 공정을 말해야 한다고 말한다. 공정이 필요한 이유로, 생로병사는 평등해야 하지만 노력과 능력은 진짜 평등하려면 노력한 만큼 성과가 주어져야 한다고. 여기서 "기우 뚱한 균형"이라는 흥미로운 표현도 나온다. 영성이란 불평등한 현상 속에서 평등한 본질을 볼 수 있는 눈을 뜨는 것이다.

전진택은 초대 교회의 모습을 회복해야 한다고 주장한다. 초대 교회는 없는 사람들은 와서 (공짜로) 먹지만 부끄러워하지 않고, 가진 사람은 자기 것을 베풀지만 권위를 주장하지 않았다. 제도적 장치, 강요가 아니라, 구성원 하나하나의 자발적 에너지의 최상에 왔을 때 이루어지는 삶, 공동체의 모습이다. 이것은 기독교만이 아니라 이 사회의 영성을 기반으로 하는 모든 곳에서 저절로 되는 상태가 아닐까? 어디나 그런 것은 있다. 그것이 오래도록 유지되도록 하는 것이 수련, 기도 등의 역할이라고 덧붙인다. 전진택의 영성은, "은혜 받음 → 변화 → 따뜻하고 넉넉한 사람으로 변화 → 존재 자체의 변화"로 이어진다.

또 정치신학에 대해서는 "기독교는 초기부터 정치적이었다"는 말에 "현실 정치와 내 나라(교회-하나님 나라)는 다르다"라고 말한 "형제자매"에 대해 이야기하며, "동학도들은 양반 상놈의 벽을 무너뜨린 것이라면, 초대교회도 로마교회의 제도+정치를 넘어서는 것이었다."는 점을 상기시킨다. 작은 공동체에서는 오늘날도 이루어지고 있는 일들이 있다. 규칙, 룰에 의해 다스리려고 하는 데서 사달이 나는 것이지, 구성원들이 기꺼이 하는 일이라면, 문제가 될 일이 없다고 말한다.

영성의 정치는 위와 같은 방식으로 되어야 한다. 그러지 않으면 끊임없는 다툼이 계속될 것이다. 지구 단위로 얘기하자면, 왜 영성이 필요한가? 현재 생산량이 전 지구인이 넉넉히 먹을 만큼이 생산되는데, 분배되지 않는 현실을 극복해 내는 것이 필요하다. 정치의 시작은 나눔이다.

여기까지가 생명학연구회가 함께 읽은 『지구인문학의 시선』이다. 다음 호에서는 〈정동이론〉에 대해 사발지몽과 함께 읽은 이야기를 풀도록 하겠다.

신채원_은새

◈ 언제든 어디서든 쉬지 않고 소처럼 일을 하고 있다
◈ 다른 사람들도 나처럼 외로운지 알고 싶어서
인터뷰를 20년 동안 이어나가고 있다 ◈ 아는 것이
힘인지 모르는 것이 약인지 궁금하다 ◈ 한겨울에도
아이스아메리카노를 마신다 ◈

RE: CULTIVATE

천도교 수도와 수련

라명재

【마음공부로 가는 길】

세상이 빠르게 변화하고 있다. 그것은 주로 기술의 진보에 따른 자동화와 경제의 논리에 의해 주도되고 있다. 하지만 사람이 편하고 잘살기 위해서 시작된 이런 변화들이 진행될수록 오히려 인간 자신이 소외되는 모순이 나타나고 있다. 사회의 경제제도는 사람들이 잘 살기 위해 만들었지만, 지금은 오히려 그 제도 자체를 위한 제도가 되고 있고, 그 속에서 사람들은 인간 자체의 가치로 평가되는 것이 아니라 '얼마나 돈을 잘 버는지'의 경제적 기준으로 평가되고 있는 게 사실이다. 불과 한 세대 전에는 이념의 잣대로 인간 개개인의 다양함을 무시하고 획일화하는 국가 폭력이 당연시되던 때도 있었다.

하지만 이젠 이런 경제적, 이념적 이유로 강제하는 모든 '폭력'을 거부하고 자신만의 삶을 찾으려는 움직임이 최근에 젊은 세대를 중심으로 자연스럽게 일어나고 있다.

최근 한 드라마에서는 사내 동호회 가입 권유에 "못 하겠어요, 힘들어요"라거나, "그냥 지쳤어요. 모든 관계가 노동이에요. 눈 뜨고 있는 모든 시간이 노동이에요"라며 사원들을 위한다는 간접적 강요를 거부하는 장면이 등장한다. 한 소설가는 자신의 모토를 "절대 최선을 다하지 않는다. 매일 최선을 다하다가 아프면 회복할 수 없다. 오늘 100을 할 수 있으면 70만 하자.” 로 정했다고 한다. 하고 싶은 일을 하더라도 30%는 다른 취미나 여가를 돌아보는 여유를 가지길 원하는 것이 자연스러워진 것이다. 돈벌이로서의 직업 외에 놀이로서의 직업을 찾는 이도 많아졌다. 모두 삶을 바라보는 시야가 넓어지고 다양해진, 아니면 최소한 그러길 원하는 반증이 아닐까.

　　누구나 살면서 삶의 모순을 느낀다. 대부분 그런 세상의 부조리함 속에서도 그럭저럭 적응하며 살아가지만, 누군가는 거기에 의문을 품거나 적극적으로 해답을 찾아 나서기도 한다. 석가는 ‘생로병사’의 의문을 풀기 위해 출가 수행을 시작했고, 조선조 말 수운 최제우(1824-1864) 선생은 민생과 나라가 모두 망해 가는 상황이 어디서 비롯된 것인지, 해법은 무엇인지 알기 위해 수행하였고, 그 답으로 동학을 창시하였다.

【동학의 마음공부】

수운 선생이 파악한 문제의 핵심은 ‘각자위심’이다. 사람들이 자기만의 시각과 논리에 사로잡혀 온 세상이 만인에 대한 싸움’의 장으로 전락했다는 것이다.

> 이 근래에 오면서 온 세상 사람이 자기만 위하느라 천리를 순종치 아니하고
> 천명을 돌아보지 아니하므로…. (동경대전, 포덕문)

세상 사람들은 ‘작은 육신에 한정된 나’만 알고 자신의 욕심을 채우려 남에게 해를 끼치고, 자연을 훼손한다. 나와 한울[천리와 천명]이 단질되므로, 나(작은 나)와 한울(큰 나)이 모두 병이 든다. 세상의 모든 악과 괴로움이 나밖에 모르는 이기심과 분별심, 육신관념에서 비롯되니 수운 선생은 이를 ‘각자위심(各自爲心)’이라 정의하였다.

이 문제의 해법으로 수운 선생이 제시한 것은 온 세상이 모두 하나의 한울 성령으로 연결되어 있음을 깨닫고, 이를 다시 회복하는 '시천주' 즉 '모심'이다. 내 안에서만 갇혀 있으면 해법을 볼 수 없다. 이 세상이 모두 하나의 생명의 그물로 촘촘히 연결되어 있음을 깨닫는 시각의 전환이 요구된다. 그렇게 나를 새롭게 보고, 세상을 새롭게 보면, 새로운 삶으로의 전환이 이루어진다고 한 것이다.

> 「시」라는 것은 안에 신령이 있고[內有神靈] 밖에 기화가 있어[外有氣化]
>
> 온 세상 사람이 각각 알아서 옮기지 않는 것이요[一世之人 各知不移]….
>
> (동경대전, 논학문)

내유신령은 내 안의 생명이다(내 안의 한울). 외유기화는 나와 소통하는 나 밖의 모든 생명(나를 초월한 한울) 내지는 나를 둘러싼, 빈 듯 하지만 가득 찬 신령한 영기이다. 사람은 내 안의 생명이 없어도 살 수 없고, 내 밖의 생명이 없어도 살 수 없다. 공기를 호흡하지 않고 살 수 있는가? 물과 음식을 먹고 마시지 않고 살 수 있는가? 먹을 것이 풍족하다면 혼자 살 수 있는가? 이 모든 소통과 교감이 나를 살리는 외유기화다. 그러므로 내유신령과 외유기화는 서로 떨어지거나 옮길 수 없는 하나의 지극한 신령한 기운이다. 이것을 알고 한울생명으로의 삶을 실천하는 것(각지불이)이 모심의 뜻이다. 그로써 모든 생명은 한울로 동귀일체(同歸一體, 하나로 돌아감)하게 되므로 모심은 각지불이의 실천이 있어야 완성된다.

해월 최시형(1827-1898) 선생은 이런 모심으로의 시각 전환을, 육신의 감각 위주에서 심령의 시각으로 전환하는 것으로 설명하고 있다.

> 심령으로 생각할 것이요, 몸의 감각과 자의식으로 생각하는 것이 아닙니다.
>
> (해월신사법설, 수심정기)

모든 배움은 자신의 무지를 자각하는 데서 시작된다. 마음공부는 자신이 보고, 듣고, 아는 것이 부정확하고 한계가 있음을 자각하는 데서 시작된다.

보통, 사람들은 육신의 감각인 안이비설신, 5관에 의존해 좋고 나쁘고를 느끼고 판별한다. 그러나 붓다는 그 감각과 감각을 통해 느껴지는 감정, 그로 인한 좋고 나쁜 생각, 이 모두가 일어났다가 작용하고 사라지는, 허망한 것이라 갈파했다. 그렇게 허망한 감각을 통해 형성된 의식이 '육식[眼·耳·鼻·舌·身-意識]'이고 이는 곧 습관심이다. 이렇듯 육신의 감각은 허망한 것이기도 하거니와 짐승이 보고 듣고 냄새 맡는 것보다 못한 경우도 많아 그 자체로도 한계가 있다. 좋아 보이는 것도 실제로는 나쁘거나 해로운 경우도 많다. 나를 속이거나 해하려 접근하면서 좋은 낯빛으로 오겠는가, 위협하며 오겠는가? 그러니 그렇게 형성된 습관심은 얼마나 오류와 편견이 많겠는가? 이것이 진실과 한울님 진리를 보는 눈을 가리는 단단한 껍질이 되어 참 마음을 가리고 있다. 이 껍질을 깨는 것이 수행이고, 껍질 밖으로 거듭나면 이게 곧 개벽이다. 그러므로 마음공부는 눈에 보이는 것이 예쁘고 좋아도, 그것이 정말 예쁜가 의심해야 한다. 그리고 질문해야 한다. 내 욕심에 좋아 보이는가? 한울님에게도 좋아 보일 것인가? 이때 '한울님'은 다른 사람일 수도 있고, 짐승일 수도 있고, 벌레일 수도 있다.

여름에 모기와 곤충이 달려들면, 질색하는 사람들이 많다. 하지만, 최근 벌들이 대량 폐사하면서 곤충이 없다면 모든 곡식과 과일들의 수분이 어려워지고 결과적으로 식량 생산이 급감할 것이란 연구가 알려지면서, 생태계는 눈에 보이지 않는 생명의 그물망으로 연결된 자체로 하나의 대 생명임이 새롭게 인식되고 있다.

그 모든 한울과 통해 있는 내 안의 한울님께 고하고 묻는 것이 동학의 마음공부이다. 듣고, 냄새 맡고, 맛보는 모든 것에, 이렇게 우리 육신의 눈으로 보지 못하는 마음의 눈, 귀, 코, 입, 촉각—이 심층의식을 천도교에선 모신 한울님 즉 내유신령이라고 한다—을 깨우는 것이 수행이다.

그렇게 육관에 의지한 습관심을 벗어나 한울님 기운과 하나 되고, 우주의 식이 깨어나면 보고 듣고 하는 감각마저도 이제까지와는 다르게 된다. 다시 말하면, 새로워진다. 선입견[相] 없이 있는 그대로의, 사물의 외양뿐 아니라 본질을 볼 수 있고 알 수 있는 것이다.

> 조각조각 날고 날림이여, 붉은 꽃의 붉음이냐, 가지가지 피고 핌이여, 푸른
>
> 나무의 푸름이냐…. (동경대전, 화결시)

> 뜻밖에도 사월에 … 어떤 신선의 말씀이 있어 문득 귀에 들리므로….
>
> (동경대전, 포덕문)

이렇게 겉으로 드러난 색상만 보는 (듣고 냄새 맡고…) 것이 아니라 사물의 본질인 법상을 바로 분별할 수 있는 능력을 허광심력이라 한다.

> 한울과 만물이 각기 성품과 마음이 있어 스스로 움직이는 것이 다 법상과 색상에
>
> 말미암은 것이니라. … 깨닫고 깨달아서 혼미하지 아니하면 빈곳에서 빛이 나,
>
> 형상 없는 법체가 나타나며 형상 있는 색체에 빛이 비치어, 밝지 아니한 곳이
>
> 없고 알지 못할 곳이 없으니, 이를 허광심력이라 이르느니라." (무체법경, 삼심관)

'허광심'(虛光心)이라 이름 지은 것이 재미있다. 빈 데에서 빛이 나는 것과 같은 마음이라고 했다. 허광심은 나의 사사로운 욕심을 비워야 얻을 수 있음을 뜻한다. 해월 선생은 "마음이 비었으므로 일만 이치를 통할 수 있다."(해월신사법설, 허와 실)고 하였다. 자만심과 선입견으로 가득 차 있으면 진실은 보이지 않는다. 버려야 얻을 수 있다.

또 허광심이란 말에는 '헛된 것'이란 뜻이 내포되어 있다. 세상 이치를 다 안다 해도 결국 헛된 것인가? 바닷물에 물방울 하나 더해진다 해도 바다는

그대로 바다일 뿐. 결국 내 한 몸의 겸허한 실천만이 남을 뿐이다.

이렇게 수행을 통해 새로운 시각, 통섭적인 눈이 열리고, 귀가 열리고, 새로운 세상이 열리는 것이다. 장님이 눈을 뜨듯, 귀머거리가 소리를 듣듯…. 수행을 통해 이런 능력을 배우고 기르면 매순간 모든 날들이 얼마나 새롭고 반가울 것이며, 그런 진실을 대하는 나는 또한 얼마나 행복할 것인가!

【성심신(性心身, 진리와 마음과 몸) 삼단의 인간】

천도교에서 바라보는 삶은 어떤 것인가? 오늘날 누구나 '워라벨'(일과 삶의 균형)이 중요하다고 얘기하지만, 일에 파묻힌 현대인들은 시간이 생겨도 쉴 줄 모른다. 사람들은 현실의 욕망[身]에 사로잡힌 채 그것을 이루기 위한 일에 파묻혀 살아간다. 거기서 모든 갈등, 부조리가 생긴다. 욕망이 이루어지지 않으면 괴롭고 병도 생긴다.

잠시 마음을 쉬고 진리와 한울님[性]을 생각해 본다. 우주 큰 생명, 큰 그림을 보면 작은 욕망으로 아등바등 다투는 게 부질없어진다. 그렇게 큰마음을 담고 다시 삶으로 돌아오면, 각자위심이 아닌 한울을 위하는 마음으로[心] 삶의 의미를 새롭게 새길 수 있게 된다.

그렇게 되면 갈등을 풀어 화해가 되고, 병이 치유가 되며, 무궁한 한울 속에서 삶이 자유로운, '무궁한 나'가 된다. 이렇게 균형 잡힌 건강한 삶은 '성-심-신', 이 세 가치가 조화로워야 한다.

우리 삶은 우주의 진리(성, 이치)도 공부해야 하고, 마음을 다스려 욕심과 마에 빠지지 않고 참된 마음-즉 한울을 위하는 마음을 닦기도 해야 한다(심, 기운). 그러나 그러한 진리와 바른 마음이 삶에서 실현(신, 삶의 실천을 위한 건강과 사회적 실력, 또는 그에 의한 현실화)되지 못하면 의미가 없다. 이러한 이치를 알고, 마음이 삶의 희로애락 속에서도 진리를 벗어나지 않도록 하는 공부가 개인의 개벽과 사회의 개벽으로 실현되는 것이 천도교가 바라보는 바른 삶이다.

그럼 바른 마음과 바른 진리를 알기 위해선 어찌 해야 하는가?

성품이 있어야 몸이 있고, 몸이 있어야 마음이 있으나 그러나 성품과 마음과 몸

세 가지에서 어느 것을 먼저 할 것인가···. (무체법경, 성심신삼단)

성품은 우주의 만물에 공통된 원리다. 또한 만물의 기본 원소다. 인간으로서
의 형상은 백년을 살지만, 우리 몸을 이루는 원소들은 우주공간에 흩어져 영
원히 산다. 어떤 원소들은 다른 생명체의 몸을 이루기도 하고, 어떤 원소들은
구름과 비와 물로 끊임없이 순환하면서···.

한울의 이치가 모인 것을 성품이라 하고, (성품이 움직이면 마음이 생겨나며, 마음이

기운을 낳고), 기운이 모여 이룬 것이 몸이다. (의암성사법설, 대종정의, 오교의 요지, 16절)

그렇게 성품-원소가 모여 우리 몸을 이루고 움직이기 위해선 에너지-기운이
필요하다. 그것이 마음이다. 마음이 있어야 우리 몸을 움직여 일도 하고, 음식
도 먹고 모든 일상을 할 수 있다. 그뿐만 아니라 사람은 그런 동물적 본능 외
에도, 이런 삶의 이치, 세상의 원리를 알고자 하는 마음도 있다. 그런 생각이
있어야 공부도 하고 궁리도 한다.

몸이 있을 때에는 불가불 몸을 주체로 알아야 할 것이다. 왜 그런가 하면,

(사람의) 몸이 없으면 (한울) 성품이 어디 의지해서 있고 없는 것을 말하며, (사람의)

마음이 없으면 (한울) 성품을 보려는 생각이 어디서 생길 것인가. 무릇 마음은

몸에 속한 것이니라. 마음은 바로 성품이 몸으로 나타날 때 생기어, 형상이

없이 성품과 몸 둘 사이에 모든 이치와 일을 소개하는 요긴한 중추가 되느니라.

(무체법경, 성심신삼단)

좋은 구슬이 서 말이라도 꿰어야 보배다. 아무리 좋은 뜻(마음)이 있고, 진리 (성품)를 배웠다 해도 그것을 삶 속에서 실천(몸, 현실)하여 나의 삶을 변화시키 고 그로써 나와 세계의 운이 바뀌지 않는다면 아무 의미가 없다. 그저 이름이 나 걸어두었다는 소리를 들을 것이다. 진리를 실천하기 위해선 진리에 대한 확 고한 믿음과 어떤 상황에서도 그것을 따르고 실행할 수 있는 마음의 힘, 그리 고 현실적인 실력이 필요할 것이다. 그 시작은 물론 마음공부다. 그래서 수운 선생도 "우리 도[=천도, 무극대도=동학]는 마음공부일 뿐이니 그 뜻을 잊지 말라" 고 하셨다.

라명재

◈ 증조부 때부터 동학-천도교를 신앙한 집에서 태어나 천도교에 자연스럽게 관심을 가지며 자랐다 ◈ 근대화와 독재라는 두 괴물이 전래의 전통적 가치와 사회구조를 파괴하고 단절하던 시기에 학생시절을 입시에 시달리며 평범하게 지냈다 ◈ 그러나 변화하는 사회를 체험한 기억은 보다 나은 세상에의 갈망을 항상 간직하게 하였고, 산업화에 의한 환경파괴와 인성 상실, 독재와 민주화의 시소 속에서 정작 사람의 삶은 피폐해져 감을 안타까워하는 학부형이자 가장이 되었다 ◈ 생명과 삶을 다시 살리는 길은 거창한 정치적 공약이나 구호가 아닌 일상의 삶속에 있다는 생각을 실천하고 확인하고 싶어 한다 ◈ 그러한 일상의 삶을 중시하는, 전통의 가치와 생명에 대한 가르침이 가득한 동학의 경전이 널리 읽히고 그로써 사람 살 만한 세상이 되기를 바라는 마음에서 교인들과 함께 공부한 것을 엮어내게 되었다 ◈

다시 읽다

새로 찾은 1938년 이전 윤석중 작품 44편

홍박승진

【1. 어린이 노래꾼 윤석중과의 마주침】

윤석중은 나의 기억 속에서 떠올릴 수 있는 시와의 첫 만남이다. 한국여성개발원(현 한국여성정책연구원)에서 운영하는 어린이집 겸 유치원을 삼사 년 동안 다녔는데, 거기 벽 한쪽에 시 하나가 붙어 있었다. 그 시는 아기가 꽃밭에서 아장아장 걷다가 넘어졌는데 무릎을 보니 피가 나서 으앙, 하고 울음을 터뜨렸다는 이야기로 시작한다. 알고 보니 그것은 피가 아니라 빨간 꽃잎이었다면서 시는 끝난다. 꽃밭에서 넘어졌으니 꽃잎이 무릎에 붙은 것이다. 아직도 기억이 나는 걸 보면 그 경험(Erfahrung)은 작지 않은 충격이었던 모양이다. 시적인 것이 무엇인지를 어렴풋하게나마 처음으로 느낀 사건이었던 듯하다. 그 뒤로 한국시를 연구하는 것이 오늘날 나의 직업이 되었다. 그 뒤로 그때 그 벽에 붙어 있던 동시가 윤석중의 「꽃잎」임을 알았다.

　여러분의 마음속에도 윤석중의 어린이 노래가 있지 않을까? 당신은 "기찻길 옆 오막살이 아기 아기 잘도 잔다"로 시작하는 노래를 불러본 적이 있는가? "날아라 새들아 푸른 하늘을 달려라 냇물아 푸른 벌판을"로 시작하는 노래를 들어본 적이 있는가? "산 위에서 부는 바람 시원한 바람 그 바람은 좋은 바람 고마운 바람"으로 시작하는 노래를 배운 적이 있는가? "엄마 앞에서 짝짜꿍

아빠 앞에서 짝짜꿍"으로 시작하는 노래가 익숙한가? "퐁당퐁당 돌을 던지
자 누나 몰래 돌을 던지자"로 시작하는 노래를 흥얼거려본 적이 있는가…. 그
렇다면 윤석중의 노랫말은 여러분의 마음을 자라게 한 양분이 되었다고 할 수
있다.

올해는 어린이날 제정 100주년이다. 이를 맞아 7월 22일에 '국제방정환학
술포럼'이 열렸다. 거기에서 어떠한 발표를 할까 고민하다가 시와 나의 첫 만
남이었을 윤석중의 동시를 연구하기로 마음먹었다.[1] 그것을 밝히는 일은 나의
원천(Ursprung)을, 여러분의 원천을 밝히는 일이 되리라고 예감하였다. 소파 방
정환의 이름이 들어간 학술대회와 윤석중 사이에는 어떠한 연관성이 있을까?
나의 유년 시절 기억에 윤석중의 「꽃잎」이 박혔듯이, 윤석중의 어릴 적 기억에
는 소파가 새겨져 있었다. 윤석중의 회고에 따르면, 그는 열두 살 무렵에 방정
환을 처음 만났다고 한다. 그는 자신이 다니던 교동보통학교 앞을 지나가다
가 그 건너편의 천도교당(현 종로구 수운회관 옆)에 드나드는 소파를 알아보았다
고 한다. 방정환을 알아볼 수 있었던 이유는 그가 꾸려가던 잡지 『어린이』를
윤석중이 평소 열심히 즐겨 읽었기 때문이다. 윤석중이 그 열두 살 때의 만남
을 또렷하게 기억하는 까닭은 어린이 윤석중에게 반말이 아닌 존댓말로 말을
건넨 첫 어른이 소파였기 때문이다. 윤석중이 『어린이』지의 애독자로서 "방 선
생님!"하고 불렀더니 방정환이 "왜 그러시지요?"하고 돌아보았다는 것이다.
윤석중은 그 대답이 자기한테 하는 말이 아니라 다른 어른에게 하는 말인 줄
알고 뒤를 돌아다보기까지 하였으나 아무도 없었다고 한다.[2] 어린이에게 존
댓말을 쓰는 어른은 지금도 많지 않으니 그때는 더더욱 없었을 것이다.

방정환은 어린이예술 가운데 세 가지 중요한 갈래를 (동화 등의) 이야기, (동

[1]   이 연구의 중간 결과는 홍승진, 「1938년 이전 윤석중 동시의 동학 미학」이라는 제목으로 『어린이날 제정 100주년
기념 2022 국제방정환학술포럼 "21세기, 어린이라는 세계의 인간과 문학」 자료집에 실렸다.

[2]   윤석중, 『어린이와 한평생』, 범양사출판부, 1985, 33-34쪽.

시나 음악 등의) 노래, (회화나 조각 등의) 그림으로 꼽았다.[3] 윤석중은 세 갈래 가운데 노래의 측면에서 방정환을 이은 '어린이 노래꾼'이라고 할 수 있다. 어째서 그러한가? 윤석중은 소파 방정환이 편집을 맡았던 잡지 『어린이』와 밀접한 관계를 맺었다. 1911년에 태어난 윤석중은 1931년 방정환이 죽고 나서 두 해가 되는 1933년부터 『어린이』지의 편집을 맡았다. 당시 20대 초반의 젊은 나이였던 윤석중이 방정환의 뒤를 이어 잡지 『어린이』의 제2대 편집자가 될 수 있었던 까닭은 윤석중이 1925년부터 그 잡지와 꾸준하고도 깊은 관계를 맺어 갔기 때문이라고 할 수 있다. 윤석중은 1925년 4월 『어린이』에 동요 「옷둑이」('오뚜기'라는 뜻)를 발표하였고, 같은 해 11월부터 『어린이』의 부록인 「어린이 세상」 꼭지를 편집하기 시작하였다. 그러면서 『어린이』지를 펴내던 개벽사 편집실을 자주 드나들며 거기에서 일하던 방정환·김기전·차상찬·이정호 등의 어른들과 교류하였다.

그 어른들은 당대의 대표적인 천도교 사상가들이자 어린이 운동가들이자 출판문화인들이었다. 어린이 운동과 동학-천도교 사상과 출판문화 사업의 3항은 이들의 삶 속에서 불가분의 관계를 이루었다고 할 수 있다. 예컨대 그 가운데 방정환이 남긴 동시는 동학의 자연 사상을 언어로 드러낸다는 논의가 『다시개벽』 제4호(2021년 가을호)에 실렸다.[4] 윤석중은 2003년 죽을 때까지 동요·동시 창작에 힘을 쏟았다. 동시에 그는 10대 때 동학사상을 접한 뒤로도 최소한 1974년 편찬된 책 『최수운 연구』에 「천도교 소년운동과 그 영향」이라는 글을 실을 때까지, 50여 년 가까이 동학-천도교에의 관심과 사랑을 놓지 않았다고 할 수 있다.[5] 그러므로 방정환의 어린이 노래와 그 속에 담긴 동학사

[3] 소파(小派), 「어린이 찬미(讚美)」, 『신여성』 제6호, 1924. 6, 69~71쪽.

[4] 홍박승진, 「방정환의 동시(童詩)와 동학의 자연 사상」, 『다시개벽』 제4호, 2021. 9.

[5] 이 글은 다음과 같이 끝을 맺는다. "천도교 소년운동 만세! 천도교 어린이 3·1운동 만세! 천도교 어린이 해방운동 만세! 그리고 천도교 소파·소춘 만세!(윤석중, 「천도교 소년운동과 그 영향」, 한국사상연구회 엮음, 『최수운연구 — 최수운탄생150주년기념논집』, 보성사, 1974, 470쪽)" 소춘은 김기전의 호이다.

상이 윤석중의 어린이 노래 속에 이어졌으리라고 짐작해볼 수도 있을 것이다. 동학사상의 현재화를 도모하는 잡지 『다시개벽』에 새로 찾은 윤석중의 작품을 소개하는 까닭이 바로 여기에 있다.

　이곳에 공개하는 작품을 어째서 '새로 찾았다'고 말할 수 있으며 또한 어떻게 찾았을까? 문학 연구는 일차자료를 최대한 빠짐없이 찾아내고 정확하게 정리하는 문헌학적 작업에서부터 출발하여야 한다. 윤석중을 연구하려면 윤석중의 일차자료를 섬세하게 살펴야 하는 일이 가장 기초가 된다. 이는 혼자서 다 해내기 어려운 일이므로 기존 연구 성과의 도움을 받을 필요가 있다. 지금까지 윤석중 작품의 목록을 가장 꼼꼼히 정리한 연보(年譜)는 김제곤이 작성한 것이라 할 수 있다.[6] 김제곤의 「윤석중 작품 연보」에 따라서 작품의 실제 발표 지면과 원문을 하나하나 확인해 가다 보니 그 연보에는 빠진 것을 찾아낼 수 있었다. 일단은 윤석중이 1938년까지 《동아일보》·《조선일보》·《중외일보》에 발표한 작품 가운데 새로 찾은 것을 여기에 싣는다. 시기를 1938년까지로 잡은 까닭은 그해에 윤석중이 자신의 어린이 노래를 모아 『윤석중 동시선』을 펴내며 그때까지 자신의 창작 활동을 한 차례 굵직하게 정리하며 매듭지었기 때문이다. 동아·조선·중외일보를 주로 살핀 까닭은 〈네이버뉴스 라이브러리〉나 〈빅카인즈 고신문 아카이브〉에서 해당 신문을 검색하는 일이 편하였기 때문이다. 새로 찾은 작품들 가운데에서는 김제곤의 2013년 저서 『윤석중 연구』 본문에서 언급한 작품을 제외하였다. 이는 저자가 작품의 실체를 알고 있으나 실수로 연보에는 적지 않은 것이기 때문이다. 박인경의 박사학위논문에서 언급한 작품도 이번에 소개할 목록에서 제외하였다.[7] 또한 지금까지 발간된 단행본에 실린 적이 있는 작품도 제외하였다. 그 결과 새로 찾았다고 말

6　김제곤, 「윤석중 작품 연보」, 『윤석중 연구』, 청동거울, 2013.

7　예를 들어 「우리들세상 ─ 유치원원유회노래」(《조선일보》, 1933. 5. 26)는 김제곤이 작성한 작품 연보에 빠져 있지만 박인경, 「1930년대 유년문학의 형성과 전개에 관한 연구」, 인하대학교 박사학위논문, 2021. 2, 125쪽의 목록 속에는 들어 있다.

할 수 있는 어린이 노래·시·번역시가 11편이었고, 동화·유머·라디오 대본이 33편이었다. 이 44편 모두가 진정한 의미의 '발굴' 작품인지를 확인하기 위하여 기존 전집과 관련 자료를 검토하는 중이므로 '발굴'이라 하지 않고 '새로 찾은'이라고 하였다.

새로 찾은 작품의 원문을 소개하고 해제를 덧붙일 때의 원칙을 미리 일러두겠다. 대원칙은 지면에 인쇄된 모습을 최대한 고스란히 선보인다는 것이다. 이는 향후 윤석중 문학을 연구할 이들에게 일차자료의 원문을 정확히 제공하기 위해서일 뿐만 아니라 『다시개벽』 독자들에게 일제 강점기 한국 문학 자료의 실감을 전달하기 위해서이다. 원문에서 'ㅅㅣ, ㅅㄷ, ㅅㅂ, ㅅㅈ'로 쓰인 부분은 각각 오늘날의 'ㄲ, ㄸ, ㅃ, ㅉ'에 해당한다. 또한 의미상 명백히 잘못 쓰인 낱말이나 띄어쓰기나 표현일 경우에는 각주로 설명을 덧붙였다. 그중에서 식자공(활자를 원고대로 조판하는 사람)의 실수인 경우에는 각주에 '오식'이라고 적었으며, 저자 윤석중의 실수인 경우에는 각주에 '오기'라고 적었다. 각 작품 원문의 아래에는 해당 작품의 의미나 특징에 관한 짧은 해제를 달아 독자의 이해를 도우려 하였다. 44편 모두를 한 호에 다 싣는 것은 분량상 적절하지 못하다고 판단하여, 이번 호에는 시 11편만을 싣고 다음 호에 나머지 동화·유머·라디오 대본 33편을 싣기로 한다.

【2. 어린이 노래 10편, 시 1편, 번역시 1편】

먼저 어린이 노래 10편과 시 1편과 번역시 1편을 소개한다. 여기에서 '어린이 노래'는 동요와 동시를 아울러 가리키는 표현이다. 윤석중은 4·4조나 7·5조 등의 율격을 상대적으로 엄격하게 따른 어린이 노래에 동요라는 이름을 붙였으며, 그 율격에서 상대적으로 자유로운 어린이 노래에 동시라는 이름을 붙인 바 있다. 하지만 그 둘을 묶어서 동요라 부르기도 하였으니, 윤석중은 동요와 동시의 갈래를 명확하게 구분하는 일과 거리가 멀었다고 보아야 올바르겠다. 그의 문학 세계에서 어린이 노래와 그것이 아닌 시는 다소 명확히 구별할 수 있다. 예컨대 어린이 노래에는 한자를 거의 쓰지 않았지만 그것이 아닌 시에는 한자를 많이 썼기 때문이다. 후자의 경우로는 이번에 1편을 공개한다. 또한 윤석중은 외국에서 창작한 시 가운데 어린이가 부를 만하거나 어린이와 관련이 있는 작품을 적지 않게 번역하였는데, 그중에서 노벨문학상 수상자이기도 한 타고르의 시 한 편의 윤석중 번역본을 새롭게 찾아 이번에 공개한다.

尹石重, 「아름다운家庭」, 《朝鮮日報》, 1928. 3. 22.

새파란 별이되어바람에써서
은하물을건너가서헤매엇지만
이댁가티놀기조코편안한곳은
계수나무그늘에도업섯습니다
새-쌀간저녁노을조하뵈지만
올라가서안저보면볏이드러요

나의일홈파랑새어린파랑새
이댁에서길니워난어린파랑새
별-다른새세상을찻고차저도
나의살든녯-집만모다못하야
이리저리써다니다쏘왓사오니
요날부터이댁-에제워주시요

● 해제: 각각 6행인 두 개의 연(총 12행)으로 이루어진 위의 시 「아름다운 가정」에서 주목할 특징은 두 가지이다. 첫째는 이 작품의 주요 모티프 가운데 하

나가 '파랑새'라는 점이며, 둘째는 이 작품의 주요 기법 가운데 하나가 천상과 지상의 대비라는 점이다. 첫 번째 특징과 관련하여 파랑새가 윤석중 문학 세계에서 왜 중요한지를 짚고 넘어갈 필요가 있다. 그의 첫 동시집이자 한국 최초의 동시집인 『잃어버린 댕기』(게수나무회, 1933)에서는 제2부 제목을 "새야 새야 파랑새야"라고 하였다. 이는 동학농민혁명 무렵 한반도 전역에서 불린 민요이다. 윤석중이 위 시를 발표할 당시 아동문학가들은 그 민요를 동요의 일종으로 이해하였다.[8] 요컨대 윤석중 문학 세계에 나타나는 파랑새 모티프는 조선 후기 어린이 노래의 전통과 그에 얽힌 동학의 역사를 잇고자 하는 의식을 드러낸다고 할 수 있다.

다음으로 두 번째 특징은 위 작품의 시적 화자인 파랑새가 천상에서의 삶보다 지상에서의 삶을 더 적극적으로 긍정한다는 점이다. 이는 우리가 감각할 수 있는 변화와 생성의 세계(현상계)를 거짓과 오류의 세계로 간주하는 동시에 영원불변하는 초월적 이데아(관념)의 세계를 추구하는 플라톤주의적 전통 및 유대-기독교적 전통과 반대된다. 파랑새가 동학의 정신 및 역사와 관련이 있다는 점을 고려한다면, 천상보다 지상을 긍정하는 파랑새의 발화는 하느님이 천상에만 있다는 생각을 허무한 낭설로 비판하며(『용담유사』 가운데 「권학가」와 「도덕가」 등) 신성을 궁극적으로 지상에서 구현해야 할 것으로 바라본(『동경대전』의 「결」과 『용담유사』의 「교훈가」 등) 수운 최제우의 사상에 더욱 가깝다.

---

[8] 우이동인(牛耳洞人), 「동요연구의 단편」, 조선동요연구협회 엮음, 『조선동요선집 1928년판』, 박문서관(博文書館), 1929, 210-212쪽; 소파, 앞의 글, 70쪽.

尹石重,「젊은뱃사공의노래」,
《朝鮮日報》, 1929. 5. 3.

◇

자고나도 쏘바다 래일도바다
나는야 이바다의 아들이라네
　　에헤야 데헤야 배써나간다
　　오늘은 님차자 배써나간다

◇

흰구름 뭉게뭉게 하눌에일면
고향쌍 님생각에 내맘도이네
　　에헤야 데헤야 배써나간다
　　쏫송이 가득실고 배써나간다

◇

산쎄미가튼 어름ㅅ장 녹아나릴째
겨울래뭉친 내서름도 함쎄녹앗네
　　에헤야 데헤야 배써나간다
　　오늘은 님차자 배써나간다

◇

내고향 하눌보며 노질을할째
잔쎠가 굵어지네 새피가쒸네
　　에헤야 데헤야 배써나간다
　　두리둥둥 북울리며
배써나간다

尹石重,「젊은水夫의놀애」,
『東亞日報』, 1929. 9. 2.

――1――

자고나도 쏘바다 래일도바다
나는야 이바다의 아들이라네.
　　　×
　　에헤야 데에야 배써나간다.
　　오늘은 님차저 배써나간다.

――2――

힌구름 뭉게뭉게 한울에일면
고국쌍 님생각에 내맘도이네.
　　　×
　　에헤야 데에야 배써나간다.
　　쏫실고 님차저 배써나간다.

――3――

山쎄미가튼 얼음장 녹아나릴째
겨우내뭉친 내서름도 함쎄녹앗네.
　　　×
　　에헤야 데에야 배써나간다
　　오늘은 님차저 배써나간다

――4――

고국의 한울보며 노질을할째
잔쎠가 굵어지네 새피가쒸네
　　　×
　　에헤야 데에야 배써나간다.
　　내나라 님차저 배써나간다.[9]

---

[9]　원문에 마침표가 없다 ― 인용자 주.

● 해제: 「젊은 수부(水夫)의 놀애」는 그 정체가 드러나 있었지만, 그것의 개작 이전 판본인 「젊은 뱃사공의 노래」는 이번에 처음 소개한다. 각 연이 4행으로 이루어진 총 4연의 이 시에서 눈에 뜨이는 특징은 각 연의 마지막 두 행이 "에헤야 데헤야 배 떠나간다"라는 식의 민요조 후렴을 되풀이한다는 점이다. 위 작품을 발표할 무렵, 즉 1929-1930년 즈음에 윤석중은 구전되어 오던 민요를 자신이 새로 짓는 어린이 노래에 활용하는 방식의 형식 실험을 적지 않게 하였다. 예컨대 「조선 아들 행진곡」에는 "에야데야"로 시작하는 민요적 후렴구가 나오며,[10] 「목수의 노래」에는 "니나니 니나니"라는 민요풍 여음구가 나온다.[11] 또한 「거지 행진곡」과 「신(新) 아리랑 곡(曲)」에는 "아리랑 아리랑 아라리요"라는 구절과 같은 민요 아리랑의 요소들을 넣었다.[12] 심지어 「강남 가는 제비야」나 「터 다지는 노래」에서는 제목 옆에 해당 작품의 갈래를 동요나 동시가 아닌 민요라고 표기해 두기도 하였다.[13]

민요 전통을 형식적으로 활용한 윤석중 어린이 노래들의 또 다른 공통점은 그것들의 내용이 대체로 한국 민중이 겪는 계급적 착취와 민족적 억압에 대한 비판 의식과 저항 의지를 나타낸다는 점이다. 이 시기에 윤석중은 계급 모순의 해결을 최우선으로 삼는 사회주의 계열 운동과 민족 독립의 성취를 우선시하는 민족주의 계열 운동 사이의 긴장 속에 놓여 있었던 듯하다. 예컨대 「젊은 뱃사공의 노래」에서 "고향"이라는 시어를 「젊은 수부의 놀애」에서 모두 "고국"으로 바꾸어놓은 양상은 민족의식을 더욱 선명하게 강조한 사례라 할 수 있다. 그런데 윤석중의 작품 가운데 양자의 이념이나 메시지를 직접적으로 표출하는 사례들은 오늘날의 관점으로 보면 작품성이 다소 떨어진다고 할 수

---

[10] 윤석중, 「조선아들행진곡」, 《동아일보》, 1929. 4. 7; 윤석중, 「조선아들의행진곡」, 《동아일보》, 1929. 4. 14.

[11] 윤석중, 「목수의노래」, 《조선일보》, 1930. 8. 25.

[12] 윤석중, 「거지행진곡」, 《동아일보》, 1929. 5. 27; 윤석중, 「신아리랑곡」, 《동아일보》, 1930. 2. 25.

[13] 윤석중, 「민요 강남가는제비야」, 《조선일보》, 1929. 10. 18; 윤석동(尹石童), 「민요 터다지는노래」, 《조선일보》, 1930. 8. 22.

있다. 메시지(개념들과 그것들로 이루어진 논리)는 내용의 축에 속하고 시(언어예술)적인 것은 형식의 축에 속하기 때문이다.

 이와 달리 높은 예술적 성취를 거두면서 윤석중 문학 고유의 특성을 잘 보여주는 작품은 두 이념의 직접적인 표현을 지양하는 동시에 양자를 아우르고 승화시키는 지점에서 비롯하는 경향이 있다. 여기에서 우리는 동학이 지배계급에 저항하는 피지배계급의 희망을 응축한 사상이자 제국주의적 외세의 침략에 맞서는 약소민족의 주체성에 근거한 사상임을 떠올려볼 수 있지 않을까 한다. 그와 같은 계급적 평등과 민족적 자유를 향한 동학의 주장은 (어린이 마음과 같은) 생명의 무한한 활력과 창조성을 만물에 내재한 하늘님[神]으로 깨닫고 모시며 섬겨야 한다는 발상에서 발원한다. 모든 생명이 곧 하늘님이라는 사유는 사회주의에도 없고 민족주의에도 없는 것이자 그 둘을 동시적으로 승화한 것이라 할 수 있다. 왜냐하면 생명은 어떠한 이데올로기에도 국한되지 않기 때문이다. 앞서 살펴본 「아름다운 가정」의 파랑새 모티프가 동학농민혁명 때의 민요-동요와 연관이 있으리라는 가설도 이 지점에서 한층 더 힘을 얻을 수 있다.

石童,「童謠편지 누님전상서 (一)」,
『中外日報』, 1930. 5. 6.

1
누나혼자 읽으라는 누님전상서
싼이들이 먼저보면 나는몰라요.
우리누나 업는새에 서로짜고서
몰래몰래 쓰더보면 나는몰라요.

2
항아리꼴 조판사집 막내아들과
숙덕숙덕 혼인말이 들닌다드니.
새실랑은 바보라도 돈이잇다고
불야불야 혼인날을 정햇다지요.

3
모중해온 봉사쏫치 피기전에는
누나정말 못가세요 가면안돼요.
연지찍고 곤지찍고 가마타는날
내가서 누나신발 몰래감출걸.

4
팔녀가는 우리누나 참아가엽서
편지편지 더못쓰고 붓을놈니다.
구지랑비 오락가락 홋날이는날
나는나는 더못쓰고 붓을놈니다.
　　　1930•4•22•東京夕

石童,「童謠편지 누님전상서 (2)」,
『中外日報』, 1930. 5. 14.

1
극그적이 아츰에 부친편지는
울며불며 못다쓴 반동강편지.

반 동 강 편지라도 가긴갓슬걸
아 모 식 업스니 왼일잇가요.[14]

2
솔 개 가 고기를 차간뒤로는
이 러 쿵 저러쿵 말도만터니.

송주사집 행랑사리 자근간난이
요즈음은 어쩌케나 지내갑닛가.

3
요 새 도 심술팩이 안집도령이
밤새마다 간난으를 들들복나요.

쑥쑥눌러 담으라고 더담으라고
부엌으로 들락날락 야단잇가요.

4
비오비오 솔개들이 써돌때마다
쑥 쌕이골 간난이가 생각납니다.

굽써러진 나막신에 하얀흰댕기
동모없서 오작이나 외로울까요.

~~~~~~

[14]　"왼일잇가요"는 '왼일인가요'의 오식으로 추정—인용자 주.

126

● 해제: 「누님 전 상서 2」는 그 정체가 드러나 있었지만, 그보다 앞서 발표된 「누님 전 상서 1」은 이번에 처음 소개한다. 윤석중의 첫 동요집이나 한국 최초 동요집인 『윤석중 동요집』 제1부에는 「누님 전 상서」와 「누나의 답장」이 들어 있다. 그러나 전자는 위의 「누님 전 상서 1」과 1연만 내용이 같다. 「누나의 답장」은 「누나 전 상서 2」와 전혀 다르다. 「누님 전 상서 1」에 나오는 시어 가운데 "봉사꽃"은 '봉선화'를 뜻한다. 윤석중의 첫 동요집이자 한국 최초의 동요집인 『윤석중 동요집』(신구서림, 1932)에 서문을 쓴 주요한—우리에게는 「불노리」의 시인으로 익숙하다—은 위 시가 발표된 해인 1930년에 『봉사꽃』이라는 시조집(時調集)을 펴내고 그 표지의 제목 아래에 '봉선화(鳳仙花)'라는 낱말을 적어두었다.[15]

　「누님 전 상서 1」은 시적 화자의 누나가 집안의 가난 탓으로 부잣집에 팔려 시집가는 상황과 그로 인한 서러움을 편지 형식으로 표현한다. 내용의 측면에서는 억압받는 여성과 가난한 계급의 고통에 관한 윤석중의 시선을 엿볼 수 있다. 형식의 측면에서 편지는 이 무렵 윤석중이 어린이 노래에 서사성(narrativity)을 부여하려는 시도의 일종이라고 보인다. 편지는 보내는 이만의 이야기도 아니고 받는 이만의 이야기도 아니며 보내는 이와 받는 이의 두 사람에 얽힌 이야기이기 때문이다. 이는 '동화시(童話詩)' 또는 '얘기 노래'라고 갈래의 이름을 붙인 작품들을 창작하는 데로 이어진다.

　尹石重, 「失戀한 者누구냐」, 《朝鮮日報》, 1930. 8. 27.

―――――　―――――

　不義의 칼에마저 피투성이
　될지언정 正義를 위해서는

~~~~~~

[15]　주요한, 『봉사꽃』, 세계서원(世界書院), 1930.

목숨바처 싸울者여!

失戀한者 누구냐

그대도 맹세하라!

곰팡난 사랑으로 목이메여

우다니 그대의 눈물이 그닥지도 갑쌀까?

─── 二 ───

不義의 매에마저 안즉뱅이[16]

될지언정 正義를 위해서는

굽힘업시 싸울者여!

나스라

나스라

나서서 맹세하라!

失戀한者 누구냐

그대도 맹세하라!

째무든 사랑아페 두무릅을

쑬타니 그대의 할노릇 그것박게 업슬까?

● 해제: 위 작품은 "불의(不義)", "정의(正義)", "실연(失戀)" 등의 한자어를 많이 썼다는 측면에서 동요나 동시보다는 시로 쓰인 것임을 짐작해볼 수 있다. 수많은 어린이 노래를 창작한 윤석중이 어른을 독자로 하는, 또는 어른의 마음이나 목소리만을 담은 시를 쓴 사례는 그 자체로 드문 것이어서 눈길을 끈다. 이 시의 제목이 「실연한 자 누구냐」인 까닭은 연인을 잃어버린 사랑의 아픔에 눈물짓거나 무릎 꿇는 일보다 정의를 위하여 목숨 바쳐 싸우는 일이 훨

[16] "안즉뱅이"는 '안즌뱅이'의 오기로 추정 ─ 인용자 주.

씬 더 가치 있음을 주장하기 위해서이다.

윤석중 문학 세계는 현실과 동떨어진 순수와 낙관의 태도로 일관하였다는 평가는 지금까지 적지 않았다고 할 수 있다. 그렇지만 현실 문제에 적극적으로 뛰어들어야 한다고 외치는 위 시는 그와 같은 평가가 옳지 않음을 입증하는 하나의 사례가 된다. 현실 참여를 유도하되 독자들의 마음에 감동을 주는 방식보다는 시적 화자의 메시지를 정치 선전물처럼 강요하는 방식은 이 시의 작품성을 떨어뜨린다.

尹石重, 「낯선집한채」, 『東亞日報』, 1930. 9. 7.

방아ㅅ간
영감님
잠든 새에도

물레방아
쿵덕쿵
잘도 돌드니

삼년지낸
올봄엔
낯선집 한채

이름모를
긔게만
붕붕 웁니다

● 해제: 「낯선 집 한 채」는 물레방아가 돌던 방앗간이 올봄에 없어지고 그 자리에 공장이 들어섰다는 이야기이다. 여기에서 기계를 돌리는 공장은 서구적 근대 문명의 상징과 같다. 서구-일본식 근대 문명에 익숙하지 않고 방앗간 물레방아에 훨씬 더 친숙한 시적 화자에게는 공장에서 돌아가는 기계도 "이름 모를" 것일 뿐만 아니라 공장 자체도 "낯선 집"처럼 보인다. 이처럼 감정을 절제한 언어로써 정체를 알 수 없는 공장 설립의 충격을 표현한 것은 일본을 통한 서구 근대 문명의 유입 과정이 얼마나 부자연스러웠는지를 효과적으로 느끼게 한다. 또한 "잘도 돌"던, 즉 당시 한국 민중들의 살림살이를 뒷받침하기에 별다른 문제가 없었던 방앗간 물레방아를 급작스럽게 없애버리고 한국인들이 원하지도 않던 공장을 일본이 일방적으로 건설하였다는 상황의 제시는 일본이 식민지 조선 반도에 서구 근대 문명을 강요한 방식이 일방적이고 폭력적이기까지 하였음을 잘 보여준다.

尹石重, 「童謠 솔개미」, 《朝鮮日報》, 1931. 9. 19.

솔개미 써엇―다
병아리 감춰―라

　　　　○

겡싸도리[17] 수탁이 썩거―오
붉은 베슬 노피여썩거―오
저놈의 솔개미
날개쭉지.
주둥이.

---

[17] '겐카토리(けんかとり)'는 한국어로 '싸움닭'을 뜻한다. '겐카토리'의 '겐카'는 '다툼, 싸움, 분쟁'을 의미하는 '喧譁'이며, '토리'는 '닭'을 뜻하는 '鷄'이다 ― 인용자 주.

발톱. 모도다 썩거―오.

　　　○

저 도적놈의 솔개미

동내 병아리 차 가기전에

어서 어서

바지랑째로 칵 찔러 버려라.

―九月十五日―

● 해제: 위 작품에서 "솔개미"라는 시어는 '솔개'를 뜻한다. 1연은 솔개는 하늘을 빙빙 돌며 병아리처럼 작고 힘없기에 낚아채기 쉬운 먹잇감을 노리는 상황이다. 하늘에 뜬 솔개를 본 수탉은 병아리를 지키기 위해서 볏을 세우고 울음을 울며 경계 태세를 취한다는 것이 2연의 이야기이다. 높이 세운 붉은 볏은 사람이 무엇인가를 경계하거나 무엇인가와 싸우러 나갈 때 붉은 깃발을 치켜드는 모습을 연상케 한다. 또한 닭의 울음소리를 평범하게 '꼬끼오'라고 표현하기보다 "꺼거―오"라고 쓴 점이 재미있다. 이는 닭의 울음소리와 '꺾어요'라는 말소리의 비슷함을 활용하여서 솔개의 "날갯죽지"와 "주둥이"와 "발톱"을 모두 꺾어버리겠다는 수탉의 의지를 드러낸 것이다.

　3연에서는 솔개미를 "도적놈"이라고 부르며 "바지랑대로 칵 찔러버"리겠다고 말하는데, 이는 2연의 수탉이 아니라 시적 화자인 인간의 의지를 나타낸 것이다. 왜냐하면 수탉은 바지랑대를 휘두를 수 없기 때문이다. 또한 수탉은 자기가 사는 곳의 병아리만을 지킬 수 있을 것인데, 3연의 시적 화자는 "동네 병아리" 전체를 지키려 한다. 여기에서 "동네"라는 시어를 의도적으로 사용한 까닭은 사회 공동체의 문제를 암시하기 위해서일 것이다. 그러므로 위 시에서 병아리를 빼앗으려는 수탉에게 맞서 싸우고자 하는 태도는 사회 공동체를 수탈하는 침략자에의 저항을 암시한다.

　지금까지 살펴보았듯, 윤석중이 1929-1931년 무렵에 발표한 시편은 대체로 억압받는 자의 고통 및 주체성을 표현하며 억압하는 자에 대한 저항 및 비판의식을 드러낸다는 공통점이 있다. 이에 따라 우리 편과 남의 편을 나누고 선과 악을 가르는 이분법적 관점이 또렷하게 두드러진다. 이분법적인 사고방식에서 비롯한 시는 시적이지 않게 될 위험이 있다. 왜냐하면 시를 비롯한 문학의 참된 가치 가운데 하나는 우리의 인식을 새롭게 하는 것, 예를 들어 '선'이라 여겨지는 것 속에서도 악을 찾아내고 '악'이라 여겨지는 것 속에서도 선을 찾아내는 것이기 때문이다. 단순한 민족주의 논리를 앞세우거나 도식화되고 경직된 마르크스주의 공식에 끼워 맞춘 작품이 문학의 아름다움에서 멀어지기 쉬운 까닭도 그와 연관이 있을 것이다. 윤석중이 자신의 첫 동요집이나 첫 동시집 등에 이러한 작품들을 싣지 않고 빼버린 것도 (단순히 조선총독부의 검열을 피하기 위해서만이 아니라) 시의 아름다움을 추구하였기 때문이라고 짐작해 볼 수 있다. 선악 구도와 같은 이분법적 대결·갈등·투쟁 의식을 승화시키는 과정이야말로 윤석중이 자신만의 독특한 문학성을 이루어간 길일 것이며, 이 과정을 더 섬세하고 정확하게 이해하기 위해서는 동학과의 연관성에 주목할 필요가 있다는 것이 현재 나의 가설이다.

尹石重, 「설노래 나이」, 《朝鮮日報》, 1934. 1. 1.

설이되면 뭐먹나
떡국떡국 먹—지
떡국먹군 뭐먹나
나이나이 먹—지
애기나이 내나이를 한데합해도
엄마나이 압바나이 반두안되네
엄마나이 따라가자
나이야 나이야 먹어라

압바나이 따라가자

나이야 나이야 먹어라

● 해제: 위 작품 「나이」에는 '설 노래'라는 장르 이름을 붙여두었다. 설날에 부르기 좋은 노래라는 뜻일 것이다. 이는 위 노래가 1월 1일 자 신문에 실렸다는 사실과 연관이 있다.

「나이」는 뒤에 소개하는 「아빠 조끼」와 함께 엮어서 읽으면 더 흥미롭다. 두 작품은 빨리 엄마 아빠와 같은 나이가 되고 싶어 하는 어린이 마음의 특징을 잘 포착하였다는 공통점이 있기 때문이다. 여기에서 시적 화자인 어린이는 아무 어른이나 되고자 하지 않고 엄마 아빠와 대등한 상태가 되고자 한다는 점에 주목할 필요가 있다. 위 노래의 내용을 단순하게 '빨리 어린이 상태를 벗어나 어른이 되고자 하는 마음'으로만 이해하는 것은 윤석중 문학 세계가 동심을 무엇보다도 가치 있는 것으로 바라보고 표현하였다는 사실과 맞지 않는다. 「나이」의 시적 화자가 도달하기를 희망하는 엄마 아빠는 시적 화자인 자신을 낳고 기르고 돌보는 존재이다. 따라서 시적 화자의 태도는 어린이 상태를 부정하는 마음이라기보다 자신도 엄마 아빠처럼 다른 생명을 창조하고 기르고 돌보고 싶다는 마음에 더 가깝다고 할 수 있다. 윤석중의 아동문학에서 이처럼 독특하게 동심의 특징을 바라보는 방식과 그 의미는 「아빠 조끼」의 해제에서 더 자세히 논의하겠다.

尹石重, 「童謠 발」, 『東亞日報』, 1934. 1. 25.

엄마 발은 무슨 발

엄마 발은 주걱 발

압바 발은 무슨 발

압바 발은 쌈지 발

누나 발은 무슨 발
누나 발은 인두 발

내一 발은 무슨 발
내一 발은 딱지 발

(一月二十三日)

● 해제: 위 작품 「발」은 시적 화자인 '나'를 비롯한 가족 구성원들의 발을 특정 사물에 비유한다. 여기에서 나열한 사물들이 비유에 쓰인 까닭은 단지 모양이나 크기 등과 같은 외형적 유사성 때문만이 아니다. 그 사물들 각각은 그것이 비유하는 발의 소유자(개개의 가족 구성원)가 각자의 삶에서 자주 사용하는 물건이다. 예컨대 주걱은 가사노동의 부담을 여성에게만 짊어지우는 사회 아래에서 요리를 도맡아 하는 엄마가 자주 쓰는 물건일 것이다. 또한 가사노동 가운데 다림질에 시달리는 언니는 그의 발마저도 다림질에 쓰는 도구인 인두처럼 보인다. 쌈지는 담배나 돈 따위를 싸서 담는 도구이므로 가부장제하에서는 아빠가 주로 사용하는 물건이 되기 쉽다. 시적 화자인 '나'는 나이가 아직 어려서 가정의 생계 활동을 거들기보다는 노는 일을 더 열심히 하는 듯하다. 왜냐하면 '나'의 발은 그가 가지고 노는 딱지처럼 보이기 때문이다. 위 작품의 1연과 3연에는 가족 구성원 가운데에서도 여성(엄마와 누나)을 배치하고 2연과 4연에는 남성(아빠와 남동생)을 배치한 시적 형식은 윤석중이 젠더 문제에 무관심하지 않았음을 알 수 있게 한다.

또한 이 시는 사람과 사물의 관계를 사유하는 방식이 재미있다. 특정 물건을 많이 쓰는 사람은 그 물건과 닮거나 같아질 수 있다는 것이다. 동학의 2대

교주인 해월 최시형은 모든 사람이 하늘[人是天 天是人]일 뿐만 아니라 모든 물건이 하늘[物物天]이라고도 하였다. 하늘과 사람과 사물을 동일하게 공경해야 한다는 최시형의 삼경(三敬) 사상은 그 셋이 존재론적으로 한 원천(하늘)의 서로 다른 표현일 뿐이라는 사유로부터 나왔다고 할 수 있다. 이와 같은 해월의 사물 사상은 사람과 사물을 하나의 연속성으로 바라보는 「발」의 관점과 크게 다르지 않을 것이다.

尹石重, 「童謠 엄마벼개」, 《朝鮮日報》, 1934. 2. 1.

우리 엄만 밤마당
날 재워 노코
이쁜네 집으로
바누질하러 가오.

자다가 자다가
눈을 떠 보면
벼개만 잇고
엄마는 업소
—(一月二十三日)—

● 해제: 「엄마 벼개」는 어린이인 시적 화자가 일을 많이 해야만 하는 엄마와 함께 지내는 시간을 충분히 누리지 못하고 분리된 상태에서 겪는 심정을 노래한다. 엄마는 밤마다 시적 화자를 재워놓고 이쁜이네 집으로 삯바느질을 하러 간다. 낮 동안에도 고된 노동에 시달렸을 텐데 밤에 잠도 제대로 못 자고 또 일하는 것이다. 장시간 노동으로 생명이 닳아 가는 여성의 고통이 이 시에

담겨 있다. 시적 화자는 잠을 자다가 곁에 아무도 없는 불안을 느낀 탓인지 잠을 푹 자지 못하고 엄마가 돌아오기 전에 잠에서 깬다. 눈을 떠보니 곁에서 자기를 재워 주던 엄마는 없고 엄마가 시적 화자의 머리맡에 괴어준 엄마의 베개만 있을 뿐이다. 엄마 베개는 엄마가 밤에 베고 자야 할 것인데 엄마는 밤마다 일하기에 제 주인을 잃었다. 이와 같은 상황 속에서 시적 화자는 여성을 착취하는 사회의 문제, 어린이가 충분한 돌봄을 받지 못하고 불안에 떨어야 하는 사회의 문제, 엄마와 어린이가 함께 하는 시간을 온전히 보내지 못하게 만드는 사회의 문제에 차츰 눈을 뜰 것이다.

尹石重, 「童謠 압바죄끼」, 《朝鮮日報》, 1934. 2. 10.

압바 죄끼를
내 입엇스면
작난감을 마니마니
널수 잇겟지

압바 죄끼를
내 입엇스면
뭐 든지 내맘대루
사먹을수 잇겟지

● 해제: 「아빠 조끼」는 그보다 먼저 발표된 작품이자 다음 호에 소개할 유머 「물었던 젖꼭지 쭉 빼고 엄마한테 짱쩌(上書)」(《조선일보》, 1934. 1. 1)와 겹쳐 읽을 필요가 있는 어린이 노래이다. 아기가 엄마한테 전하는 편지 형식의 이 유머에는 다음과 같은 대목이 나온다. "내 죄낀 아주아주 커-다라케 맨들어주. 압바

죄끼만-큼 말야. 시방 입은 죄끼는, 너무 작아서, 호주머니에 손두 잘 안 들어가 바둑 돌두 한 개밧게 안 들어가구 바둑돌, 조갑지, 맥주병 뚜껑, 딱지, 만니만니 너가주구 댕기며 놀게 내 죄낀 아주아주 커-다라케 맨들어주.”[18] 아빠 조끼만큼 큰 조끼를 갖고 싶다는 아기의 마음이 유머의 한 대목과 위의 어린이 노래에 공통으로 나타난다.

두 작품을 겹쳐 읽어보면 알 수 있는 점은 ‘아빠 조끼 같은 조끼를 입고자 하는 아기’라는 모티프가 ‘어린이의 상태를 부정하고 어른의 상태를 욕망하는 태도’의 표현과는 거리가 멀다는 사실이다. 아빠는 자기 조끼 호주머니에 장난감을 넣고 다니지 않겠지만, 아기는 아빠 조끼처럼 커다란 조끼를 입으면 거기에 장난감을 넣고 다니겠다고 말하기 때문이다. 윤석중은 「동심잡기(童心雜記)」라는 산문에서 어린이 마음과 장난감의 관계를 언급한 바 있다. 아기들이 장난감을 가지고 놀다가 부서뜨리는 것은 낡은 것을 없애고 새 장난감을 만들고 싶어서일 수도 있으며, 장난감의 내부 구조와 작동 원리를 알고 싶어서일 수도 있지만, 그 모든 이유가 “살림살이의 확장이오 발전이오 향상”을 지향한다는 것이다.[19] 자신을 둘러싼 세계를 적극적으로 탐구하고 개척하며 더 새롭고 좋은 세계를 끊임없이 창조하려는 것은 생명의 본질이다. 사람의 한살이에서 이와 같은 생명의 본질을 가장 뚜렷이 드러내는 때는 어린이일 때라고 할 수 있다. 사람은 대체로 나이가 들수록 자기 생각의 틀만 고집하느라 주변을 알려고 하지 않고 기존 관습에 안주하느라 창조와 변화를 꺼리며 생명의 본질을 차츰 망각하거나 상실해 가는 경향이 있지 않은가. 그렇다면 생명의 본질이 가장 생생한 어린이 때의 마음을 간직하는 사람은 어른이 되더라도 어른 조끼에 장난감을 넣고 다닐 것이며, 그리하여 조끼가 작아 장난감을 조금밖에

---

18 윤석중, 「신춘 유-모어 상서 — 무럿든젓꼭지 쭉빼고 엄마한테샘써(上篇)」, 《조선일보》, 1934. 1. 1. 띄어쓰기는 오늘날의 맞춤법을 따라서 인용자가 수정함.

19 윤석중, 「동심잡기」, 『신여성』 제7권 제11호, 1933. 11, 93쪽.

가지고 다니지 못하던 어릴 적보다 더 힘 있게 생명의 본질을 발휘할 것이다. 이는 방정환이 어린이에게 장난감이 넉넉히 필요한 이유를 '생명의 본질'이라는 관점에서 밝힌 것과 상통하는 측면이 있으며,[20] 동학-천도교에서 어린이야말로 '우주 생명의 활동력인 하늘님'을 가장 잘 구현하는 사람이라고 사유한 것과 상통하는 측면이 있다.[21]

尹石重, 「나의 愛誦詩 ― 타고아의-『海邊에서』」, 《朝鮮日報》, 1933. 9. 3.

끗업는 세계(世界)의 해변(海邊)에 아기네가 모인다 가 업는 하늘은 머리우에서
움지기지 아니하고 넘노는 바다는 거칠기도 하다 끗업는 세계(世界)의
해변(海邊)에 아우성치며 춤추며 아기네가 모인다

       ×

그들은 모래로 집을 짓고 비인 조개 껍질을 가지고 논다 시든 입새로 배를 역거
망망(茫茫)한 바다에 띄워보낸다 아기네는 세계(世界)의해변(海邊)에서 논다

       ×

그들은 헤엄칠줄을 모르며 쏘한 그물질 할줄도 모른다 진주(眞珠)캐는이들은
물속으로 들어가고 상인(商人)들은 배를 저어간다 그동안 아기네는 조약돌을
모앗다가 도루 헷처버린다 그들은 감초인 보배를 찾지 안으며 쏘한 그물질

~~~~~~

[20] "갓난아기로부터 십오륙까지의 사람이 잠자는 때를 빼고는 한시반시라도 꿈적거리지 않는 때가 있는가. … 어린 사람들이 달음질을 하고 씨름을 하고 방문을 두드리고 공을 차고 나무에 기어오르고 온갖 꿈적거림은 모두 육체를 활동시키는 노력이다. 그런 때 그의 활동을 도와주어 더욱 부지런히 꿈지럭거리게 하여 더욱 부지런히 자라게 해주기 위하여 장난감이 필요한 것이다(방정환, 「아동문제강연자료」, 『학생』 제2권 제7호, 1930. 7, 12쪽)." 이처럼 방정환은 생명의 본질을 '꿈적거림'으로 보았다. 어린이는 그 생명의 본질을 가장 강렬하게 나타내는 존재이고 장난감은 어린이의 꿈적거림이 더 강렬해질 수 있도록 돕는 사물이다.

[21] 동학에서는 꿈적거림, 즉 생명의 활동하는 힘이 곧 하늘님이라고 사유한다. 수운은 이를 '지극한 기운[至氣]'이라고 불렀다(『동경대전』의 「동학론-논학문」. 수운의 '기운'을 해월은 '천지 생명의 본체[天地之生命體]' 또는 '창조적 변화의 원천적 본체이자 뿌리[造化之元體根本]'라고 풀이하였다(『해월신사법설』의 「허와 실」과 「천지이기」). 따라서 생명의 본질인 꿈적거림을 가장 활발히 나타내는 어린이는 곧 하늘님의 본질을 가장 생생히 드러내는 것이다. 동학-천도교에서 급진적 어린이 사상과 운동을 전개한 까닭이 여기에 있다고 할 수 있다.

할줄을 모른다

　　　　×

바다는 출렁거려 우슴 웃고 창백(蒼白)하게 빗나는 해변(海邊)은 미소(微笑)를

씌운다 죽엄이 실린 물결은 아기네에게 의미(意味)도 업는 노래를 들려준다

어머니가 아가의 요람(搖籃)을 흔들쌔 처럼 바다는 아기네하고 놀고

창백(蒼白)하게 빗나는 해변(海邊)은 미소(微笑)를 씌운다

　　　　×

씃업는 세계(世界)의 해변(海邊)에 아기네가 모인다 폭풍우(暴風雨)는 길업는

하늘에서 휘돌고 배는 길을 일코서 쌔여저 잇다 죽엄은 펄처잇고[22] 아기네는

논다

씃업는 세계(世界)의 해변(海邊)에 아기네의 거룩한 모임이 잇다

● 해제: 위 번역시 「해변에서」는 여러 필자가 참여한 《조선일보》의 '나의 애송시'라는 꼭지에서 윤석중이 자신의 애송시로 라빈드라나트 타고르의 시를 꼽아 직접 번역하여 실은 작품이다. 1861년에 태어나 1941년에 죽은 타고르는 1913년에 동양인 최초로 노벨문학상을 받았으며 당시 한국·중국·일본 등에도 적지 않은 영향을 미친 인도의 시인이자 사상가이다(한국을 '동방의 등불'이라고 일컬은 사람이라고 알려지기도 하였다). 만해 한용운의 사상과 그의 시집 『님의 침묵』도 타고르의 사상 및 시와의 깊은 연관성이 있다.[23] 기존 연구는 1910-20년대 한국에서 최남선·진학문·방정환·오천석·김유방·박종화·노자영·노아(이광수로 추정)·김억·정지용·백기만·양주동 등이 타고르의 작품을 번역하

22　"펄처잇고"는 '펄처잇고'의 오식인 듯 ― 인용자 주.

23　홍승진, 「이원론적 문명을 넘는 생명사상의 공명 ― 한용운의 타고르 이해에 관한 재고찰」, 한국비교문학회, 『비교문학』 제84집, 2021. 6.

여 발표하였다고 정리한 바 있다.[24] 그 뒤를 이어 1930년대 한국에서 타고르 문학을 번역한 중요 인물 가운데 하나가 윤석중이었음을 위에 소개하는 자료는 새로 입증해 준다.

윤석중은 자신의 첫 동시집이자 한국의 첫 동시집인 『잃어버린 댕기』에 타고르의 시 「종이배」, 「동정(同情)」, 「챔파꽃」을 번역하여 실었다. 이 3편과 위의 「해변에서」는 모두 타고르의 시집 『초승달(The Crescent Moon)』에 실린 작품들이다. 윤석중의 회고에 따르면, 그는 타고르의 그 시집을 춘원 이광수의 집에서 빌려 열심히 읽었다고 한다. "인도의 '타고르'가 동시만을 모아낸 시집에 「초생달」이 있다. 영문으로 된 이 책을 춘원 댁에서 빌어다가 외다시피 했다. 종교적인 뜻이 간직된 시들인데 이 작품들을 알린 뒤 우리나라 동시도 차차 폭이 넓어지고 깊이가 생기게 되었다. 신비스러운 타고르의 시들은 어린이와 어른 사이에 마음의 구름다리를 놓아 주는 구실을 하였다."[25] 여기에서 흥미를 끄는 지점은 타고르의 동시가 종교적이고 신비적인 넓이와 깊이를 한국의 동시—이는 물론 윤석중의 어린이 노래도 포함할 것이다—에 더해 주었다는 대목이다. 「해변에서」도 "끝없는 세계의 해변에 아기네의 거룩한 모임이 있다"는 종교적·신비적 상황을 제시한다. 이 작품에서 끝없는 해변은 마치 파도가 끊임없이 일어났다가 사라지듯 삶과 죽음이 무한하게 되풀이되는 우주적 생성과 순환의 장소이다. 그곳에서 어른들은 진주와 같은 보배를 캐내려 하거나 시장에 내다 팔 물고기를 잡으려 하지만, 그러한 물질적 욕망은 무한하게 펼쳐진 하늘 아래의 바다와 그 파도로 인한 배의 난파와 죽음 앞에서 너무나도 헛된 것임이 드러난다. 그렇게 바다를 허무한 물질적 이익 획득의 대상으로만 여기는 어른과 달리, 아기네는 해변에서 아무 쓸모도 없어 보이는 사

[24] 장정희, 「1920년대 타고르 시의 수용과 소파 방정환의 위치」, 영남대학교 인문과학연구소, 『인문연구』 제63호, 2011. 12, 8-9쪽.
[25] 윤석중, 『어린이와 한평생』, 앞의 책, 144쪽.

물들을 가지고 놀고, 삶과 죽음을 되풀이하는 바다의 노래를 들으며 춤을 춘다. 모든 것이 고정된 의미 없이 무한하게 생성하고 소멸하는 우주의 유희를 있는 그대로 긍정하며 자신도 그 유희에 기꺼이 어울려 노는 것이다.

(다음 호에 계속)

홍박승진
◈ 최근 지인 한 분이 언니의 손주를 내가 일하는 대학에 데리고 오셔서 그 어린이와 함께 시간을 보냈다 ◈ 올해 초등학교 1학년이라기에, "학교 다녀보니 어때요?"라고 물었더니 "고통!"이라며 머리를 쥐어뜯는 시늉을 해보였다 ◈ 공부할 게 너무 많기 때문이라고 ◈ 그 아이에게 윤석중의 어린이 노래 몇 개를 읽어주었다 ◈ 하나를 읽어주고 나면 온몸이 뒤집힐 듯 웃음을 터뜨리고, 또 하나를 읽어주고 나면 머리가 위아래로 흔들리도록 격렬하게 손뼉을 치는 게 아니겠는가 ◈ 이것이 새로움이다 ◈ 나는 어린이 덕분에 진정한 새로움을 어렴풋하게라도 다시 깨닫는 사람이다 ◈

왜 지금도 개벽인가?

『개벽의 사상사』를 읽고

이은홍

『개벽의 사상사』(백영서 엮음, 창비, 2022)는 한국 근현대의 종교, 정치, 역사, 문화 전반에서 개벽 사상을 지향했던 인물 중심으로 개벽의 사상사를 구성하고 있다. 최성환(崔瑆煥, 1813~1891), 최제우(崔濟愚, 1824~1864), 최시형(崔時亨, 1827~1898), 최병헌(崔炳憲, 1858~1927), 손병희(孫秉熙, 1861~1922), 안창호(安昌浩, 1878~1938), 한용운(韓龍雲, 1879~1944), 조소앙(趙素昻, 1887~1958), 박중빈(朴重彬, 1891~1943), 송규(宋奎, 1900~1962), 김형준(金亨俊, 1908~1953?), 함석헌(咸錫憲, 1901~1989), 김수영(金洙暎, 1921~1968) 등을 중심으로 근대 전환기와 근대 국가 수립기에 개벽 사상의 성립과 발전 과정을 구성하는 것이다. 인물을 면면히 살펴보면 알겠지만, 한국 종교와 정치, 역사, 문화 전반에 조예가 깊은 사람이어야 이 책의 가치와 의미를 이해하고 제대로 된 서평을 쓸 수 있을 것이다. 그러나 불행히도 서평자는 개벽 사상과 여타 분야에 대한 이해가 단천하다. 서평자로서 자격이 미달함을 스스로 알고 있지만, 한편으로는 『개벽의 사상사』가 한국 근현대사상의 줄기로서 개벽 사상을 새롭게 발굴하기 위한 시도로서 융합과 창조의 정신을 지향하고 있다는 점이 작은 위안이 됐다. 이 책의 저자들이 이야기하고 싶었던 개벽의 개념과 힘이 무엇인지를 귀납적으로 이해하는 일을 성실히 하는 것으로 서평을 대신하고자 한다. 우선은 여러 차례 되읽으며 추론할 수 있었던 『개벽의 사상사』의 특징을 정리해 보고자 한다.

첫째, 『개벽의 사상사』는 한국 근대 전환기의 특수성에 대한 성찰로부터 한국 근현대사상사를 구성하는 축으로 개벽을 재해석하고 있다. 우리는 근대 전환기에 서구 열강의 서세동점과 제국주의 식민 지배를 겪으며 갖게 된 서구 중심주의와 근대지상주의와 같은 근대적 사유를 극복해야 하는 과제를 떠안게 되었다. 서문에서는 "자본주의 근대에 적응하면서도 그것을 극복해 가야 하는 우리 시대의 과제를 제대로 수행하기 위한 담론"(p.5)으로 '근대적응과 근대극복의 이중과제'를 한국의 근현대사상사가 해결해야 하는 문제로 규정하고 있다. 그리고 이 사상적 문제를 정의하고 해결하기 위한 핵심 키워드로 개벽을 위치시키고 사상사에 편재하는 패턴으로 개벽을 발견하고 있다. 이 책의 사상적 도정에 애정어린 시선을 보내면서도 내심 아쉬웠던 점은 사상사가 갖추어야 하는 조건은 무엇이며, 그러한 조건 속에서 개벽 사상은 어떻게 연구되어야 하는가에 관한 총론이 부재했던 점이다. 『개벽의 사상사』가 개벽 사상을 오랫동안 연구하고 실천해 왔던 신종교의 개벽을 확대하고 혹은 다른 관점에서 접근하며, 개벽 사상과 관련성을 갖지 못했던 다양한 관점과 실천을 개벽 사상으로 재문맥화하기 위해서라도 이 책의 저자들이 생각하는 사상사의 개념과 필요성, 한국 사상사 연구 방법에 대한 제시가 필요할 것이다. 이 책에 제시된 개벽 사상의 다양한 개념과 양태들에 매료되면서도 결국 토착적인, 자생적인 한국 근현대사상사의 서술 대상이자 방법으로서의 개벽이란 무엇인가에 대해 명료한 답변을 찾기 어려운 것도 이 때문이 아닌가 한다.

둘째, 『개벽의 사상사』는 분과 횡단적 협업의 형식을 취하고 있다는 점이다. 문학평론가가 도산의 정치사상을 탐색하며, 종교 사상가가 만해의 님론의 개벽적 성격을 밝히며, 기독교 신학자가 함석헌 사상을 개벽의 관점에서 비판적으로 이해한다. 또한 이 책은 원광대학교와 세교연구소가 3년간의 공동 작업으로 이룩한 결과물이다. 원광대학교는 물질이 개벽되니 정신을 개벽하자는 원불교 개교 정신에 입각하여 과학과 도학을 겸비한 전인교육을 지향하며 개벽 사상의 연구와 실천에 중핵적 역할을 하고 있다. 세교연구소는 한반도라는 현장과 한국사상사의 자원에 뿌리내린 담론의 생산과 보급의 거점이 되고자 하는 지향을 바탕으로 비판적·실천적 한반도학을 수행하고 있다. 이 두 기관이 만나 개벽의 시선으로 한국 근현대사상사를 써 내려갔다. 이 책은 여러 모로 내용뿐만 아니라 탐구의 형식면에서도 개벽 사상에 걸맞다고 볼 수 있다.

셋째, 『개벽의 사상사』는 개벽 사상을 종교뿐만 아니라, 한국의 정치, 역사, 사회, 문화 전반의 사상적 저류로 확대하는 작업의 일환이다. 그래서 이 책에는 다시개벽, 후천개벽, 일원사상, 삼동개벽처럼 개벽의 정신을 직접적으로 표상하는 경우뿐만 아니라, 전환기에 전통과 서구 사상을 융합·회통하여 기존의 관점과 체계를 갱신한 경우, 개벽 사상을 탈서구적 주체성을 평가하기 위한 잣대로 사용하는 경우 등까지도 폭넓게 포함하고 있다. 책에서는 '근대 전환기'와 '근대적 국민국가 수립과 그 너머'의 시대적 구분을 기준으로 사상사를 기술하고 있는데, 이러한 방법은 해당 시기에 사상 체계 간의 상호작용을 이해하는 데 유용한 방법이 될 것이다. 그러나 서평자는 한국 근현대사상사에 나타난 개벽의 정체에 관한 관심을 바탕으로 '변화하는 변혁', '접목과 중도의 정신', '실천적 윤리, 모심과 공경, 다원적 근대'로 『개벽의 사상사』를 재구성해 보았다.

【개벽 사상의 계승과 창조: 변화하는 변혁】

개벽을 사상으로 성립시키고, 체계화하는 데 중심적인 역할을 했던 것은 역시 종교다. 종교의 교리 차원에서 개벽을 이해하고 실천하는 일도 어렵지만, 사상사의 차원에서 개벽을 이해하는 일도 쉬운 일은 아니다. 왜냐하면 개벽은 한국 신종교에서 일종의 우주론적 전환과 미래를 믿는 종교사상으로 동학, 천도교, 증산교, 원불교 등에서 개벽의 의미가 공진·분화해 나갔기 때문이고, 신종교 공동체는 현실의 모순으로 발생하는 위기를 진단하고 이를 해결하기 위해 사상 체계를 변화시켜 나갔기 때문이다. 변혁의 정신이 현실과 체계에 안주할 수 없는 본성을 지닌 탓도 한몫했을 것이다. 이런 이유로 변화하는 변혁의 정신으로 개벽을 이해하기 위해서는 종교만이 아니라, 개벽 사상이 터하고 있던 사회, 정치, 역사의 맥락에서 개벽의 필요성과 의미를 끊임없이 묻고 답했던 사상가들의 삶과 사상을 경유할 필요가 있다.

박소정은 동학공동체(동학·천도교 공동체)가 개벽 개념을 만들고, 계승하고 변용한 양상을 사적으로 추적하고 있다. 박소정은 동학공동체의 개벽 개념이 중국의 개벽(우주생성론적 의미의 '세계의 시초')과 조선 후기에 전래된 주희의 개벽('세계의 주기적 재탄생')과 다른 점을 밝히고 있다. 수운 최제우(崔濟愚)에게 개벽은 도래하지 않으면 좋을 세계 종말이 아니라 우리가 만들어갈 미래이자 지금 여기에서 우리의 노력으로 일어나고, 성장하는 우주, '다시개벽'의 의미이다. 또한 해월 최시형(崔時亨)은 수운의 '다시개벽'을 동학의 창도를 기점으로 '선천개벽'과 '후천개벽'으로 나누었다. 그리고 해월은 후천개벽을 주기적으로 순환하며 다시 돌아올 개벽과 달리 불가역적인 개벽으로 지금 여기에서 우리가 만들어가야 할 새로운 미래에 대한 전망으로 의미화하였다. 마지막으로 의암 손병희(孫秉熙)는 동학공동체의 전통을 이으면서, '우리가 건설해야 할 미래', '사람과 물건을 새롭고 깨끗하게 함'으로 확장하였다. 이러한 의암의 개벽 사상은 초기 동학에서 근대종교인 천도교로 전환하는 과정에서 종교적 각성과 사회적 실천이라는 두 가지 계기를 끌어안는 데 주도적인 역할을 했다. 이 과정에서 수운은 한글 텍스트만을 사용하고, 해월은 한글 텍스트뿐만 아니라 한문으로 번역된 텍스트를 사용하고, 의암은 설법을 한글로 기록한 구어적 텍스트를 사용하는데, 이러한 양상은 동학공동체의 개벽 개념사가 "개인과 공동체, 지식인과 평민대중, 한문과 한국어 사이에서 벌어진 되먹임 운동(p.67)"의 성격을 지녔음을 보여준다.

허수는 역사적으로 변화한 근대 전환기 동학·천도교의 개벽 개념을 종합적·체계적으로 설명하기 위해 세 가지 분석틀을 사용한다. '통시적 관점(장기·중기·단기)', '공시적 관점(핵심용어-연관어-발화 상황)', '개벽의 의미가 전개되는 양상(불온성과 개념화의 긴장 관계)'이 그것이다. 이러한 분석틀을 통해 허수는 개벽론을 입체적으로 이해할 수 있는 단초를 마련한다. 이 분석틀에 근거해 보면 수운의 '다시개벽'은 현 지배 체제에 불만을 품은 민중의 불온한 기운 속에서, 그리고 상수학적 사유를 반영한 용어들과 함께, '오만년' 만에 도래한 기회의 문맥 속에서 입체성을 지니고 있었다. 한편 1910년에 후천개벽 사상이 등장하는데, 정신과 물질을 구분하는 서양의 근대 인식의 맥락에서 사용되었으며, 1920년대에 천도교계의 개벽은 "수운의 '다시개벽'이 가진 불온성을 사회진화론의 점진적 발전론 속에서 순치하는 방향"(p.104)으로 개념화되는 양상을 보인다. 1920년대 개벽의 개념화는 천도교 청년층의 미래 비전이 개벽 의미에 충분히 포함되지 못하고, '지상천국'이라는 용어에 제한되는 양상을 보인다. 이러한 양상은 식민지 조선사회의 급격한 변화에 대한 인식에서 비롯된 것으로 보이지만 다른 한편으로 신종교 방면에서는 '후천개벽'이 하향적으로 확산하는 양상도 나타난다. 허수는 "오늘날 근대의 위기와 모순이 강조되고 '혁명'의 진보성도 회의되고 있다. 그러면서 한국사회에서는 '개벽'에 대한 오래전의 관심이 다시 생겨나고 있는 것은 아닐까 싶다."(p.114)라고 말한다. 개벽 사상이 근대 전환기를 거쳐 현재까지 지속하고 있으며, 현재에도 '복류'할 수 있는 것으로 보는 것이다.

정혜정은 "동학과 사회주의가 결합된 양상을 지칭하여"(pp.118-119) 동학사회주의라고 칭하며, 동학사회주의 전개 과정에서 김형준(金亨俊)의 사상의 의미를 설명한다. 김형준은 1920년대 신문화운동에 근거해 동학사회주의를 이끌던 김기전과 이돈화를 계승하면서 독자적으로 발전시켰다. 이들은 인류의 역사를 '계급투쟁의 역사'로 읽었던 사회주의를 넘어, '인간해방의 역사'로 읽는다. 마르크스가 말한 계급의식의 확산과 투쟁의 종착지는 계급 승리가 아니라 그것을 넘어서 자신의 힘으로 창조적 삶을 펼쳐나가는 해방된 삶이다. 특히 이돈화는 마르크스의 '생산양식과 계급의식'을 '생활양식과 의식계급'의 관계로 재해석하면서 우주적 생명, 인격적 생명의 창조적 본능으로 일어나는 인내천(人乃天) 의식으로 발전해가는 실천을 강조했다. 김형준은 '생활양식(주어진 객관적 조건)과 생활태도(인간의 주체적 태도)'의 관계를 축으로 하는 인간본위 운동으로 이돈화를 계승한다. 김형준에게 주체와 객체의 관계가 대립(분열, 모순, 충돌 등)하는 현실의 위기는 "다시 새로운 통일 상태로 발전시킬 수 있는 개벽의 전화적 계기"(p.131)이기도 하다. 이러한 변증법적 생활 태도는 물심일원(物心一源)의 개벽적 태도라고 할 수 있다. 또한 김형준이 추구하는 인간성, 휴머니즘은 서구의 관념론과 유물론의 이분법 대신 인간본위 운동이다. 이 운동은 "현실을 초극(극복)함이고 초극성은 주체성이며 그의 행위적 관점과 현실의 초극(극복)은 곧 주간과 객관의 대립적 통일이자 능동적 인간타입의 창조"(p.137)라고 할 수 있다. 정혜정은 김형준의 인간본위 운동이 마르크스의 이론적 틀을 넘어서면서도 인간개성을 역사적·사회적 개성으로 보았다는 점에서 독창적이었다고 평가한다.

장진영은 원불교 2세 교주인 정산 송규(宋奎)의 개벽사상의 기초와 그 전개 과정을 밝힌다. 정산은 일제 말기부터 한국전쟁에 이르는 격동의 시기에 원불교 교단을 이끈 인물이다. 특히 정산은 "근대기 오랫동안 축적되었던 지혜의 보고로서 유불도 삼교를 회통하고 서구의 거센 파도를 타고 밀려든 기독교와 과학사상, 그리고 강렬했던 개혁파의 흐름까지 일원상의 진리를 통해 통합하고 활용하고자"(p.167) 했던 원불교 교조 소태산의 일원개벽(一圓開闢) 사상을 계승해서 삼동개벽(三同開闢) 사상으로 심화·발전시켰다. 정산은 어릴 적, 그리고 구도 과정 등에서 유불도 사상과 교류했고, 개벽 사상과 서구 사상을 섭렵하였다. 특히 스승 소태산의 일원사상(종교와 신앙의 대상을 하나로 통합하는 신앙일원(信仰一圓) 운동, 모든 종교의 수행법을 하나로 통합하는 수행일원(修行一圓) 운동, 수도와 생활을 하나로 통합하는 생활일원(生活一圓) 운동)을 더욱 승화하여 삼동개벽으로 발전시켰는데, 장진영은 이를 영성의 개벽, 일상의 개벽,

국가의 개벽, 윤리의 개벽으로 분석하여 정리하고 있다. 정산은 물질을 배척하지 않고 물질과 정신을 아우르며, 종교 규범과 생활 규범을 아우르며, 정교동심(政敎同心)의 마음으로 새로운 국가건설에 힘쓰며, 세계 인류와 종교, 사업의 대동(大同), 삼동윤리를 제시하고 있다. 장진영은 소태산과 정산의 사상이 "진리적·사상적 토대는 물론 윤리적·실천적 강령까지 두루 갖추고 있다는 점에서 한국적 근대로서의 개벽이 세계적 보편으로서의 개벽으로 나아갈 가능성"(p.168)을 언급하고 있다.

【경계를 횡단하는 개벽 사상: 접목과 중도의 정신】

사상은 특수한 사회적 콘텍스트에서 구성된 이념이기에, 그 이념이 탄생한 사회적 조건을 이해하는 것이 사상의 특수성과 보편성을 이해하는 길이 될 수 있다. 개벽 사상이 탄생하고 영향을 끼쳤던 곳은 서세동점과 제국주의, 냉전 체제의 각축전이 벌어졌던 한반도였다. 문명과 야만, 좌와 우의 이분법적 도식이 강하게 작용하던 근현대의 한반도에서 이 도식에 따라 힘에 굴복하거나 어떤 힘을 배제하는 방식은 독립적이고 자주적인, 평등한 민족과 국가, 공동체 건설을 위해서 적합하지 않았다. 개벽의 사상가들은 외부로부터 유입된 사상적 자원을 흡수하고 우리의 실정에 맞게 변용하며, 접목시키고자 했다. 이를 통해 개벽의 사상가들은 어느 한쪽에 무비판적으로 경도되지 않으면서 현실을 비판적으로 진단하고 행동할 수 있었다.

　허남진은 유교적 기독교 신학자, 최초의 토착화 신학자로 평가받는 탁사 최병헌(崔炳憲)의 문명론과 국가건설 사상과 개벽 사상의 친연성을 밝히고 있다. 탁사는 유학적 소양을 갖춘 지식인이었지만, 서구 문명을 탐구하는 과정에서 기독교를 수용한다. 탁사는 선교사와 교류하고 한역 서학서를 탐독하는 과정에서 발달한 서구문명의 근원에는 종교, 즉 기독교가 있음을 인식했다.

"서양 문명의 근본인 '종교'까지 수용해야 문명화가 가능"(p.55)하다고 보았다. 탁사의 국가건설 사상은 종교와 정치의 관계에서 단적으로 드러난다. 탁사는 종교와 정치의 역할과 기능이 다름을 분명히 하면서도 '분리'의 관점이 아니라 '상보'의 관점으로 설명한다. 탁사가 이상적으로 보았던 정치체제는 주권이 국민에게 있는 민주정치였고, 이는 국민의 역량이 바탕이 돼야 했다. 국민의 역량은 정치의 근본이 되는 종교가 백성을 교화하는 제 역할을 다할 때 가능하며, 이렇게 될 때 문명의 정치에 이를 수 있다고 보았다. 이런 맥락에서 탁사는 문명의 전환기에 유교의 기능이 임계점에 이르렀고, 정체를 유신하기 위해 새로운 교도, 종교로 기독교의 필요성을 강조했다. 허남진은 탁사의 사상에서 "종교를 중심으로 새로운 문명을 열고자 했던 개벽종교들의 영성운동"(pp.63-64)과의 유사성을 발견하고, 탁사가 서구의 물질문명에 비판적 거리를 유지할 수 있었던 힘을 "종교와 도덕을 새로운 문명을 열 수 있는 열쇠 혹은 힘으로 파악하고 정신과 물질이 어우러진 도덕문명을 열고자 했던"(p.65) 개벽의 정신에서 찾는다.

강경석은 도산 안창호(安昌浩)의 혁명론의 중도적 성격을 밝히고 있다. 해방 이후 분단이 고착화된 과정에서 도산이 안이한 준비론자 혹은 수양론자로 격하된 면이 있지만, 도산은 적극적으로 외교전을 펼치고 참전의 필요성을 주장하는 면모가 있었다. 강경석에 따르면, 도산은 개화·개벽·공산주의 사상과 교류하며 점진혁명론과 변혁적 중도주의 사상의 기초를 만들었음을 알 수 있다. 도산은 개화사상을 계승한 면모를 지니고 있으면서도, 서구화에 거리를 두고, 현실에 밀착된 정세 인식을 바탕으로 자주와 자치, 자립의 가치와 혁명 사상을 전개해 나갔다. 여기에는 도산이 소태산, 필대은 등 개벽 사상을 공유한 인물들과 교류했었고, 언더우드 선교사가 세운 원두우학교에서 접장(조교)으로 일하면서 자급을 강조하는 네비우스 선교정책에 영향을 받았을 가능성이 있다. 또한 도산은 좌우 분열이 가속화되던 1930년 전후에 통일전선 형성의 기초가 되는 대공주의를 논한다. 동아시아 정세에 민감했던 도산이 민족의 문제를 해결하기 위해 공산주의에 관심을 가졌던 것은 맞지만, 공산주의라는 특정한 이념을 중심으로 한 통일전선 논의를 했던 것은 아니었다. 오히려 민족해방과 독립국가 건설, 그리고 동양과 세계 평화라는 분명한 목표 의식 아래 다양한 사상을 접목하면서도 중도의 정신을 지키며 변혁을 현재화하는 데 도산 사상의 핵심이 있다. 강경석은 도산이 "자기 시대의 변화하는 역사와 현실, 유동하는 정세 가운데 치열하게 사유하고 실천하며 변혁적 중도의 길을 일관되게 걸었던 점진혁명론자(pp.191-192)"였음을 강조하고 있다.

이정배는 함석헌(咸錫憲)의 사상을 중도적인 시각에서 평가한다. 이정배는 서구적 근대와 다른 개벽적 근대의 시각에서 그의 사상의 의의와 한계를 찾는다. 이를 위해 이정배는 단재 신채호의 사상, 공산주의, 동학이라는 비교 잣대를 설정한다. 우선 단재 신채호의 사상과 함석헌의 사상을 비교한다. 일제강점기에 함석헌이 기독교적 섭리사관에 근거해서 민족고난을 고통 후 영광의 의미로 해석한 것은, "고난의 뜻을 묻고 사유하는 '씨올'을 강조"(p.255)했기에 인습적인 기독교와 차이가 있다. 그러나 단재가 제국주의에 저항하며 외부로부터 유입되는 근대에 비판 의식을 가지면서도 그들과의 관계 속에서 변화되는 민족적 민중의 역량을 찾으려 했던 반면에 함석헌이 설정했던 민중의 주체적 역량은 기독교적 목적론 도식을 바탕으로 도래할 영광이라는 보상을 전제로 하기에 근본적으로 수동적이고 제한적일 수 있다는 점이다. 둘째, 이정배는 함석헌 사상이 서구 기독교적 시각에서 공산주의 체제를 수용했기 때문에, 사회주의를 전체주의와 동일시하는 시각을 가졌음을 비판한다. 민족 분단 극복을 위한 기독교의 역할을 강조했기 때문일 수도 있지만, 해방 공간에 존재했던 좌우합작론 등에 무관심했던 점도 지적하고 있다. 셋째, 함석헌이 가졌던 동학에 대한 무관심과 몰이해를 비판하고 있다. 함석헌은 서구의 기독교, 과학적 사유를 잣대로 한국의 역사를 이해했기 때문에 동학을 비합리적인 것으로 평가했다. 그러나 제 본성, 인간성, 민족성을 간직한 맨 사람, 가슴속에 '뜻'을 지닌 존재로서 '씨올'은 동학의 시천주(侍天主) 사상과 친연성을 지니고 이 있다. 이러한 관계성을 이해하지 못하고 '씨올' 사상의 체계를 확립한 일을 이정배는 "한국적인 종교성을 일층 더 논할 기회를 놓"(p.268)친 일로 평가한다. 이정배는 이러한 검토를 통해서 함석헌의 사상을 더 깊이 이해할 수 있는 토론의 기회가 활성화되기를 기대한다.

백영서는 삼균주의(三均主義)의 사상적·역사적 근거를 검토함으로써 변혁적 중도주의로서 조소앙(趙素昻)의 사상을 위치시키고 있다. 조소앙의 삼균주의는 '사상적으로' 민족 고유의 종교인 대종교의 삼일신(三一神)론의 사유 체계에 근거해 있으면서도 경계를 넘나드는 사유를 통해 국수주의에 매몰되지 않을 수 있었다. 또한 조소앙의 삼균주의는 '역사적으로' 삼국 초기부터 조선 말기까지 악독한 전제정치 아래 착취를 당했던 인민의 역사에 대한 검토를 바탕으로 인민이 정치·경제·교육의 평등한 권리를 누려야 한다는 데 근거하고 있다. 삼균주의는 정치권리의 균등(균권), 생활권리의 균등(균부), 교육권리의 균등(균학)을 골자로 하는데, 개인과 개인, 국가와 국가, 민족과 민족의 세 차원에서도 균등이 실천되는 광의의 의미로 확장되기도 한다. 그래서 삼균주의는 국내의 통합을 위한 논리를 넘어서 민족자결권이나 국제연합의 논리로도 적용됐다. 조소앙은 삼균주의를 기초로 "민중을 우롱하는 '자본주의 데모크라시'도 아니며 무산자 독재를 표방하는 사회주의 데모크라시도 아"닌, "범한민족을 지반으로 하고 범한국 국민을 단위로 한 전민적 데모크라시"가 실현되는 신민주국 건설을 꿈꿨다. 이런 점에 근거해서 백영서는 삼균주의가 분단체제 가운데 단순히 좌우합작의 당위를 마련하는 차원을 넘어 "식민잔재가 분단체제와 중첩된 복합모순을 변혁하는 변혁적 중도주의의 사상 자원"(p.238)으로 삼을 수 있다고 본다. 또한 백영서는 조소앙이 조직했던 한살림당, 삼민주의와 삼균주의의 지역성과 보편성, 만보산사건에 대한 조소앙의 대처 등을 근거로 삼균주의가 한반도, 민족주의의 경계를 넘어서 탈민족주의적인 한중 연대의 가능성을 지니고 있다고 보았다. 특히 백영서는 해방 이후 한반도의 급변하는 정세 가운데 조소앙이 취했던 점진적 개혁 노선을 변혁적이고 중도적이었음을 밝히며, 여전히 그의 사상이 "'유의미한' 발동의 잠재력을 지닌 '선언'의 '힘'"(p.250)으로 살아 있다고 보았다.

【개벽 사상의 저류와 편재: 실천적 윤리, 모심과 공경, 다원적 근대】

개벽 사상은 개벽을 표방한 자생 종교에 한정되지 않는다. '개벽'을 명시적으로 표방하지 않더라도 변화하는 시대에 대응하기 위해 전통과 서구를 비판적으로 수용하고 창의적으로 융합하려는 태도는 자생 종교의 탄생을 추동하고 근대의 병폐를 인식하고 대응하며, 우리와 세계의 관계를 성찰하는 국면 등에서 다양하게 나타난다. 이런 이유로 개벽 사상은 종교, 정치, 철학뿐만 아니라 문화와 문학에서도 발견될 수 있고, 개벽 사상과의 직접적 관련을 찾을 수 있는 경우뿐만 아니라 관련성을 탐색하는 과정에서도 발견될 수 있다.

김선희는 근대전환기인 19세기의 조선 사회를 이해하기 위한 참조점으로 최성환(崔瑆煥)의 권선서 출판 양상에 주목한다. 중인 무관인 최성환을 필두로 한 도교 계열의 종교적 결사인 무상단이 간행한 권선서가 19세기에 유행했던 현상은 사대부 중심의 유학-성리학 윤리체계가 백성의 의식 변화를 추동하는 힘을 잃어 가고 있었다는 증거가 된다. 흥미로운 점은 최성환이 쓴 권선서에는 선악보상에 대한 구체적인 실례들이 직군과 계층에 따라 세분화되어 제시되어 있고, 선행에 대한 보상과 악행에 대한 응징을 점수화해서, 독자가 직접 자신의 행실을 평가하고 반성할 수 있게 되어 있다는 점이다. 이는 "당시 조선 사회에서 추상적인 도덕적 질서 대신 현실적인 윤리적 실천의 기제가 나타나고 있음"(p.42)을 보여준다. 또한 김선희는 도가 계열의 권선서가 제시한 실천적 윤리규약은 원불교 초기 교단에서도 활용하였다는 점에서, 19세기 조선 사회의 변혁의 역량이 다음 세기의 변화에 일정한 자극이 되었음을 밝히고 있다.

조성환은 문학과 동학 등에 나타난 님에 대한 분석을 바탕으로 님의 사상사를 구성하고 그 변화 과정을 살피면서 만해 한용운(韓龍雲)의 「님의 침묵」을 그리워하는 연인뿐만 아니라 동경과 이상 등의 형이상학적 가치까지 가리키는 확장된 님의 사상사적 맥락에서 해석하고자 한다. 님은 성/속, 하늘/인간, 기도자/구도자, 구속/해탈 등이 공존하는 역설 관계 속에 존재한다. 역설, 그러니까 상반되는 둘 이상의 관념이 초극된 차원 높은 진실은 무엇인가? 조성환은 이를 '우주적 연기설'과 '상호의존적' 존재 방식에서 찾는다. 더 나아가 만남과 이별, 동경과 좌절을 반복할 수 있는 '님' 너머에 존재하는 메타적 님, '생명으로서의 님'을 발견한다. "생명으로서의 님은 모든 님들의 님이자 그들을 님이게 하는 메타적인 〈님〉(p.220)"이다. 생명의 님은 우상화의 대상이 되는, 우리와 본질적으로 다른 님이 아니다. 우리는 모두 생명의 님이기에 "님 앞에서 자신을 낮추고 님을 섬기고 공경함으로써(=하강함으로써) 저절로 님이 되는 것"(p.221)이 가능한 것이다. 생명의 님은 생명에 대한 모심과 공경을 최고의 가치로 하는 개벽사상사에서 중요한 자원이 된다.

황정아는 김수영(金洙暎)에게 "근대성이 해결을 요구하는 과제라는 형태로 지각된다는 사실"(p.278)에서 출발해서, 세계, 리얼리즘, 사랑이라는 키워드로 김수영의 근대 인식을 분석한다. 김수영은 근대적응과 근대 극복의 길 가운데 하나를 선택하는 방식으로 근대를 인식하지 않았다. 김수영은 세계 속에서 우리가 처해 있는 후진적 위치를 냉철하게 인식하면서도 우리의 역사와 문화를 폄훼하며 근대 사상에 비판 없이 몰두하지 않았다. 또한 김수영은 서구를 필두로 하는 근대 세계의 위력과 불평등한 질서에 분노하며 전통으로 회귀하지 않았고, 오히려 근대 경험을 새로운 자극으로 삼아 우리의 전통과 현실을 탐구하고 재해석하며 다원적 근대를 추구하였다. 황정아는 근대에 적응하면서도 근대를 극복해야 했던 김수영의 근대에 대한 태도를 "'이상한 역설'로 마주한 세계"(p.280)라고 표현한다. 황정아는 김수영의 근대성 탐구가 "분명히 규정된 사상이 아닌 하나의 장"(p.302)을 형성했지만, "'사랑'의 변주가 자아내는 낯설고도 강렬한 '장'이야말로 어떤 '개벽의 차원'을 생생히 환기해"(p.302) 준다고 보았다.

【개벽은 무엇을 위한 것인가?】

다양한 분야와 시대, 인물 등을 경유해서 『개벽의 사상사』가 보여주고 싶었던 개벽 사상은 무엇이었을까? 간단하게 정의할 수는 없을 것이다. 다만, 미래에 대한 전망으로부터 과거를 반성하고 현재를 바꾸어 가는 이념과 실천이며, 주어진 경계를 허물고 근본적인 동일성을 발견하거나 새로운 연대의 가능성을 만들어내는 창조 정신이며, 다양한 잣대를 통해 현실의 다양한 가능성을 발견하는 탐구 정신이며, 폐쇄된 관점을 고수하지 않고 변화해 가는 물질적 조건과의 상호작용 가운데 사상을 변화시켜 가는 열린 정신이었음을 어렴풋하게 추측해 볼 수 있다.

　현재를 살아가는 우리에게 창조와 융합의 정신은 익숙한 표어다. 예를 들어 교육 분야에서는 2015년부터 OECD가 주축이 돼 미래 교육의 방향과 체계를 제시하는 'OECD 교육 2030(OECD Education 2030: The Future of Education and Skills) 프로젝트'를 진행했는데, 미래에 학생들이 갖추어야 하는 핵심 역량으로 변혁적 역량(Transformative Competencie)이 설정됐다. 이 변혁적 역량을 통해 '개인과 사회의 웰빙(Individual and collective well-being)'을 추구하는 것이 최종적인 목적으로 설정되어 있다. 복합적인 정치·경제·사회, 그리고 환경 문제 등이 개인과 사회의 복지와 안녕, 복리를 저해하기에 이를 해결하기 위한 변혁적 역량이 필요하다는 것이다. 이는 합리적이지만 여전히 아쉽다. 융합과 창조, 변혁이 캐치프레이즈처럼 소모되는 우리의 현실이 함께 떠오르기 때문일 것이다. 무엇을 위한 창조이며 실천이고 탐구이고 열린 정신인지에 대한 성찰이 없는 변혁은 사상이 아니라 기술에 머물고 말 것이다. 여전히 우리가 개벽 사상을 논의해야 하는 이유는 개벽 사상이 생명에 대한 공경과 모심, 평등을 위한 변혁의 정신이었기 때문일 것이다. 이런 이유로 『개벽의 사상사』는 과거를 넘어 지금 우리의 현실과 미래의 거울로 기능할 수 있을 것이라 생각한다.

이은홍

◈ 순천대학교 국어교육과 조교수 ◈ 문학이 우리 사회에 그리고 미래에도 필요한 이유를 연구 문제로 삼고 있음
◈ 관련해서 「문학교육에서 생태비평 수용의 의의와 방안(2019)」, 「인권 친화적 문화 형성과 현대시 비판적 읽기 교육(2020)」, 「신동엽 시에 나타난 전경인(全耕人)의 지각과 기억(2021)」 등의 연구가 있음 ◈

다시 있다

RE: CONNECT

사회개조 팔대사상가

2. 크로포트킨

번역 **조성환·문준일**

이쿠다 조코·혼다 미사오

[번역자주]

이 글은 1920년에 일본에서 간행된 『社會改造の八大思想家』에 실린 크로포트킨의 생애와 사상을 번역한 것이다. 크로포트킨은 1921년에 세상을 떠났기 때문에, 이 글은 그가 살아 있을 당시에 쓴 셈이다. 흥미롭게도 크로포트킨은 그가 살아 있을 당시에(1899년 무렵) 『한 혁명가의 회상』이라는 자서전을 쓴 적이 있다. 이 자서전이 이 글에서 참고 자료로 활용되고 있다.

표트르 크로포트킨[1]

【1. 희곡과 로맨스의 인생】

러시아에 노동계급의 독재 정부가 생김과 동시에 쓸쓸한 방랑의 여행을 계속하고 있던 표트르 크로포트킨은 민중의 환호 속에서 새롭게 단장된 조국으로 돌아왔다. 그는 처음에는 케렌스키[2] 정부를 찬양하는 한 사람이었다.

페트로그라드[3]의 정거장에서 그가 처음으로 민중에게 한 말은 무엇이었는가? "우리는 싸워야 할 시기이다. 우리는 만사를 제쳐두고 먼저 조국의 명예를 위해 싸우지 않으면 안 된다."

이 말은 그의 주위에 몰려든 많은 급진적 사상가들을 실망시켰다. 그 후 레닌 정부의 수립과 함께 사형에 반대했기 때문에 다시 조국에서 추방되지 않으면 안 되는 비운을 겪었다. 하지만 얼마 지나지 않아 신정부와의 사이에서 새로운 타협이 성립하여 다시 러시아로 돌아왔다. 그리고 지금은 볼셰비키 정부의 고문에 해당하는 자리에 있다.

이와 같이 그의 생활의 외면적 양식은 최근에 대단한 변화를 겪었는데, 그러나 이로 인해 그의 중심 사상이 결코 동요되지는 않았다고 분명히 말할 수 있다.

이것을 한마디로 하면, 크로포트킨은 사상가나 혁명가라기보다는 오히려

---

[1] 표트르 크로포트킨(Pyotr Alekseyevich Kropotkin, 1842-1921)은 19세기의 대표적인 아나키스트이자 혁명가이며 지리학자이자 생물학자이다. "만물은 서로 돕는다"는 '상호부조론'을 제창한 것으로 유명하다. 자서전으로 57세까지의 일생을 회고한 『한 혁명가의 회상』이 있다(이 책의 국내 번역본은 P.A.크로포드킨 지, 김유곤 역, 『크로포트킨 자서전』, 우물이 있는 집, 2014). 이 외에도 국내에 소개되어 있는 그의 저서로 『상호부조론』(『만물은 서로 돕는다』), 『아나키즘』, 『빵의 쟁취』, 『러시아문학 오디세이』, 『러시아의 감옥과 유형, 그리고 강제노동』이 있다.

[2] 알렉산드르 케렌스키(Alexander Fyodorovich Kerensky, 1881-1970)는 러시아 임시정부를 이끈 변호사이자 혁명가다.

[3] 제정러시아의 수도였던 상트페테르부르크(Санкт-Петербург, Saint Petersburg)는 1914년 페트로그라드(Петроград, Petrograd)로 개칭되었고, 1924년 레닌의 사망 이후 그를 기념하여 레닌그라드(Ленинград, Leningrad)로 이름을 바꾸었다. 소련 붕괴 후 1991년 다시 상트페테르부르크라는 옛 이름을 되찾았다.

예술가적 측면이 많았다. 서구 평론계의 권위자인 게오르그 브란데스[4]는 크로포트킨에 관해 쓴 글 중에서 크로포트킨과 톨스토이를 다음과 같은 논하고 있다; "크로포트킨과 톨스토이는 근본적으로 대단히 다르지만, 두 사람의 생활과 인생 사이에는 매우 유사한 점이 하나 있다. 톨스토이는 예술가이고 크로포트킨의 과학자인데, 그들의 생애에는 하나같이 어떤 특정한 시기가 있어서, 그 시기에는 평소에 그들의 위대한 천부적 재능을 발휘해 온 사업을 지속하는 데 있어 평화를 찾지 못했다. 종교적 고찰은 톨스토이를, 사회적 고찰은 크로포트킨을 인도하여, 그들이 이전에 걸어온 길을 버리게 하였다.

두 사람은 모두 인류에 대한 사랑이 넘치고 있다. 그리고 그들은 상류계급의 무관심과 무사려(無思慮)와 조야함과 잔인함을 가차 없이 비난하고, 동시에 유린되고 학대받고 있는 민중의 생활에 마음이 이끌린 점에 있어서는 일치하고 있다. 그들의 견해에 의하면 세계에 존재하는 것은 우매가 아니라 겁 많고 유약함이다. 두 사람 모두 이상가이자 개혁자의 기질을 갖추고 있다. 두 사람은 모두 평화의 애호자이지만, 굳이 말하면 크로포트킨이 좀더 평화적이다. 비록 톨스토이가 항상 평화를 말하고 정의를 내세우며 폭력에 호소하는 무리를 비난하고 반대했고, 크로포트킨은 이런 행동을 시인하고 종종 테러리스트와 연계하고는 있었지만, 본질에 있어서는 크로포트킨이 좀더 평화를 사랑했다. 그들의 가장 큰 차이점은 교육받은 지식계급과 과학에 대한 태도이다. 즉 종교적 열정에 충만한 톨스토이는 지식계급도 과학도 무시하고 배척하는 데 반해 크로포트킨은 양자를 대단히 존경하고 있다." 나아가서 브란데스는 크로포트킨의 자서전을 다음과 같이 논했다: "이 책에서는 파란만장한 삶

~~~~~~

[4]   게오르그 브란데스(Georg Morris Cohen Brandes, 1842-1927)는, '기오 브란데스'라고도 표기하는데, 덴마크의 문학비평가이자 인문학자이다. 1880년대 후반에는 니체의 영향을 받아 '귀족적 급진주의' 철학을 발전시켰고, 니체와 편지를 주고받았다. 저서로『19세기 문학의 주류(전6권)』(1872-1890),『귀족적 급진주의』(1889),『셰익스피어』(1895-6),『괴테』(1915) 등이 있다. 1930년대에 김남천·박영희·백철 등 한국의 많은 비평가들에게 영향을 끼쳤고, 2014년에 그의 저서가『니체: 귀족적 급진주의』라는 제목으로 100년 만에 한글로 번역되어 있다. 브란데스에 관한 국내 논문으로는 2017년에 권보드래가 쓴 「번역되지 않은 영향, 브란데스의 재구성: 1910년대와 변방의 세계문학」(『한국 현대문학 연구』 51)이 있다.

을 구성하는 모든 요소—목가와 비극, 희극과 로맨스—를 만날 수 있을 것이
다." 실로 브란데스의 말처럼, 크로포트킨의 생애만큼 파란과 색채로 가득 찬
인생도 찾아보기 어려울 것이다. 우선 장면의 변화가 많은데다가 무서울 정도
로 극적인 파국이 있다. 생각건대 크로포트킨만큼 변화가 많은, 아니 사회의
모든 계급에서 활동한 사람은 거의 없을 것이다.

궁정 생활에서 감옥 생활로, 러시아의 최고 사교계에서 황제나 귀족 틈에
들어가서 화려한 옷을 입고 겨울궁전[5]에 나타나는가 하면, 갑자기 런던이나
스위스에서 노동자 무리들과 함께 가난한 생활을 보낸다. 그런가 하면 혁명운
동의 주창자로서 국민들 사이에 나타났다가, 갑자기 끔찍한 감옥에서 신음하
고 고뇌한다.

그는 귀족 생활도 했고 노동자 생활도 했다. 그는 과거에 황제의 소년 시
종의 한 사람이기도 했고, 가난한 잡지사 기자이기도 했다. 그는 학생임과 동
시에 공작이고, 공작임과 동시에 과학자이며, 과학자임과 동시에 탐험가이고,
탐험가임과 동시에 행정관이고, 행정관임과 동시에 혁명가였다.

크로포트킨은 나이 서른 살에 한 명의 순수한 과학자였다. 그리고 그는 실
제로 귀중한 과학상의 발견을 했다. 북아시아의 지도가 완전히 부정확하다는
것, 아시아의 지리에 관한 종래의 개념이 오류투성이일 뿐만 아니라, 훔볼트
의 학설조차도 사실과 모순-배치되는 점이 많다는 사실을 발견했다. 여기에
서 그는 3년간에 걸쳐 열심히 연구에 몰두했다. 그러던 어느 날 우연히 참된 사
실 관계가 그의 머릿속에 번뜩였다. 즉 아시아에서의 대륙 구성의 주요한 산
의 지형은 북에서 남으로 달리고 있는 것도 아니고, 서에서 동으로 달리고 있
는 것도 아니라, 남서에서 북동으로 달리고 있다는 사실을 발견했다. 그래서

5　겨울궁전(Zimniy dvorets／Зимний дворец): 러시아 연방 북서부, 레닌그라드주의 도시 상트페테르부르크에 있는 러시아
제국 시대의 궁전. 네바강(Neva River/Река Нева) 연안에 위치하고, 남쪽에는 궁전 광장이 펼쳐져 있다. 18세기 중엽에
이탈리아 건축가에 의해 로코코 양식으로 건축되었다. 10월 혁명 후에 에르미타주미술관의 본관이 되었다. 출처:
『デジタル大辞泉』(小学館) '冬宮' 항목.

그는 이 발견을 더욱 다양한 형태로 시험하고 개개의 사실에 적용해 보았다. 그리고 자신의 발견이 맞는지 확인했다. 이렇게 해서 그는 과학적 계시의 환희를 그 가장 고상한, 그리고 가장 순수한 형태로 알 수 있었고, 그 정신에 미치는 작용이 얼마나 고아(高雅)한 것인지를 느낀 것이다. 마침 그때 하나의 전기가 찾아왔다. 이 환희들이 대단히 소수자의 운명에 제한되어 있다는 생각이 감당하기 어려울 정도의 슬픔과 함께 다가온 것이다. 그는 스스로 자신을 위해 이 지식을 향락할 권리가 있는지 없는지를 자문했다. 그 결과 크로포트킨은 자기 앞에 가장 고상한 의무가 있음을 발견했다. 그것은 무엇인가? 한마디로 하면 이미 얻은 지식을 민중에게 보급해야 하는 의무이다. 그리고 이 심적 태도는 그로 하여금 한층 더 나아간 행동을 하게 하였다. 그 가장 특이한 예를 한두 가지 들면, 마침 핀란드를 여행하고 있을 때였다(이 여행은 선사 시대에 북유럽 전체가 빙하에 묻혀 있었다는 새로운 생각이 당시에 그의 머릿속에 떠올라서, 이 새로운 발견을 확인하기 위해서 기획된 것이다). 그는 이 여행 중에, 굶주리고 목말라서 빵을 위해 고투하고 있는 가난한 사람들에게 커다란 동정을 품었고, 그들의 생활로부터 대단한 감격을 받게 되었다. 여기에서 그는 노동자와 다수 빈민의 교사가 되는 것이 그의 최고이자 절대적인 의미라는 사실을 발견하기에 이른다. 하지만 그 후 얼마 지나지 않아 그의 앞에는 새로운 세계가 전개되었다. 그것은 그가 생활의 압박 때문에 노동자 계급과 함께 생활하지 않으면 안 되게 된 것이다. 그러는 동안 그는 자신이 가르치려고 생각했던 사람들로부터 오히려 여러 가지를 배우게 된다. 이 시기에 그의 사상은 당연히 새로운 전환기를 맞이하였다. 그리고 이 전환기는 스위스에서 나타났다.

크로포트킨은 이 무렵 왕성하게 경제적 전제(專制)의 공포로부터, 그리고 집권의 혐오로부터 국가사회주의 단체를 버리고 있었다. 그때는 마침 그가 러시아에서 오랫동안 구금된 후에 다시 그곳으로 돌아가서 스위스의 시계공 집에서 체류하고 있던 때였는데, 이 때 새로운 사회 조직에 대한 생각이 어렴풋이 떠올랐다. 그것이 점점 또렷해지고 명확해져서, 마치 각국의 철도나 우편 사업이 협동하는 것과 같은 방식으로, 많은 조합이 연합해서 이루어진 사회라는 형태를 취하기에 이른 것이다.

　대체로 이상의 윤곽이 보여주는 것처럼, 크로포트킨은 그의 일생을 통해서 항상 자연 속에서 논리를 발견해 나간 혁명가였다. 그리고 그의 생애—아직 살아 있기 때문에 앞으로 어떤 변화가 있을지 모르지만—를 통해서 브란데스가 말하는 것처럼, 희곡과 로맨스에 의해 채색되고는 있지만, 그에게는 연극을 하거나 인기를 끌려는 태도는 추호도 없었다. 이 점은 그가 다른 많은 선동가와는 부류를 달리하는 바이다. 그는 이른바 모반인 같은 모반인의 행위를 일소에 부쳤다. 그는 세계의 누구보다도 초월하여, 진리 탐구를 위해 이해를 초월하고, 세계의 누구 못지않게 인류를 열애(熱愛)하였다.

【2. 군인 생활의 종언】

크로포트킨에 대한 대체적인 개념을 머리에 넣기 위해서 먼저 그의 생애를 일별해 보자. 크로포트킨은 1842년에 모스크바에서 태어났다. 그리고 유년 시절부터 15세까지 귀족의 셋째 아들로 지냈다. 그의 아버지는 니콜라이 1세 시대의 공작인데, 당시의 군인 및 귀족 사회의 풍습에 가장 강하게 영향 받은 사람이었다. 그리고 오만방자한 귀족 생활이 유년 시절의 크로포트킨의 마음에 적지 않게 반항심을 부추긴 것은 사실이었다. 그는 허위와 냉혹함으로 굳어진 귀족 생활이 비참한 농노 생활과 비교하면 용서할 수 없는 죄악이라고 생각했다. 하인에 대한 아버지의 포악한 행동과 농노에 대한 무정한 처사를 그의 유년 시절과 소년 시절을 통해 지켜봄으로써, 후년의 반(反)귀족적 사상의 맹아가 길러졌다고 생각하는 것은 황당무계한 것만은 아니다. 따라서 그의 아버지가 열심히 그를 귀족적 군인으로 기르려고 생각하는 동안에, 그의 사상은 점점 반대 방향으로 강하게 흘러갔다.

크로포트킨의 유소년 시절에 가장 많은 감화와 영향을 준 것은 세 살 때 이별한 어머니와 가정교사 뿔랭이었다. 그의 어머니는 사랑과 열정으로 가득 찬 인도주의자였다. 크로포트킨의 자서전에 의하면, 그녀는 보기 드문 선량한 사람이었다. 가정교사 뿔랭은 어떤 의미에서 급진주의자였다. 뿔랭은 크로포트킨에게 역사상의 흥미로운 다양한 이야기를 들려주었다. 그것이 후년에 크로포트킨의 소질의 기초가 될 때까지 그에게 많은 감격을 주었음은 두말할 필요가 없다. 가령 프랑스혁명에 즈음하여 자진해서 작위를 버리고 "재단사 미라보"라고 자칭하면서 부끄러워하지 않았다고 하는 미라보[6]의 이야기 등은 이 어린 혁명가에게 상당히 강한 자극을 준 것으로 보이고, 그는 전 생애를 통해서 대부분 표트르 크로포트킨으로 일관했다.

1857년, 크로포트킨은 '코즈 오브 페이지스'(소년시종무관학교)[7]에 입학하여, 상트페테르부르크(St Petersburg)에서 그것에 필요한 학문을 강요받았다. 당시에 이 소년시종무관학교에 입학하는 것은 귀족 가문의 최대 자랑이었다. 그리고 니콜라이 1세 폐하의 즉위 25주년 기념절에 즈음하여 모스크바 귀족연합이 개최한 봉축회(奉祝會) 석상에서 니콜라이 폐하의 눈에 크로포트킨의 귀여운 모습이 강하게 비쳤다. 바로 이 때 군인으로서의 그의 운명이 결정되었는데, 그는 결코 이 새로운 생활을 기뻐하지 않았다.[8] 따라서 그는 이 학교생활에서도 군인으로서 필요한 학문보다는 오히려 자연과학—특히 역사, 수학, 물

---

[6] 미라보 백작(Honoré Gabriel Riqueti, comte de Mirabeau, 1749-1791)은 프랑스의 정치가이자 웅변가이다. 귀족 출신이었지만 18세기 프랑스혁명 초기에 국민의 요구를 대변하는 '국민회의'의 중심인물이다.

[7] 소년시종무관학교(Пажеский корпус, the Corps of Pages), 러시아어 '파쉬(Паж, Page-boy)'는 황실의 지체 높은 분들을 시중드는 귀족 소년을 지칭하는 칭호이다. 이들을 교육시키기 위해 시종무관학교가 설립된 후에는 그곳의 학생을 지칭하는 말로도 사용되었다. 1759년 엘리자베타 여왕의 명령으로 설립되었다. 상트페테르부르크에 있었으며 당시 최고의 군사교육기관이었다. 혁명 직후인 1918년 폐쇄되었다. 이 기관의 졸업생들이 다수가 근위부대 장교와 장군, 고위직 관료로 근무했다.

[8] 크로포트킨이 여덟 살이었을 때 모스크바에서 열린 니콜라이 1세의 즉위 25주년 기념식에서 그는 니콜라이 황제의 눈에 들어 소년시종무관학교 입학을 보장받는다. 모스크바 제1김나지움을 졸업하고 1857년 약속받은 소년시종무관학교에 입학한다. 그곳에서 그는 전 과목에서 두각을 나타내는 매우 우수한 학생이었으나 독립적인 성격은 이미 그때부터 나타나서 불손한 언행을 한 것에 대한 처벌로 몇 번 독감방에 수감되기도 하였다.

리, 생물학 등—에 대한 지식을 길렀다. 게다가 그는 시나 음악을 즐겨 연구하고 가까이했다. 이것들을 연구하는 가운데 스스로 민중—특히 농민 —의 실생활에도 접할 기회를 얻었다. 그는 많은 공장을 시찰함으로써 그들의 생활이 파괴되고 있는 것을 보고서 뜨거운 눈물을 흘렸다.

사회 조직의 결함과 그것의 불완전함에 대한 그의 목소리가 점점 분명해진 것은 이 무렵부터였다. 이 시기를 전후해서 그는 궁정 생활의 허식과 추악한 어리석음을 직접 관찰했다. 여기에서 그의 생각, 아니 반항심은 점점 강해지고 더욱 고조되어 갔다.

그는 이 당시의 생활에 대해 자서전에서 다음과 같이 쓰고 있다.

"내가 궁정 생활의 구경거리 같은 측면을 한층 더 많이 보고, 때때로 이 장면들의 배후에서 행해지는 여러 일들을 보게 됨에 따라, 이와 같은 허식과 그 뒷면에 감추어져 있는 일이 말도 안 될 정도로 어리석은 것임을 알 수 있었을 뿐만 아니라, 이 사소한 일들 때문에 더 중대한 일이 방해받고 있다는 것도 알게 되었다."

이것을 시대적으로 조망하면, 그 당시는 마침 점점 발흥하기 시작한 지식계급의 운동이 점차 힘을 얻게 된 때였다. 즉 톨스토이, 투르게네프, 도스토예프스키, 게르첸, 바쿠닌 등에 의해 행해진 여러 형태의 신운동이 당시에 역사적 일대(一大) 문제였던 농노해방 문제와 결부되어 러시아 전역을 폭풍처럼 휩쓸었다. 그리고 이들에 의해 길러진 새로운 분위기의 영향을 크로포트킨이 크게 받았다는 점은 두 말할 필요도 없다.

1862년, 소년시종무관학교를 졸업한 크로포트킨은 먼저 아무르 기병 카자크[9]가 되고, 그 뒤로 여러 직책을 역임했는데, 얼마 지나지 않아 마침내 시베리

---

[9] 크로포트킨은 소년시종무관학교를 우수한 성적으로 졸업하였기 때문에 어떤 근위부대에서라도 근무할 수 있었다. 하지만 그는 첫 근무지로 아무르 카자크 부대(Амурское казачье войско, Amur Cossack army)를 선택했다. 여기서 아무르는 지역명으로 시베리아 아무르강 주위 지역을 말한다. 크로포트킨은 이 부대를 선택한 이유로 독서를 통하여 그 지역의 자연에 대한 매혹이 있었고, 그것 이외에도 시베리아의 광활한 대지가 이제껏 고안된 개혁을 적용할 수 있는 장이 될 수 있다고 생각했다고 쓰고 있다.

아에서 쿠켈 장군 하에서 열심히 그의 민치(民治) 개혁에 참여했다.[10]

그러나 그의 급진적인 의견이 화를 불러서 쿠켈 장군은 파면되고, 그로 인해 이 방면에 관한 크로포트킨의 노력도 완전히 수포로 돌아갔다. 이와 같이 개혁운동에 대한 희망이 끊긴 크로포트킨은 시베리아 생활에서의 후반을 여행과 탐험으로 보냈다. 이 수년간의 시베리아 생활은 지리학자로서의 그의 색채를 점점 농후하게 하였다. 단지 자연지리학자로서뿐만 아니라 새로운 지리학상의 발견이나 귀중한 사회학적 고찰이 그의 두뇌에 떠올랐다.

그는 당시의 수년 동안의 생활에 대해서 다음과 같이 서술하고 있다.

"나는 우리나라의 규율에 대해서 이전에 품고 있던 모든 믿음을 시베리아에서 잃어버렸다. 나는 무정부주의자가 되기 위해 준비된 것이다." 이 때 그의 사색에 커다란 영향을 끼친 것은 톨스토이의 명저 『전쟁과 평화』이다.

1866년, 폴란드의 독립운동에 참가하여 용감하게 싸운 폴란드인 유배자들이 시베리아에서 반란을 기획했을 때, 러시아 정부는 듣기에도 끔찍한 방법으로 그들을 위협하고 진압했다. 이 잔혹한 사실을 직접 보고 들은 크로포트킨은 마침내 군인 신분에 안주할 수 없게 되었다. 그는 자신의 사상과 군인 생활이 명백하게 서로 배치된다는 사실을 깨닫고, 친형인 알렉산드르와 함께 군복을 벗고 본국으로 돌아왔다. 유년 시절부터 배양된 군인 생활은 여기에서 완전히 종언을 고했다. 그 뒤로 그는 상트페테르부르크에서 대학생 생활을 시작하였다. 당시에 앞으로의 모든 과학적 노작 및 사상의 유일한 견실한 기초는 수학이라고 생각하고 있던 그는, 물리학부를 선택해서 5년간 열심히 공부했다.[11] 졸업 후에는 주로 지리학협회에 관계하고, 자진해서 자신의 연구 대

---

10 1862년 9월 크로포트킨은 이르쿠츠크로 가서 자바이칼주(Забайкальская область) 참모장인 볼레슬라프 쿠켈(Болеслав Кукель, Boleslav Kukel, 1829-1869) 장군의 부관이 된다. 당시에 쿠켈은 자바이칼주의 주지사도 겸직하고 있었기 때문에 크로포트킨은 민간 행정 업무도 담당하게 된다. 감옥과 유형 체계에 대한 개혁위원회에 참가하고, 도시 자치 계획안도 작성한다. 이듬해인 1863년부터 그 지역의 지리조사 여행을 시작하며, 이를 통해 극동지역 러시아 농민의 삶을 자세히 경험하게 된다.

11 크로포트킨은 상트페테르부르크대학교 물리수학부의 수학과에 입학한다. 동시에 내무부 통계국에도 자리를 얻어

상[12]을 정해서 여행과 탐험에 시간을 보냈다. 이 즈음의 그를 말해주는 것은 그의 동지인 엘리제 르클뤼[13]의 대저 『대지리학(大地理學)』 중의 제5권과 제6권 이다.

【3. 사회운동가로서의 크로포트킨】

크로포트킨이 러시아에 돌아왔을 때에 러시아 전역은 반동사상의 전성기를 맞이하여, 사상적 운동은 무지한 경찰관의 손에 의해 움쩍달싹도 못할 정도로 압박받고 있었다. 단지 젊은 청년에 의해 형성되고 있었던 운동만이 그들의 희생적 행동에 의해 겨우 존재하고 있었을 뿐, 이전에 급진사상가로 행동하고 있던 중년 및 노년 사람들은 완전히 관헌(官憲)의 압박 때문에 위축되고 있었다. 그래서 이 혁명 청년들의 대부분은 그들의 직접적인 적과 싸움과 동시에, 간접적인 적과도 싸우지 않으면 안 되었다. 크로포트킨은 이 시대의 사상적 배경에 대해 다음과 같이 쓰고 있다.

"청년들은 단지 아버지나 형의 지적 유산에 감명 받아, 그것을 실생활에서 실현시키려 하고 있음에도 불구하고 그 아버지나 형으로부터 버려지고, 게다가 가공할 만한 커다란 적과 싸우지 않으면 안 되었다. 이러한 곤경에 선 청년이 역사적으로 유례가 있었을까? 이렇게 비극적인 투쟁이 어디에 있을까?" 말할 필요도 없이 크로포트킨 자신이 이 혁명 청년 그룹 중의 한 사람이었다.

근무하였다.

[12] 원문에는 '對照'로 되어 있는데 '對象'의 오타인 것 같다.

[13] 자크 엘리제 르클뤼(Jacques Elisee Reclus, 1830-1905)는 벨기에 브뤼셀대학교에서 교수를 지냈고, 벨기에 누벨대학(1919년에 '벨기에 자유대학'에 흡수)을 창설했다. 현대인문지리학의 선구자로, 『세계인문지리(La Nouvelle Geographie universelle, La Terre et les Hommes)』 19권을 펴냈다. 환경문제를 중시하는 생태학 이론과 운동에도 큰 영향을 주었고 채식주의를 실천했다. 개인의 자유와 모든 제도의 억압에 반대하는 아나키즘 운동의 1세대 사상가이자 운동가였을 뿐만 아니라, 페미니즘 사상에 있어서도 '자유동거'와 '여성참정권'과 같은 선구적인 주장을 폈다. 『인간과 대지』, 『진화와 혁명과 아나키즘의 이상』 등의 저서가 있는데, 국내에 번역된 책으로는 『산의 역사(Histoire d'une montagne)』가 유일하다. 이상 'Yes24 작가 소개' 참조.

1872년, 그는 스위스를 여행하였다. 이 여행은 그의 생활에서 상당히 중요한 부분을 차지한다. 당시에 제네바는 스위스의 노동자 운동의 중심지로, 다양한 형식의 집회가 종종 열렸다. 크로포트킨은 자진해서 이 집회에 나가서 그들과 친한 관계를 맺었다. 그는 이 무렵에 노동자 그룹이 자신들의 노예 상태를 자각하고, 어떻게 하면 거기에서 벗어날 수 있을까 괴로워하고 있는 것을 보았다. 그는 자기의 야심을 위해서 민중을 이용하려고 하는 이른바 민중운동가에 대해 극도의 반감을 갖게 되었다. 이렇게 해서 "어떻게 하면 이 민중들에게 봉사할 수 있을까?"가 그의 최대의 고민이 되었다.

그러나 그는 얼마 지나지 않아 이 노동운동에 대해서 의혹을 느끼게 되고, 바쿠닌파의 사회운동에 친근감을 느끼게 되었다. 이런 경향이 그에게 두드러질 무렵에 그는 쥐라산[14]에 있는 시계공들과 1주일 정도 시간을 함께 보냈다. 이 1주일간의 방문은 그의 사상에 일대 전환점이 되어, 이것을 계기로 그는 완전한 무정부주의자가 되었다. 당시는 그가 자서전에도 쓰고 있듯이, 쥐라연합[15] 중에서도 특히 바쿠닌에 의해 표현된 무정부주의의 이론적 측면, 즉 단순한 정치적 전제(專制)보다도 훨씬 위험한 경제적 전제(專制)에 대한 공포 그리고 운동의 혁명적 특질이 그의 마음에 대단히 강한 자극을 주었다. 그리고 그가 쥐라산의 시계공들 사이에서 발견한 평등주의에 기초한 상호관계 및 주의에 대한 그들의 무제한적인 헌신적 태도는 한층 강하게 그의 감정을 자극했다. 그때 이후로 그의 생활은 쥐라연합에서 그가 얻은 무정부주의적 확신의 주장과 전도(傳道)로 시종일관했다.

스위스에서 돌아온 이후에 크로포트킨은 주로 농민과 학생 사이에서 사회운동가로 일했다. 정부의 간섭과 압박은 점점 격렬해져 갔는데, 젊은 청년 혁

[14] '쥐라산(Jura Mountains)'은 알프스산맥의 북쪽에 위치한 쥐라산맥을 말한다. 독일, 스위스, 프랑스가 만나는 곳에 있는데, 대부분 스위스에 위치해 있다. 쥐라산맥의 지층구조 때문에 지질시대의 '쥐라기'의 이름이 붙여졌다.

[15] '쥐라연합'은 'Jura Federation'의 번역어로, '쥐라연맹'이라고도 한다. 쥐라는 1860년대 후반부터 1870년대 초반에 바쿠닌 휘하의 제1인터내셔널 무정부주의자 연합의 지리적 중심지였다.

명가의 운동은 이 간섭과 압박에 아랑곳하지 않고 용감하게 전개되었다. 크로포트킨은 매일 밤 직공 복장을 하고 노동자 집회에 나가 혁명사상을 선전했는데, 결국 그 일이 발각되어 1874년에 성 베드로의 끔찍한 요새[16]에 감금되는 신세가 되었다. 그의 투옥에 즈음하여 무한하게 그를 고무 격려한 것은 바쿠닌의 과거의 생애였다. 바쿠닌은 8년간의 감금 후에, 자유로웠던 동지보다도 더 풋풋하고 활기차게 출옥하였다. 옥중 생활 동안 그는 황제의 특별한 은혜로 지리학서의 저술에 종사하는 것이 허용되었다. 하지만 3년간의 비위생적인 감옥 생활은 마침내 그의 건강을 현저하게 해쳤다. 그래서 그는 상트페테르부르크 교외에 있는 군병원으로 이송되었다. 그 유명한 요새 탈출 작전이 행해진 것은 이 무렵의 일이다. 요새를 탈출한 그는 먼저 바다 건너 영국으로 갔다. 크로포트킨의 당초 계획은 다시 기회를 봐서 러시아로 돌아가는 것이었는데, 갑자기 생각을 바꿔서 이곳에 머물면서 잠시 서구의 사상계에 대두되고 있는 무정부주의운동을 돕기로 결심하기에 이른다. 그리고 그의 사업이 노동자를 위해서 다가오는 사회혁명의 기초가 되는 이상과 원리를 심화시키고 확장시켜서, 그 이상과 원리를 지도자의 입장에서 행하는 명령으로서가 아니라 그들 자신의 이성의 결과로 행해지게 하여, 노동자가 사회 조직의 새로운 공평한 상태의 건설자로서 역사의 무대에 등장할 수 있게 하는 것이야말로, 러시아에서 성취할 수 있는 그 어떤 것보다도 인류 발전을 위해 필요하다고 생각했다. 그 때문에 그는 러시아로 돌아가는 것을 그만두고, 영국에서 스위스로 가서 오로지 무정부주의 선전을 위해서 전력을 다했다.

1877년, 그는 벨기에에서 개최된 국제사회주의회의에 참석했지만, 벨기에 경찰로부터 극심한 압박을 받고 다시 영국으로 도주하여, 파리를 경유해서 스

---

[16] '페트로파블롭스크 요새'(Петропавловская крепость; Peter and Paul Fortress)를 말한다. 상트페테르부르크 네바 강변에 있는 요새로, 수호성인이 표트르(베드로)와 파벨(바울)이었기 때문에 두 성인의 이름이 붙여졌다. 스웨덴 해군의 공격으로부터 도시를 방어하기 위해 표트르 1세(Pyotr Alekseyevich; Peter the Great, 1672-1725)에 의해 지어졌는데, 1720년 무렵부터 수비대의 주둔지와 귀족 및 정치범의 수용소로 이용되었다.

위스로 돌아왔다. 이곳에서 그는 동지의 신문 발행을 도와서 경영에 성공했다.[17]

1880년에 그는 지리학 대저(大著)의 저술을 위해서, 그리고 아내의 병 때문에 산속으로 이주했다. 이곳에서 그는 많은 논문을 발표했다. 그중에서도 특필할 만한 것은 그를 불후의 인물이 되게 한 여러 저작 중의 하나인 『청년에게 고함(An appeal to the young)』을 쓴 일이다.

1881년, 그는 런던에서 열린 무정부주의자 대회에 참석했는데, 거기에서 돌아온 뒤 얼마 지나지 않아 스위스 정부에 대한 러시아 정부의 강요가 고조되어 크로포트킨은 출국명령을 받지 않으면 안 되었다. 그는 다시 길 없는 들판을 방황하는 방랑자가 되었다. 그는 영국으로 건너가서, 급진적 사상을 지닌 자로서는 전혀 숨 쉴 수 없었던 런던에서 1년간 생활하면서 노동운동에 종사했는데, 이 지역에서는 그 어떤 일도 성공할 수 없다는 사실을 알고 프랑스로 건너갔다. 그런데 크로포트킨이 프랑스에 돌아온 지 얼마 지나지 않아 곳곳에서 노동자 폭동이 일어났기 때문에, 그는 곧바로 혐의자로 체포되어 불합리한 재판을 받고 5년의 감옥형을 받았다. 이 5년간의 투옥은 그로 하여금 근대 권력국가의 형벌제도의 어리석음을 절실히 느끼게 해 주었다.

1886년, 그는 자유의 몸이 되자 곧장 런던으로 건너갔다. 그 무렵 영국에는 사회주의운동의 맹아가 맹렬한 기세로 싹트고 있었다. 그는 자진해서 이 운동에 참가하고, 주로 무정부주의 강연을 하면서 나아갔다. 뿐만 아니라 영국의 새로운 친구들과 함께 무정부 공산주의 월간지 『자유』를 발간했다. 이 몇 년의 영국생활 사이에 그의 명저 『빵의 쟁취』, 『전원, 공장 그리고 작업장』, 『상호부조론』 등이 출판되었다.

이 시절에 그가 가장 주의를 기울여 연구한 문제는 다윈의 생존경쟁설에서 나온 결론―당시의 다윈학도에 의해 도출되었던―에 관해서였다. 이 때 그가

---

[17] 크로포트킨은 1878년에 스위스로 돌아와서 쥐라연맹이 발행하는 신문 《반역자(Le Révolté)》를 편집했다.

품은 의문에 하나의 해결의 실마리를 준 것은 러시아의 동물학자 케슬러의 강의였다. 즉 "상호부조는 상호투쟁과 마찬가지로 자연의 법칙이다. 하지만 종족의 진보적 진화를 위해서는 전자가 후자보다 훨씬 중요하다."라는 한마디였다.[18] 때마침 헉슬리가 참으로 잔인한 논문 「생존경쟁」을 발표한 것에 대해서, 크로포트킨은 수년간 모은 자료를 바탕으로 그것을 반박하려고 결심했다. 이것이 몇 년 뒤에 상호부조론으로 결실을 맺은 것이다. 그 사이에 세계의 조류는 점차 사회주의에 유리한 방향으로 나아갔다. 보불전쟁[19]에서의 독일의 승리 이래로, 세계는 독일의 군국주의적 정신에 의해 어지럽혀지고 권력적 특징을 농후하게 띠어 갔지만 그것은 결코 영원한 것은 아니었고, 그에 대한 대대적인 반동으로 사회주의자를 위한 세계가 출현하였다. 그 이후로 그의 생활에는 특기할 정도의 사건도 없었다. 단지 노농(勞農) 정부의 확립과 함께 그가 마침내 꽃다발을 바친 조국의 민중에게 환영받을 때까지, 쓸쓸한 방랑 생활이 지속되었을 뿐이었다.

【4. 무정부주의】

크로포트킨의 학설에 대해서는 그것을 상세하게 서술할 자유가 없지만, 전체적으로 지장이 없을 정도의 부분만 개략적으로 설명하기로 하겠다.

크로포트킨은 지금까지 아나키스트(무정부주의자)로 알려져 있었다. 그리고 그의 언행의 모든 것은 하나같이 무정부주의에 대한 노력으로 시종일관했다

---

[18] 케슬러(Karl Fedorovich Kessler, 1815-1881)는 당시 저명한 동물학자이자 상트페테르부르크대 학장이었다. 1880년 1월에 러시아 박물학자 대회에서 「상호부조의 법칙에 대하여」라는 제목의 원고를 발표하여, 종의 생존과 진화에서는 생존경쟁 법칙보다 훨씬 중요한 상호부조 법칙이 존재한다고 주장했다. 그는 이 논문을 가다듬지 못한 채 몇 달 뒤에 세상을 떠났다. 김학순, 「인류 문명과 동물 세계 이끈 협력과 연대의 힘」, 『신동아』 2014년 7월호 참조.

[19] '보불전쟁(普佛戰爭)'은 1870년 7월 19일에서 1871년 5월 10일 사이에, 통일 독일을 이루려는 프로이센과 이를 저지하려는 프랑스 제2 제국 간에 벌어진 전쟁으로, '프로이센-프랑스 전쟁'이라고도 말한다.

고 해도 무방할 정도였다. 원래 무정부주의라는 관념은 결코 하나의 고정된 기준 안에 들어가는 것이 아니다. 하지만 전 세계의 무정부주의는 대체로 개인적 무정부주의와 공산적 무정부주의의 두 가지로 나눌 수 있다. 개인적 무정부주의는 하나의 철학적 무정부주의이다. 공산적 무정부주의는 개인적 무정부주의와 마찬가지로 개인주의 위에 입각하고 있지만, 개인적 무정부주의가 사유재산을 허용하는 데 반해 그것과는 완전히 반대의 위치를 차지하고 있다. 이런 의미에서 공산적 무정부주의는, 개인적 무정부주의에 대해서 매우 혁명적이라고 할 수 있다. 그리고 표트르 크로포트킨은 실로 이 공산적 무정부주의 입장에 서 있는 사상가이다. 다만 크로포트킨의 특징은 그의 사상을 말하는 데 있어서 항상 연역적인 방법을 이용하지 않고 귀납적인—바꿔 말하면 과학적인—방법을 이용했다는 점이다. 즉 이 방법을 가지고, 그에 의하면, 각 개인의 모든 세력, 모든 존재 그리고 모든 목적에 따라 사회가 새롭게 귀납적으로 건설되지 않으면 안 된다. 요컨대 사회란 각 개인이 연대의 대의(大義)를 실천하고, 그 위에 자유로운 일치단결을 하는 것이지 않으면 안 된다. 이와 같이 크로포트킨의 설명법은 충분히 과학적이다. 그리고 그것을 프루동이나 바쿠닌 등이 종종 자신의 독단을 기초로 해서 논리를 세우는 것을 일상화한 데 반해서, 크로포트킨은 가능한 한 연역론의 오류에서 벗어나서 사실 위에서 추론하려고 했다. 가령 동물계에서 대부분 그 모든 것을 통해서 연대의 감정이 존재한다는 것을 입증하기 위해서, 먼저 동물계에서의 생활의 상태를 연구하고, 그 사실들을 수집해서 이와 같은 감정이 동물계에 보편적으로 존재하고 있는 이유를 명백히 하고, 그것이 우주의 근본 원칙임을 밝히려 하였다.

그러고 나서 그는 바쿠닌의 집산주의(集産主義)에 반대했다. 그의 사회관에는 바쿠닌과 현저히 유사한 점이 있지만, 사회는 인간이 만든 것이 아니라 인간 이전부터 존재하였다고 그는 주장했다. 크로포트킨은 사회는 인간이 만든 것이 아니라 인간 이전부터 존재하고 있었음을 입증했다.

그의 입장에서 논하면, 오늘날 문명의 모든 기적은 하나같이 수세기 동안에 걸쳐 집적된 수백, 수천 만 명의 노력의 결정(結晶)이다. 크로포트킨에 따르면, 사회문제는 단순히 빵의 문제만이 아니라 실로 인간 활동의 모든 면을 포함하고 있다. 그러나 그것은 그 근저에 사회경제적인 문제를 안고 있다. 그래서 그는 다음과 같이 결론을 내리고 있다: "생산 및 사회의 모든 수요를 만족시키는 수단은 모든 사람의 협동에 의해서만 성취되는 것이다. 따라서 그것은 모든 사람의 자유에 맡기지 않으면 안 된다. 즉 모든 사람들은 부(富)의 생산자이자 소비자로서 동일한 입장에 서지 않으면 안 된다."

【5. 크로포트킨의 경제학설 일부】

크로포트킨의 저서의 일부에서 그의 경제학설을 엿볼 수 있는 사상을 추출하기로 하자(미리 말해 두지만, 우리에게는 그의 학설에 대한 비판에 대해서조차 완전한 자유가 주어지지 않기 때문에, 소개한다고 해도 단지 희미한 윤곽을 보여주는 정도에 지나지 않는다.)

크로포트킨은 공업 및 기술 과학의 진보는 결국 인구 밀집과 서로 어우러져서, 국민으로 하여금 격렬한 노동 및 과학과 실제의 결합에 의해 농업과 공업으로부터 자기의 필요품을 산출시키고, 그것으로 장래의 수출 및 이익의 사로(邪路)를 피하게 하며, 광기와 같은 노동의 분할(분업)로 대체하는 일을 노동의 결합을 통해서 하려고 한 것이다. 크로포트킨은 말한다; "많은 국민 경제학자들은 이익, 수입, 자본의 이자, 잉여가치와 같은 말을 사용해서, 지주 또는 자본가 또는 특히 우월한 국가가, 혹은 임금노동자의 저렴한 노동으로부터, 혹은 한 사회계급이 다른 사회계급에 의해 지배되는 것으로부터, 혹은 한 국가의 경제상의 발달이 다른 국가의 그것에 비해 뒤진 것으로부터 획득할 수 있는 이익에 대해서 열심히 연구를 했다."

이 이득은 생산에 종사한 각 개인, 각 계급 및 각 국가 간에 지극히 불평등한 관계에서 분배되는 것이기 때문에, 그 이득의 현재의 분배 관계 및 그 관계의 경제적, 도덕적 효과 및 갑자기 팽창한 부의 평등한 분배를 가능하게 하는 현대사회의 경제조직의 혁신을 탐구하는 것은 지극히 곤란하였다. 부의 증가에 대한 요구를 둘러싼 이 문제에 대해서는 오늘날 여러 방면의 국가경제학자들 사이에 격렬한 논쟁이 일어나고 있다. 그러나 그 사이에는 "그렇다면 우리는 무엇을 생산하지 않으면 안 되는가, 또 우리는 어떻게 생각하지 않으면 안 되는가"라는 커다란 문제가 남아 있다. 그리고 정책적 경제학은 한층 그 반(半) 과학적 연구에서 향상되면 향상될수록 인류의 수요 및 최소의 노력으로 그것을 만족시키는 수단의 탐구에 위임하는 하나의 과학이 되려고 점점 노력한다. 바꿔 말하면 일종의 사회의 생리학이 되려고 노력하는 것이다. 하지만 그것이 국민경제학의 본래의 범위임을 인정한 국민 경제학자는 지금까지 극히 적어서, 자기의 과학을 이런 입장에서 다루려고 시도한 자는 손꼽힐 정도이다. 결국 국민경제학의 주된 대상, 즉 인류의 수요를 만족시키는 데 필요한 힘의 경제학은 본래 경제학의 연구들 중에서, 그가 구체적으로 다루려고 기대하는 마지막 대상이었다. 그리고 이와 같은 견지에서 그의 공업분할론이 탄생한 것이다.

저 아담 스미스가 '국가의 부의 성질 및 원인'에 대해서 하나의 연구를 시작하였다.[20] 이 정책적 경제학이 나타난 이래로 아담 스미스 이후의 모든 경제사는 이른바 그것에 대한 실제적 주석이었다.

그리고 활동력의 분할 및 소분할, 즉 한층 미세한 분할은 극히 넓은 범위에서 행해지고 있고, 그로 인해 인류는 마치 인도의 족성(族姓)처럼 바꿀 수 없는 족성(族姓)으로 나뉘었다. 크로포트킨에 따르면, 우리는 먼저 생산자 및 소비자 중에서 한편으로는 소비하는 것이 적은 생산자와, 다른 한편으로는 생산하는 것이 적은 소비자의 일반적인 분할을 본다. 또한 이 분할 중에 또 소분할이 있어서, 육체노동자와 정신노동자, 농업노동자와 공업노동자의 구별이 있다. 그리고 이 최후의 공업노동자 계급 중에는 다시 무수한 소분할이 있다. 즉 그 분할은 극히 미세하게 되어 있어, 그로 인해 근세 노동자는 그 사람이 남자든 여자든, 소녀이든 소년이든 관계없이, 어떤 손기술도 익히지도 않은 상태에서, 자신이 종사하고 있는 공업에 대한 사소한 지식조차 갖지 않은 채, 오로지 전심(傳心)을 다해서 하루 종일, 그리고 전 생애 동안, 가령 어떤 이는 13세부터 60세까지 탄광의 일정한 장소에서 석탄차를 끌거나, 어떤 이는 하나의 연필 깎이(削筆刀)를 가지고 펜을 만드는 식으로, 번쇄한 역할을 수행하기 위해서만 생존하고 있는 것이다. 이것은 실로 일종의 기계의 단순한 하인으로, 어떻게 해서 그리고 어떠한 이유로 기계장치가 그 운율적 운동을 완성하게 되는가에 대해서는 조금의 이해도 없는, 말하자면 뼈와 살로 이루어지는 단순한 기계장치의 노예이다.

이와 같은 사정에 처한 한 우연히 습득한 기술상의 기교는 단지 폐기 선고를 받은 과거의 유물로 소멸되지 않으면 안 된다. 따라서 과거에는 기술자로서 자기 손이 행하는 일에 대단한 미적 쾌감을 느끼고, 항상 예술적 황홀의 경지에 들어가는 자유를 누리고 있던 수공업자가 지금은 완전히 소멸되었고, 그것을 대신해서 나타난 것은 철과 같이 무정한 인류의 노예이다. 단순히 수공업자뿐만이 아니다. 과거에는 생활의 심신을, 혹은 자기 조상의 집에서, 혹은 토지에 대한 집착에서, 혹은 자연과의 열렬한 교섭에서, 쉴 수 있었던 농부 또한 분업을 위해 완전히 파멸 선고를 받은 것이다. 이것은 두말할 필요 없이 명백한 하나의 시대착오이다. 이와 같이 해서 농부는 풍요로운 농장에서 여름에 고용되었다가 가을이 되면 다시 해고되는 임시변통의 노동자가 된다. 바꿔 말하면 그는 과거에 자기 생활 속에서 수확을 관리한 농장을 두 번 다시 돌보지 않는 부랑자가 된다.

크로포트킨은 또 말한다. "놀랄 만한 발명의 이 세기가, 특히 영국에서 초래된 여러 현상들에 현혹된 현대의 국가경제학자 및 정치가는, 여전히 그 분업의 꿈을 보면서 야행(夜行)하고 있다. 그들은 인류 사회의 전체를 국민작업장으로 분할하고, 각자로 하여금 그 특성을 발휘하도록 해야 하는 필요성을 설파하고 있다. 우리는 종종 다음과 같은 말을 듣는다. 즉 헝가리와 러시아는 지리상 공업 국가들을 기르기 위해 곡물을 경작하도록 되어 있고, 대영제국은 목면화(木綿貨), 철화(鐵貨) 및 석탄을 가지고, 벨기에는 양털 원료를 가지고, 세계 시장을 지배하지 않으면 안 된다고 들었다. 그러나 국민 내부에서는 각각의 지방이 제각각 특성을 지녀야 하는데, 지금까지도 오랫동안 그랬지만, 그것은 여전히 변하지 않을 것이다.

무릇 국민의 부(富)는 소수자가 축적한 이득에 따라 산정되며, 최대의 이득은 노동의 분할에 따라 획득된다는 학설이 행해진 이래로, 가령 생명 있는 자는 항상 이와 같은 분할을 정하는 것을 바랐는가? 모든 국민은 마치 각각의 노동자처럼 그것을 분할하는 것을 획득했는가? 이 문제는 당시에는 거의 문제시되지 않았지만, 이제는 문제 삼지 않으면 안 되는 때가 마침내 왔다.

무릇 인류의 생활은 언제나 고정되어 있어야 하는 것이 아니라 항상 다른 방면으로 전향하는 것이다. 그리고 생산이 분업에 의해 현저할 정도로 증식될 수 있다는 사실은 그 누구도 부정할 자는 없을 것이다. 하지만 근세의 산업에서 각자에게 요구하는 노동이 설령 간단하고 용이하게 얻어질 수 있다고 해도, 갈수록 단조로우면서도 권태를 불러일으키는 동일 상태에 놓일 때에는, 그 누구도 노동을 다른 것으로 바꿔서 자기의 모든 능력을 다할 필요를 한층 강하게 느끼는 법이다. 아마도 그 누가 되었든지 간에 사회가 어떤 사람을 작업장이나 광산과 같은 동일한 장소에 묶어 둔다고 해서, 그 어떤 이익도 얻을 수 없다는 사실을 인정할 것이다. 또한 그 누구도 만약 사회가 그로 하여금 자유롭고 자연스럽게 접촉하면서 노동할 수 있게 하지 못한다면, 그 무엇도 얻거나 이로운 바가 없으리라고 말할 수 있다. 그래서 지금 백척간두에서 한 걸음을 내디디어, 모든 국민에 대해서 그것을 보면, 이 경우에도 분할은 당연히 배척되어야 한다. 애당초 국민 한 사람 한 사람은 충동과 취미, 수요와 가능성, 재능과 창조력이 혼합 융화된 것이다.

또한 국민이 거주하는 국토는 토지와 기후, 산악과 계곡의 결합이고, 이것으로부터 국가와 인종의 현저한 차이가 생기게 하는 지형의 고저와 같은 극히 다양한 교차 그 자체이다. 그리고 이와 같이 복잡한 다양성은 나라와 그 주민의 특징이고, 산업의 다양성을 포함하는 것이지 않으면 안 된다. 즉 농업은 공업을 진흥시키고, 공업은 농업을 촉진시킨다. 양자는 불가분의 관계를 이루고, 그래서 양자의 연결은 최대의 성과를 가져오는 것이다. 각자가 그 기술적 지식을 신뢰하는 일이 점점 더 커지고, 그 지식이 한층 더 국제적으로 되고, 그래서 처음부터 오래도록 그것을 내밀하게 보유할 수 없을 때에는, 국민 각자가 그 힘의 모든 다양성을 공업과 농업 활동의 모든 다양성에 더 많이 전환시킬 수 있다.

오늘날 인류의 경향은 요컨대 각 나라 또는 각 지방에서 농업과 공업을 똑같이 가급적 광범위하고 다양한 것으로 하려 한다. 따라서 공동의 수요는 각자의 수용에 순응한다. 그래서 활동의 일시적 분할은 각각의 기대 효과를 가장 안전하게 보장함에도 불구하고, 영구적 분할은 오히려 파멸의 운명을 가져오고, 또한 각자의 다양한 능력과 각자의 인류 공동의 내부의 다양한 능력에 응해서, 활동(정신상, 공업상, 농업상)의 다양성으로 보완하지 않으면 안 되는 것이다."

크로포트킨은 또 말하였다; "우리로 하여금 만약에 단순히 교과서의 주석자 일을 그만두고 전체로서의 인류 생활을 안중에 넣고자 하려면, 당장 일시적 분업의 모든 이익을 노동의 연합의 이익을 요구하기 위해 유지하지 않으면 안 될 때가 진보한 시대임을 발견할 것이다. 저 정책적 경제학은 종래에 주로 분할을 고조시켰다. 그러나 우리는 그것에 반해서 연합을 설파한다. 그리고 우리 사회의 이상은, 즉 사회가 쉽게 도달하지 못하는 상태는, 연합된 노동을 갖는 사회이다. 즉 각자가 동등하게 정신적으로 육체적으로 노동하는 사회이다. 재능 있는 자가 노동자인 사회다. 노동자 개개인이 농장과 공장에서 노동하고, 어느 국민인지 어느 민족인지를 불문하고, 다양한 구조 방법을 지배하기에 충분한 위대한 인류의 각 사회가 자기의 농산물과 공산물의 대부분을 자급자족하는 사회이다. 두 말할 필요 없이, 사회 조직이 여전히 지주와 자본가에게, 국가와 역사적 법제의 보호 하에서, 인류가 노력한 매년의 잉여가치를 독점하는 것을 허용하는 한, 이 방법의 혁신을 근본적으로 실행하는 것은 완전히 불가능한 일에 속한다."

그의 사회혁명론은 이와 같은 견지에서 생긴 것이다.

【6. 크로포트킨 개관 – 그의 사상의 근저】

지금까지 크로포트킨의 생애, 사상, 인물 등에 대해서 대략적인 윤곽만을 그려 보았다. 서두에서 언급한 브란데스의 크로포트킨론에서 알 수 있듯이, 그의 인생은 희곡과 로맨스로 충만해 있다. 아니 단지 그의 생애뿐만이 아니라 그 자신도 사회혁명가이자 훌륭한 예술가였다. 1899년에 발행된 『한 혁명가의 회상(Memoirs of a Revolutionist)』 같은 것은 혼연한 일대(一大) 예술품이다. 그의 저서는 수십 종에 이르지만 그중에서도 특히 중요한 것을 소개하면, 1898년에 나온 『전원, 공장 그리고 작업장(Field, Factories and Workshop)』, 1902년에 나온 『상호부조론(Mutual Aid)』, 1905년에 나온 『러시아 문학론(Ideals and Realities in the Russian Literature)』, 1909년에 나온 『프랑스 대혁명(The Great French Revolution)』, 같은 1909년에 나온 『빵의 쟁취(The Conquest of Bread)』 등이 있다. 그 밖에 많은 소책자가 있는데, 대부분은 프로파간다를 위해 쓰인 것이기 때문에 여기서는 생략한다. 요컨대 그의 모든 사색의 근저가 되고 연원이 되는 것은 상호부조론이다. 그는 사회를 만든 한 사람 또는 몇 사람의 힘을 부정한다. 그리고 사회의 역사적 성과는 모든 사람의 건설적 재능, 모든 사람의 사업과 자연의 생장(生長)의 결과라고 주장한다. 이에 대해서 그는 다음과 같이 논하고 있다; "문명의 창조는 수백만 명의 역사적 노력의 결정이다. 오늘까지 하나의 문화를 건설하기 위해서 무수한 노동자, 무수한 발명가가 열심히 일하였다. 하나의 공장, 하나의 철도, 하나의 상점, 하나의 집. 그 어느 것도 누구도 '이것은 자신이 만든 것이다'고 말할 수 없다."

　따라서 그의 역사적 사회관은, 한편으로는 상호부조가 역사의 정신, 바꿔 말하면 진화의 경향임을 주장함과 동시에, 다른 한편으로는 개인의 자유의 요구가 인간 생활의 요구, 바꿔 말하면 진화의 경향이라고 주장한다. 그러나 그의 이 무정부주의 이론에 대해서는 같은 주의자들 사이에서, 혹은 완전히 반대편에 서 있는 사람들 사이에서 격렬한 반대가 일고 있다. 몇 가지를 들면, 첫번째 비난은 다음과 같다. 크로포트킨이 인간 세계의 모든 노작(勞作)은 모든 인류의 역사적 노력의 결과이고, 따라서 그것은 어느 한 개인에 의해서 만들어진 것이 아니라고 말하는 것은 논리적으로 긍정되는 것이지만, 다른 한편으로 그가 소수자의 재능과, 그 재능이 인류에 끼친 기여를 인정하면서도 절대적 평등관 위에 선 공산주의를 인정하는 것은 대단한 오류라는 것이다. 두 번째 비난은 정부는 자본가의 기관(機關)이고 공산주의의 적이며 소유의 유지자(維持者)라고 말하고 있지만, 소유 없는 시대에도 정부는 존재하였다. 따라서 정부를 어떤 경우에도 자유와 정의의 적이라고 말하는 것은 잘못이라는 것이다. 이 외에도 그의 사상에 대해서는 여기저기에서 비난이 제기되고 있다. 무엇보다도 근본적인 비난은, 상호부조론은 일종의 구심적(求心的) 경우론(境遇論)으로, 진화의 일부를 증명하는 것임에는 틀림없지만 그것으로 진화의 전부를 설명할 수는 없다는 것이다. 바꿔 말하면 상호부조도 커다란 의미에서는 생존경쟁 속에 포함되는 것으로, 생존경쟁이 가치 증진에 효력이 없다고 하면 상호부조론에도 아무런 효과가 없다는 것이다. 이 외에도 여기에서 파생된 수많은 비난이 그의 상호부조론에 가해지고 있는 것은 사실이다. 그러나 그 비난이 어떻든지 간에, 그의 학설이 현재와 장래의 사회진화를 결정하는 데 있어서 대단히 중요한 것임은 새삼 말할 필요도 없다.

조성환

◈ 인류세 시대의 한국철학의 방향에 대해 고민하고 있다
◈ 〈다른백년〉에 "조성환의 K-사상사"를 연재 중이다
◈ 최근에 『인류세의 철학』을 공동 번역하였다 ◈
『키워드로 읽는 한국철학』(모시는사람들) 출판을 준비 중이다
◈ 현재 원광대학교 동북아시아인문사회연구소
교수로 재직 중이다 ◈

문준일

◈ 현재 원광대학교 동북아시아인문사회연구소 교수로
재직 중이다 ◈ 러시아 모스크바대학교에서 러시아문학을
전공하였다 ◈ 러시아 혁명 시기 문학이 전공이라
혁명과 사회와의 관계에 관심을 가지고 있다 ◈ 귀국 후
러시아와 한국의 관계에 대한 인문학적 접근과 시베리아
원형스토리에 대한 연구도 시도하고 있다 ◈ 아직 근본에
대한 통찰을 얻기를 꿈꾸고 있다 ◈

제사문제를 기회로 영혼 문제를 일언하노라

개벽 제5호, 1920.11.1

이돈화

현대어역 개벽라키비움

(책임번역 : 박길수)

*

몇 달 전《동아일보》지상에 우연한 일로 말미암아 제사 문제가 한번 나타나자 문득 사회의 여론을 환기하여 유교 측과 불교 측 전문가[名士]가 각각 자기가 믿는 바로써 그 문제의 가부를 논하였으며, 또한 그 신문사의 주장으로 이에 대한 논의도 있었다.[해제 참조-역자 주] 우리는 당시 다대(多大)한 흥미를 가지고 이를 외웠으며, 또는 연구의 재료로 가슴속에 다소 품어 왔다.

원래 제사라는 것을 유교의 고유 의식으로 볼 수 있다면 제사문제를 여러 차례 재론하는 것이 유교의 체면상으로는 얼마간 종교적 신앙 관념을 훼손한다고 볼 수 있다. 왜 그런가 하면 종교의 신앙적 의식이 세상의 시비의 거리로 오르게 되는 것은 그중에는 은은히 유교의 근본적 정신이 다소 소극적 방면으로 동요되는 느낌이 없지 아니하기 때문이다.

그러나 유교의 제사 문제는 다만 유교의 일종의 의식으로만 볼 수 없고 조선인 일반의(다른 종교 신자를 제외하고) 인습적 풍화(風化)로 인정할 수 있나니, 유교가 5백 년 동안 조선의 국교가 되어 있었으므로 제사법도 따라서 일반 인민이 다 같이 신성불가침으로 준봉(遵奉: 지켜서 봉행)하여 왔기 때문이다. 그러므로 다만 제사법을 준봉하는 것만으로 모두 유교 신자라 인정하지 못할 것은 물론이니, 이 점에서 제사법을 비평하는 것은 유교의 종교적 의식을 평론하는 것이 아니요, 조선인 일반의 인습적 습관을 비판하는 것으로 보아도 또한 과언이 아니라 하는 것을 우리는 먼저 한마디 하여 두노라. 물론 일반의 제사 인습이 유교에서 우러나온 일이지마는 지금에 있어서 유교 신자와 일반 무종교자를 구별케 된 이상, 일반의 제사 인습을 평론하는 것이 곧바로 유교의 의식을 비판하는 것이라 직단(直斷)하기 어려운 것이 아니랴.

그런데 우리가 지금 이를 한마디 하고자 할 때, 먼저 기독교와 유교 양측의 주의주장을 들어보건대, 두 교단의 주장이 다 같이 그럴 듯하여 보인다. 기독교 측으로 말하면 원래 사람의 영혼이란 이 세상에 있는 것이 아니니까 또는 예수교의 가르침에 예수교 이외의 것을 숭배하는 것은 마귀를 섬기는 것이라 가르쳤으니까 아무리 조선(祖先)을 위하여 제사를 지낸다 할지라도 그것은 한 우상숭배에 불과한 미신이라 하여, 그것을 배척하는 것도 그들의 소신으로는 적당한 일이라 한 것이다. 유교 측으로 말하면 공자부터 영혼의 귀숙처(歸宿處)를 자세히 말하지 아니하고 다만 "아직 생(生)을 알지 못하는데 어찌 사(死)를 말하리오."라고 한 한마디로 제자에게 대답한 것이니까, 영혼이야 이 세상에 있든지 없든지 이는 알지 못하지마는, 또는 영혼이 있다 할지라도 그가 산 사람과 같이 제사에 참여하는지 안 하는지 알지 못하지만 자손 된 자가 부모의 사후 정령(精靈)에 대하여 제사를 설(設)하는 것은 효심 상 지극히 당연한 일이라 하여 그것을 주장하는 것도 또한 그들이 믿는 바에 의하여 적당한 관념이라 할 것이다.

이와 같이 각각 자기들의 소신이 다른 데서 나온 말이니까 제사를 지내는 것을 미신이라 배척할 것도 없는 일이요, 또는 제사를 지내는 것이 무엇이 진리라고도 말할 수 없는 일이라 할 것이다. 그런데 기독교 측이 제사를 우상숭배라 하여 배척하는 이유 하에서 그것을 재차 한마디 하면 그들은 제사와 우상숭배를 혼합하여 보는 까닭에 그것을 비난하는 것이니까, 만일 제사라 하는 이름을 고쳐 '기념'이라 할 것 같으면 그들도 그에 대하여 배척이 없을 듯하다. 돌아가신 부모가 '돌아가신 날'을 위하여 기념(紀念)하는 것에, 시장하니까 음식을 준비하고, 서러우니까 곡하고 우는 것이야 무슨 우상숭배가 될 것이 없는 일이다.

다만 문제되는 것은 허위(虛位)의 신주(神主)를 만들어 놓는다든가 거기에다 음식을 차리고 따라서 허배(虛拜)를 한다든가 하는 것이 우상숭배에 가까운 일이라 할 것뿐이다. 그것으로 말할지라도 위에서 잠깐 말한 것과 같이 원래 유교에서 제사 지내는 본의(本意)가 부모의 영혼이 제사장(祭祀場)에 강림한다는 유일한 신념으로써 하는 것이 아니요 다만 효라고 말하는 지성의 관념으로써, 즉 "죽은 이를 섬기는 것을 살아 있는 이를 섬기는 것처럼 한다[事死如生]"는 효심으로부터 나온 일이라고 볼 수 있다. 따라서 그 실은 제사는 신주와 허배가 중요한 것이 아니요, 정신상 요점 되는 효심이 중요한 것이다. 그러므로 그 효심으로 부모가 돌아가신 날을 기념하는 것이 가장 중대한 것이니까, 만약 효심이 없이 무의미한 신주와 허배로 부모에 대한 사일기념(死日紀念)의 본의라고 하면 그것도 결국 이를 쓸데없는 허식(虛飾)이라 할 수 있으리라. 이 점에서 신주와 허배는 다만 효심을 표현하는 방편과 처변에 불과한 것인즉, 시대의 진운(進運)에 동반하여 설령 신주와 허배를 철폐할지라도 제사의 본정신 되는 효심에는 조금도 위반될 것이 없고, 제사법은 의연히 제사법으로 부모에게 효도하는 미풍을 양성하여 간다고 할 것이다.

그러나 그들이 신주와 허배를 얼른 철폐하지 못하는 까닭은 그것이 일종의 종교적인 것이 된 옛사람의 구제(舊制)라, 그것을 철폐하면 유교의 정신이 얼마간 멸살(滅殺)되리라는 관념도 없지 않은 것이요, 또는 부모를 위하는 효성 즉, '사사여생(事死如生)'의 효심에서 신주도 되고 허배도 된 것이라고 하면 무엇이 그가 허례에 가까운 바가 있으리오. 주관(主觀: 무엇을 주로 하여 보는가)함에 있을 것이다.

그런데 우리가 이에 대하여 국외(局外)의 관념으로 크게 한 가지 생각할 바는 먼저 제사 그것 자체의 문제이니, 즉 제사 그것이 우리 일반 조선 인민의 습관, 풍속적 도덕상 그것이 반드시 필요할까 없어야 할까를 한 번 고찰할 일이며, 다음에는 그것이 반드시 있어야 할 필요가 있다면 과거 제도 그대로 인습하는 것이 필요할는지 혹은 방식을 개량하는 것이 필요할는지 고찰한 후에 필요하면 필요한 대로 원려(遠慮) 없이 개량하는 것이 우리의 오늘 급선무라 할 생각으로, 이에 우리가 고찰한 바를 참고적으로 말하노라.

  *

이상에서 한마디 한 것과 같이 조선에 있어서 제사법이 물론 유교에서 나온 의식의 일종이라 할지라도 그것이 국교적 풍화로써 일반의 인습적 의식이 된 이상은 효라고 말하는 관념으로부터 부모가 돌아가신 날을 기념하는 의미로 보면 이것은 단지 유교의 종교적 의식으로만 볼 것이 아니요, 일반 민중이 부모님께 효도하고 스승님을 섬기는[孝父崇師] 마음[性情]에서 스스로 우러나오는 일종의 풍화상 제도로 보아도 틀릴 바가 없다. 또 조선의 관습도덕상 제사법은 있는 것이 없는 것보다 교화상 필요불가결한 것임을 우리는 스스로 판단하며, 아직 제사법의 유무가 필요상 서로 비교가 된다고 할지라도 방해가 없는 관습을 일부러 없애자고 주장할 필요가 없다.

  다만 우리가 주장할 바는 그것을 시대 진운에 따라 다소 그 방식을 개량치 아니할 수 없다고 논할 것뿐이니, 즉 제사법의 중요한 정신 되는 '부모에게 효도함'의 풍속은 어디까지든지 보존하게 하고, 그 허식허례 되는 것을 개량하여 영원히 우리 조선인의 미풍을 만들자고 하는 데에 있다.

  우리 생각을 말하면, 제사에서 신주와 허배는 과거 시대에 있어서는 그것이 민중을 계도하는 것에 혹 필요한 제도라고 하겠으나, 시대가 진화한 오늘날에 있어서는 그것이 도리어 부모에게 효도하는 신성한 관념의 정신적 존엄을 훼손하고 줄어들게 한다는 것이다. 왜 그런가 하면 오늘날에 있어서는 누구든지 신주와 허배는 다만 일종의 허식으로 알지 아니치 못하게 되었기 때문이다. 그것은 기독교에서 제사와 우상숭배를 혼동하여 보는 사실로 보아도 알 수 있을 것이며, 설령 기독교인이 아니라 할지라도 누가 신주에 부모의 정령이 강림하리라 미신하는 자가 있으리오. 그것은 아무리 유교의 독신자일지라도 신주는 다만 제사의 의식을 대표한 표상물로 볼지언정 그것으로 부모의 정령을 대표할 것이라 말하지 아니 하리라. 만일 그것으로 부모의 정령을 대표한 것이라고 하면 그것은 그 부모에 대하여 너무도 소홀히 생각한다 할 수 있나니, 왜 그런가 하면 신성한 부모의 정령이 일개 목패(木牌)에 의하여 대표되었기 때문이다.

그러니까 신주는 다만 제사법의 방편과 방식으로 볼지언정 부모의 정령을 대표하는 것으로 볼 수 없는 이상, 신주는 어디까지든지 허식이라고 할 수밖에 없다. 이미 신주가 허식이 된 이상은 따라서 제사 그것도 또한 허식으로 보지 아니하지 못하게 될 것은 일반 민중의 상정(常情)이라 할 수 있나니, 이 점에서 우리는 제사법에 있어서 신주는 제사의 정신을 존엄케 하는 것이 아니요 차라리 그것을 경멸하게 하는 관념이 생기게 되리라 하노라.

그러므로 우리가 주장하는 제사의 관념은 기독교와 같이 절대로 쓸데없는 것이라 하지 아니하며, 또는 유교와 같이 신주와 허배의 허식을 그대로 인습하자 하는 것도 아니요 다만 그 중간에 초월(超越)하여[사이-너머] 제사의 정신을 부모가 돌아가신 날을 기념으로 신성하게 보존하되, 다만 그 방식과 방편은 일종의 참신한 방법으로 시대에 동반하고, 진화에 동반하는 것으로 개량하지 않을 수 없다고 하노라.

그런데 제사의 방법을 참신하게 개량하자면 그것은 한 개인의 힘으로 도저히 이것이 실행될 일이 아니며, 또 제사법이 단지 기념의 의미라고 할지라도 그 사이에는 스스로 영혼의 귀숙(歸宿) 문제가 포함되었는지라. 즉 제사는 기념의 일종이라 볼 수 있으나, 그러나 이에 영혼 문제를 전적으로 포기하고 단순히 보통 기념이라 하는 상례에 돌리고 보면 제사의 정신은 스스로 얼마간 소멸 당할 것이다. 그러므로 제사 문제는 적어도 불분명하나마 영혼 문제의 정신을 이에 첨부하지 않으면 제사의 정신의 근거가 박약해질 것이다. 그러므로 제사법을 개량코자 하면 그것을 한 개인이 임의로 할 수 있는 것이 아니요,

어떤 종교단체의 정신에 의하여 그 방법을 개량코자 하는 것이 우리의 소견이니, 이러한 생각 하에 우리는 참고적으로 조선에서 가장 신종교(新宗敎)가 되는 천도교의 제사법을 논하여, 일반 사회의 비판을 구하고, 따라서 그에 부속한 영혼 문제의 일단을 말하고자 하노라.

*

천도교에서는 제2세 교조 해월당(海月堂)의 법문(法門)의 일종인 '향아설위법(向我設位法)'으로 제사의 의식을 확정하였는데, 향아설위법이라 하는 것은 그 글자의 뜻과 같이 나를 향하여 제사상[位]을 차리는[設] 제도이다. 즉 유교에서 벽을 향하여 제사상을 차리던 제도를 폐하고, 자아(自我)를 주(主)로 하여 위를 설하는 법이다. 다시 말하면, 유교에서 사용하던 신주와 허배의 제도를 폐지하고 신주 대신에 자아를 신주(神主)로 보며, 허배 대신에 자아심령(自我心靈)을 향하여 심배(心拜)를 드리는 제도이니, 이에 음식물 설비 여부는 문제가 아니다. 그런데 천도교에서는 어떤 까닭으로 자아를 향하여 설위하는 제도가 나왔는가. 이것은 실로 영혼문제가 이 관계한 까닭이다.

위에서 기술한 것과 같이 기독교에서 제사를 배척하는 까닭은 그 근본정신이 어디에 있느냐 하는 것을 한마디로 말하면, 이것은 부모의 영혼이 여기(이 세상)에 있지 아니하다는 신앙의 관념에서 나온 까닭이니, 즉 부모의 영혼은 (예수가) 그 죄악을 대속(代贖)함에 따라 혹은 천당에 가시고 혹은 지옥에 가는 것이니까 이 세상에서 부모를 위하여 제사를 드리는 것[設祭]은 순연히 마귀를 위하는 것이라는 것이 기독교의 통속적 신앙이기 때문이다.

또 유교에서 제사에 치중하는 까닭은 이상에서 기술한 것과 같이 순연히 부모에게 효도하는 관념에서 나왔다고 할지라도 일반민중의 통속적 관념으로 말하면 부모의 영혼이 어디에든지 있어서 자손을 명호(冥護)하며 또 제사장[祭場]에 순례한다는 관념에서 나온 까닭은 유교의 여러 경전(經傳)을 참고할지라도 다소 유사한 교훈이 있고, 또 유교가 전설로써 일반 민중의 관념에 전래한 것이라 말하지 아니하지 못할 것이다.(비록 구체적 설명 또는 영혼 존재에 대한 교훈은 없다 할지라도) 여하튼지 제사 문제로 연상되는 영혼 문제는 이름과 가르침[名敎]이 함께 다른 관념을 가지고 있을 뿐 아니라, 그로 말미암아 다대한 상호간의 편견 충돌이 일어나는 것이다.

또 불교로 논하면, 그것은 기독교와 같이 조선숭배의 제사법은 없다 할지라도 영혼문제는 특별히 명백한 이론으로써 그 종교의 골자(骨子)가 되어 있나니, 즉 윤회전생설(輪回轉生說)과 같은 것이 그중 하나이다.

이제 유래종교의 영혼문제는 세상 사람이 이미 명백히 아는 것이요, 또 그 취사 문제는 각자의 소신에 맡길 일이요 결코 어떠한 것이 옳고 어떠한 것이 그러다 논할 바가 없나니, 왜 그런가 하면 그것은 천고(千古)를 내려오면서 철인(哲人)의 뇌장(腦漿: 두뇌)을 묶고 전문가[達士]가 연구를 기울여도 아직 미해결의 문제로 있기 때문이다.

그러니까 이제 그들의 영혼문제에 대하여 우견(寓見: 임시적인 견해)으로 구구히 논할 바 없고 이에 적으나마 그 문제의 일단을 발표할 것은 천도교의 사후관념이니, 그것은 아직 세상 사람이 한 사람도 알지 못하는 중에 있으며, 또 그것이 장래 조선 문화 건설상 다대한 영향이 있을 것이기 때문이다. 이제 천도교의 영혼 관념을 한마디 하고자 하는 이때, 우리는 아래와 같은 추상(抽象)의 방식으로 그것을 발표하면,

1. 우주는 유일의 공령공리(公靈公理=神)가 표현된 것이다.

2. 우주 사이에는 별도로 인격적 신이 존재하는 것이 아니요, 만상(萬象)의 정령 그것의 총체가 즉 신이 되나니, 그러므로 우주는 신이 만든 것이 아니요, 신이 표현(表現)한 것이다.

3. 만물이 단지 유일신의 표현일진대, 무슨 까닭으로 물상(物象)에 천차만별이 생겨나느냐 하면, 그것은 진화의 원칙상 물상의 조직적 기수(器數)에 응한 것이요,

신 그것의 표현인 것은 동일하나니, 예를 들면 초목과 금수, 금수와 사람의 구별은 진화 과정상 조직이 서로 다름으로써 영(靈)의 표현 방식도 또한 서로 다른 현상을 생겨나게 한 것이다.

4. 사람은 조직이 가장 교묘한 것으로 진화의 최극점에 선 자이니, 그러므로 우리는 신의 모든 능력을 가장 잘 표현한 자로, 만물의 영장이며, 천지의 주인공이 된다.

이상은 천도교의 일종의 우주관, 인생관=인간관을 대표한 것이라고 보면, 그 것으로 천도교의 사후 영혼관도 가히 엿보아 알 수 있나니 즉 신의 최고 표현으로 된 사람의 영혼이 육체의 소멸과 함께 신에 융합일치(融合一致)할 것이다.

그러나 신으로 표현된 사람의 영혼이 단지 육체의 소멸과 함께 다시 신과 융합일치 한다고 보면 신은 우주 도처에 있지 아니한 곳이 없는지라. 즉 대우주의 총 정신이 직접 신의 존재를 증명하는 것인즉, 그리고 보면 사람의 영혼도 신과 융합하는 한 찰나, 아니 육체가 소멸하는 한순간에 신과 함께 우주 총정신에 융합할 뿐일 것이다. 그러할진대, 사람의 사후영혼의 존재는 어떠한 의미가 없는 것과 같은 느낌이 있다. 그러나 다시 깊이 생각하면 이미 서술한 것과 같이 진화학상 한 사람이 이미 신의 모든 능력으로 표현된 자인 까닭에 이 점에서 신의 중심, 즉 우주의 중심은 인류의 정신으로 보지 아니하지 못할 것이니, 그러면 인류 정신, 즉 인간 세상 모든 사회적 정신은 즉 신의 왕국이되지 아니하지 못할 것이다. 그러므로 사람의 영혼이 신과 융합일치한다 하는 것은 결국 사람의 영혼은 사회정신과 융합일치한다 하는 것이니, 그러므로 사람의 영혼은 사후에 별도로 천당에 가는 것도 아니며, 도 다른 방법으로 전생(轉生)하는 것도 아니요, 영원히 이 사회의 정신과 융합하여 사회정신으로 더불어 영적 생활을 도모하는 것이다.

사람의 역사가 길면 길수록 영적 발달이 예민하여지는 것도 필경 그 이면에는 신비의 법칙이 유행한다 할 것이다. 이제 사람의 영혼이 사회의 정신과 융합한다 하는 것을 한층 협의적, 구체적으로 이를 논하면 부모의 정령은 자손의 정신과 융합일치될 것이요, 교조(教祖)의 정령은 그것을 믿는 제자[徒弟]의 정령과 융합일치할 것이니, 다시 말하면 그리스도의 정신은 그리스도를 믿는 신자[徒弟]의 총정신(總精神) 속에서 영생한다 할 것이요, 공자의 정신은 공자를 믿는 제자의 총정신 속에서 영생한다 할 것이니, 그러면 사람이 부모의 사후를 위하여 기념하여, 또 교조가 돌아가신 날을 위하여 기념하는 것이 자아(自我)를 향하여 묵념=심고하며 자아를 향하여 심배(心拜)하는 것이 가장 적당한 방식이라 할 것이라 하는 것이 곧 천도교의 사후관이며, 제사 아니 기념법(紀念法)의 개의(概義)라 할 수 있으리라. 이에 무론 다소간 다른 이의가 없지 아니할지라도.

이제 우리의 국외(局外), 즉 무종교(無宗教)한, 신앙을 떠난 관념으로 이를 논하면, 우리는 어떻게 연구할지라도 신앙을 떠나서 지력(智力)으로 영혼의 존재를 인정하기 어려우며, 또 영혼의 존재는 사실이라 할지라도 그가 천당에 간다든지, 윤회전생을 한다든지 하는 것에 이르러서는 더욱이 믿기 어려운 황탄(荒誕)의 설이라 말하지 아니하지 못할 것이다. 설령 영혼이 개체(個體)로 존재하여 능히 천당에 갈 만한 인식을 가지고 있으며 윤회전생할 만한 의식의 힘을 가지고 있다고 하면 우리는 무엇으로 그가 그렇게 되는 까닭[所以然]을 증명할 수 있으랴. 물론 신앙의 힘으로 그를 인정하리라. 그리스도를 믿는 자는 다만 그리스도의 교훈이 일체의 증명이 된다. 믿는 까닭에 사리(事理)에야 합하든지 아니든지 그것이 진리라고 말할 것이요, 불법을 믿는 자는 다만 불법 일체를 진리라고 믿는 까닭에 그것이 모순이야 되든지 말든지 그것으로써 최고의 법훈(法訓)이 된다 할 것이지마는 만일 그리스도의 교훈과 부처님의 법을 초월한 순수 자유의식의 공평한, 사리(事理)의 비판으로서 이에 임하면 이른바 그리스도의 교훈과 부처의 법은 다 같인 일종의 우언비사(寓言比辭)로써 심원한 진리를 천당, 지속 혹은 윤회전생에 가탁(假托)하여 어리석은 중생을 교훈하는 것에 불과한 것일지니, 만일 그리스도의 교훈과 부처의 법이 우언비사에 가탁하여 교훈하였다 하여 다소간 그의 신성(神聖)을 파괴하는 과격한 말이라고 반항하는 자가 있다고 하면 그 사람이야말로 신성의 신성된 까닭을 알지 못하는 자라고 할 것이다.

왜 그런고 하니 신성의 지식은 결코 일반민중의 지식과 천양(天壤: 하늘과 땅)의 차위(差違: 차이와 어긋남)한 우열(優劣)이 있으니, 그러므로 신성이 신성 자기 아는 그대로를 어리석은 중생에게 교훈하면, 그것은 어려운 경문(經文)을 어린 아이에게 가르치는 것과 같을 것이니, 그러므로 이에 우언비사(寓言比事)의 가탁이 있는 것은 자연한 이치가 아닐 것이냐. 하물며 그리스도와 부처의 두 교훈은 수천 년 이전에 사람을 가르치던 것이 아닌가. 그러므로 우리는 우언비사가 결코 신성의 신성을 파괴하는 것이 아니요, 우언비사가 있음으로 해서 도리어 신성의 숭고한 진선미(眞善美)의 일단을 엿보아 알 수 있다 할 것이다.

그러면 만일 그리스도의 천당설과 부처의 윤회전생설이 일종의 우언비사라 하면 그것은 무엇을 대상으로 하여 천당이라 칭하였으며, 또 전생이라 일렀을까. 우리가 생각건대, 우주 사이에는 별도로 신령이 사는 천당의 차별이 없을 것은 누구든지 우리와 같은 느낌이 있을 것이다. 그러므로 그의 이른바 천당은 이 세상의 장래를 이상으로 삼아서 말한 것이며, 부처의 윤회전생도 또한 영혼 개체가 영원히 윤회한다고 말하는 것이 아니요, 영혼은 영원히 이 사회의 정신과 융합일치하는 까닭은 한층 구체적 비유로써 인증(引證)한 것이다. 마침내 영혼설은 기독교, 불교, 유교의 3교가 동일한 입각지(立脚地)에 낙착되었음을 생각하여 알 수 있을 것이요, 또 세계 3대 성인의 위대한 의식이 실제로 동일한 지평[地頭]을 꿰뚫어 보는 데에 이르러서는 우리는 실로 감복감복 한마디 말로써 이에 대할 밖에 다른 도리가 없을 것이다.

그리하여 최후의 신종교(新宗敎) 되는 우리 반도의 천도교가 그동안의 소식으로 영혼설(靈魂說)을 주장하는 (사람들에게) 우리는 암암리에 이에 모배(慕拜)를 드릴 뿐이다.

1.《동아일보》1920년 9월 1일자에 '중앙청년회' 총무 이상재가 "종교상에
도 조선혼(朝鮮魂)을 잃지 말라, 미신이 아닌 이상에 부모의 제사 지냄이 무엇
이 그르냐?"라는 제목의 '기사'를 투고한 것을 시발로 약 1개월에 걸쳐 유교
측, 기독교 측, 신문사 논설 등으로 비판-반비판, 찬-반 등의 '제사문제'에 관
한 지상논쟁이 전개되었다. 이상재의 글은 경북 영주에서 기독교를 믿는 남편
이 시어머니의 상식(上食)을 올리지 않는 것을 비관한 아내가 남편의 불효를 대
신 사죄코자 자살한 사건에 즈음하여 내놓은 것이다. 이상재는 기독교인이면
서도 "예수교에서 '우상불배(偶像不拜)'를 가르치지만 '부모의 신주(=혼령) 앞에
절하는 것'은 우상숭배가 아니"라고 강조하고 신주 앞에 절하는 것은 "네 부
모를 공경하라" 하신 하나님(예수교)의 가르침에도 부합하는 것이고, 또한 우
리는 서양 사람이 아니라 동양 사람이고 예수는 '세계의 예수'이니 서양 사람
의 풍속에 구애되기보다 조선혼(효도)을 지켜 나가야 한다고 주장한다.

이에 대해 9월 5일자에 기독교 측에서 종교(宗橋) 남감리교회 양주삼 목사
는 "조상에게 제사를 지내는 것은 종교사상이 한결같지 못하고 도덕관념이
유치할 때에 겉치레 도덕에 불과하던 일종의 미신적 풍속"이라는 취지의 반
론을 기고하였다. 그는 첫째, 아내의 자살이 과연 남편의 기독교 신앙-상식을
안 올린 것-때문인지 의심스럽다, 둘째, 제사가 '조선혼'을 대표하는 것인지도
의문이다, 셋째, 제사는 과학문명의 20세기로 가는 시점에서 시대에 맞지 않
는 미신이니 타파하자고 강변하였다. 같은 날 유교 측에서 김윤식(雲養老人 金允
植)이 "나와는 도가 서로 다르니까 나는 나의 도대로 할 뿐이오"라는 제목의
글로 양주삼 목사의 논지를 반박하면서 '제사는 천지개벽 이래 지속되어 온
부모에게 효도하는 도(道) 중에서 가장 좋은 방식이며, 세계4대 성인 중 한 분
인 공자의 가르침에 따른 길이니, 예수교에서야 제사를 지내든 말든 남이 제
사 지내는 것을 두고 왈가왈부하지 말라'고 비판하였다.

이어 9월 10일자에는 "제사와 우상숭배 - 조선의 제사는 일신사상에 위배

되지 아니한다"라는 '사설'에서 "동양에서 제사 예절은 공자로부터 나왔고, 공자도 하늘[天]에 비는 것[禱]이 제사의 근본정신"이라고 한 점에서 기독교의 '하나님 유일신 숭배'와 어긋나지 않는다고 하였다. 또 "예수교에서 인간의 '영혼'이 천당에 간다고 주장하는바, 제사로써 조상님의 영혼을 기념(紀念)하는 것을 우상숭배라고 하는 것은 부당하다"는 것이다. 이어서 기독교가 조선의 제사 풍속을 '우상숭배'라고 하는 것은 서양을 우월시하고 조선을 미개시하여, 조선의 제사를 아프리카 원주민의 미신적인 신앙과 같은 것으로 보던 시각이 반영된 것이라고 주장한다. 그러므로 전교사들이 제사의 본래 취지를 잘 이해한다면, 제사를 우상숭배로 볼 여지는 없다고 하였다. 다만, 이 글에서는 조선의 제사 풍속이 허례허식(제수 등)에 흐르지 않도록 제사의 본지를 살리는 범위 내에서 간소화하고 간략화(2대 봉사)할 것을 제안하였다.

9월 11일자에는 다시 종교 교회 양주삼 목사가 유교 측과 《동아일보》의 논지를 반박하여, 현행(당시)의 제사에 허례가 많고, 문명으로 진보해 나아가는 데서 제사 예식은 걸림돌이 된다고 재차 주장하였다.

《동아일보》는 9월 24일과 25일자의 이틀에 걸쳐 "제사문제를 재론하노라" 제하의 사설을 1면 톱기사로 싣고, 최근 제사 문제가 논쟁이 되는 것은 종래의 국교이던 유교 중심 구제도+사상과 개국(개화) 이래의 신사조가 충돌하는 것이 그 본질이며, 국가(사회)의 통제(=관습)에 따를 것인가 개인의 자율에 맡길 것인가가 쟁점이라고 갈파한다. 이어 제사의 본질은 예(禮)를 다하는 것이며, 예의 본질은 그 정성스런 마음이므로, 이 양대 본질을 지키는 한에서 시대 상황에 따라 그 방식은 바꿀 수 있다고/어야 한다고 주장한다. 즉 종래에는 왕위(王位)에 있거나 성인만이 제례작법(制禮作法)하였으나, 오늘날은 민중이 시대의 추이를 좇아 응변(應變)할 수 있다는 것이다. 이어 제사는 우상숭배가 아니며, 또한 실제 조상의 혼령이 강림하여 음복한다고 믿는 것이 아니라는 입장을 명백히 밝히고, 제사는 오직 지극히 인간적인 마음으로 조상과 돌아가신 부모님의 뜻을 생각하는 정성에 있을 뿐 '음식' 여하에 달려 있지 않다고 강조한다.

이처럼 제사를 둘러싸고 '종교적 관점의 문제' '조선 전통문화의 존중에 대한 오리엔탈리즘' '제사의 본질과 형식' 등 여러 문제가 다층적으로 대결적인 구도를 형성하고 있다. 〈동아일보〉 사설이 밝히듯이 이는 전통문화(유교)에 대한 신사상(기독교)의 반격이자, 개인이 사회적인 예절이나 관습에 어디까지 순응하고 어디서부터 자율성을 띨 것인지를 두고 부딪치는 문제이기도 하다. 다시 말하면 근대 시기 조선 사회의 사회-개인/외래(신)사조-전통사상 사이의 주도권을 두고 쟁투하는 문제인 것이다.

2. 이 무렵 사회운동에서의 주도적 위치를 점유하는 것을 가장 중요한 과제로 여기고 있던 천도교청년회(당), 그리고 그 전위적 기관인 『개벽』에서 이 문제에 자기의 입장을 피력한 것도, 단지 천도교의 종교적 교리를 설파하는 데 그 목적이 있는 것이 아니었다. 천도교청년회와 개벽사의 기자들은 천도교의 향아설위(向我設位)의 제사법이야말로 이번 논쟁에서 쟁점이 되고 있는 모든 입장을 아우르면서도 그것을 한 차원 높은 단계로 끌어올리는 획기적인 것이라는 점을 강변한다. 그 요지를 다시 정리하면: (1) 제사는 유교적 종교 의례가 아니라 조선 일반의 풍속이다. (2) 제사를 둘러싼 유교와 기독교의 대립은 형식 또는 우상숭배 여부 문제를 두고 벌어지는 것이며, 제사가 추구하는 근본 취지(孝)에 대해서는 유교나 기독교가 같은 입장을 취하므로, 쟁론할 여지가 없다. (3) 제사와 관련하여 좀더 깊이, 근본적으로 생각해야 할 것은 '영혼 문제'이다. (4) 천도교에서는 우주관, 인생관(인간관)에 걸쳐 일관되게, 사람이 곧 신의 최고의 표현이라고 보며, 인간의 영혼은 (사후에) 사회정신(=신)과 융합일치한다고 본다. (5) 그러한 견지에서 천도교에서는 사람에게 제사드리는 향아설위법을 시행하는 것이다.

3. 서학(천주교)이 조선에 들어와 정착하는 과정에서 제사를 둘러싸고 벌어진 조선정부(유림)의 탄압과 그로 인한 순교의 역사가 천주교 선교 자유 확보로 일단락되고 나서도, 이 문제를 둘러싸고 개신교와 유교, 불교, 천도교 등

제 사회 세력과의 쟁투는 이 시기에도 극렬하게 전개되었음을 알 수 있다. 그로부터 다시 100년이 지난 오늘날 까지도 '제사/차례' 등은 여전히 우리 사회의 뜨거운 감자이다. 종교 간의 갈등에 더하여 세대 간 갈등, 대가족 제도로부터 핵가족 제도로 이행하는 과도기적 단계의 갈등 등이 복합적으로 작용하고 있다. 표면적으로 제사는 '해체' 또는 다양화, 다변화, 다층화의 방향으로 나아가는 것처럼 보인다. 그러나 100년 전에 논쟁의 핵심부에 '제사의 본질'을 두고 벌어진 근본적인 문제는 현 단계에서도 여전히 유효한 것이 아닌가. 사회 구조와 관념, 국가(사회)와 개인 간의 관계, 가족 구성원의 상호 인식, 가족 개념의 해체와 재구성 등에서 '제사'는 중요한 고리가 된다.

이돈화(李敦化)

◈ 도호가 긍암(亘菴), 아호가 야뢰(夜雷)로서 천도교의
대표적인 신지식인이자 교리사상가이다 ◈ 1884년 1월
10일 함남 고원 출신으로, <천도교회월보>의 초기 주요
필진을 거쳐 개벽사 주간(1920.6-)으로 개벽사 창립동인이
되었고, 천도교청년당의 주요 지도자로도 활약하는 한편,
천도교의 제2 기관지인 <신인간> 창간 및 발간도 주도했다
◈ 일제강점기 내내 <신인철학>을 비롯한 수많은 교리철학
단행본과 강습 교재, 그리고 <천도교창건사>와 같은
역사서를 펴냈다 ◈ 해방 이후 북한 지역 천도교 조직
재건과 교인(청우당원) 지도에 힘쓰다가 6.25전란 중에
사망했다(추정) ◈

개벽라키비움

◈ 도서출판모시는사람들 산하기관으로 '개벽'을 핵심
과제로 도서관, 아카이브, 뮤지엄을 아우르는 기관-기구-
활동을 기획 진행하고 있다 ◈ 현재 '월보강독' '개벽강독'
'수도공부' '명저윤독' '동학천도교사전연구회' 등을 꾸려
나가고 있다 ◈

'하늘이 기뻐하는 네 가지'에 관한 이야기 天有四喜說

이필우

이필우(李弼右), 천도교회월보 제9호, 1911.4.15.

【1】

하늘이 사람에 대하여 기뻐하시는 것이 있는가. 우리는 네 가지가 있다고 말합니다.

태극이 처음으로 갈라짐[肇判]에 천지[陰陽]가 그 자리를 정하니 더없이 높고 더없이 큰 범위 안에 하나의 신령스런 덩어리[一神團體]가 가득차서 밝게 임하시는데, 이것을 일컬어 天主(한울님)라고 합니다. 처음 개벽할 때에 사물이 한 종류라도 어찌 있었겠습니까. 단지 붉은색 흙 한 덩어리뿐이었습니다.[i] 조화가 큰 손잡이[大欛]로 이기(理氣)를 운행하여 지구(地球)에 흩뿌려 내리니[散落], 빛나는 그 명(命)을 땅이 감히 어기지 아니하고 받아들여 감응하여[受以應之] 갖가지 형상과 색깔과 소리의 삼라만상을 나열하여, 이것이 세계가 된 것입니다.

없음이 있음을 낳는 신비하고 참되고 깊고 묘한 이치[2]를 스스로 돌이켜 미

---

i   "厥初開闢時에 一種 事物이 豈有하리오 只是 赤色土一塊而已라." cf. 해월신사법설, 천지이기, "古語에 曰 天地는 一
     水塊也니라. 天地未判前은 北極太陰一水而已矣니라. 水者는 萬物之祖也니라."
2   "無中生有 神神眞眞 玄機妙筭." cf. 도덕경, "天下萬物生於有 有生於無."

루어 생각하면, 그 (한울님의) 마음이 어떠하겠습니까? 빼곡한 물품이 화육하고 고무하며, 두터운 은혜에 흠씬 목욕하여[3] 활발한 상태와 신선한 광채가 마치 (우주가) 처음 시작할 때의 면목을 드러내는 것 같은지라, 한울님[天]이 이것을 보시고 자기 능력과 자기의 공덕을 자기로 말미암아 자기가 베풂을 자기가 기뻐하시니,[4] 이것이 첫 번째 기쁨입니다.

【2】

만물의 성질을 마름질하여 제정하여 처음 낳을 때에, 한울님[天主]이 생각하는 마음이 없지 않았습니다. 만약 한 종류의 사물만을 낳으면, 세계의 형식이 드러나지 아니하고 서로 간에 스스로 쓸 수가 없기 때문에, 크고 작고 거칠고 섬세함과 가볍고 무거움과 부드럽고 딱딱한 것과 아름답고 추하고 두텁고 엷은 것의 종류가 모두 제각각의 형상을 갖추었습니다.[5] 또한 단지 생명성[生性]만 주면 똑같은 한 생물일 뿐이어서, 사시와 음양, 풍우상설의 조화의 공덕과 차고 비고 흩어지고 자라나며 태어나고 죽고 변화하는 기틀[6]을 누가 시켜서 그러하게 하는 것인가를 알지 못할 것입니다. (이에) 특별히 사람에게 한 부분적 영(靈)을 부여하여 세상에 보내시니 (사람이) 하늘이 할 일[工事]도 대신할 수 있고 하늘의 은혜와 덕[天惠天德]도 드러낼 수 있음을 알게 되니, 그러므로 믿고 또 기뻐하시니 이것이 두 번째 기쁨입니다.

---

3 "林林郁郁物品化育鼓舞 … 恩渥裸沐浴."
4 "自力自功을 自使自施함을 自喜…"
5 "大小巨細 輕重軟固 妍醜厚薄.…有萬不一한 形을 具하고…."
6 "四時陰陽 風雨霜雪 造化之功과 盈虛消長과 生滅變化之機…."

【3】

하늘이 사람으로 하여금 사물[物]의 주권(主權)을 잡게[作] 하시고, 사물로써
사람의 쓸 수 있는 물품[取用品]을 갖추어서, 근면하게 힘써서 잠시도 쉴 틈이
없으신 본 뜻은 온 세상을 가득 채우기를 만억년이 하루 같아서 일분의 헛됨
과 반분의 부족함이 없는 것으로 한도를 삼고, 또 사람은 하늘의 서자[衆子]라,
사물의 으뜸자리에 거처하여, 성(性)은 주체가 되고 몸(身)은 표준이 되며 마음
은 베풀어 씀이 되고, 지식은 달통에 이르고 지혜는 밝음에 통하며, 사상은 근
본을 미루어 감⁷도 감응하여 반드시 보답하는 것이 있으며, 힘써서 노력하기
에 겨를이 없는 큰 공력도 너(사람)에 의지하여 반드시 성공함을 믿고 기뻐하심
이니, 어찌하여 오만년 이래로 송축하는 정성과 큰 소리로 부르는 소리를 고요
히 앉아 듣지 못하고, 총명한 자도 어둡고 우매하며 슬기로운 자도 멍청해지
는 것입니까?

하늘이 주신 것을 먹으면서도 천덕을 알지 못하며, 하늘이 주신 옷을 입으
면서도 하늘의 공덕을 깨닫지 못하고, 비는 것은 우상이요, 섬기는 것은 망령
이니 탄식하지 않을 수 있습니까? 그 근본을 이미 잃어버렸으니, 그 말단(에
서 근본을)을 어찌 구하겠습니까. 만약 끝내 이렇게 할 뿐이라면 사람은 헛되이
그 이름에 머물러 신령한 존재로서의 위치를 보존하지 못할 것이요, 하늘은 단
지 심력을 허비할 뿐 그 공을 거두어들이지 못할 것입니다.

이를 가련히 여기어 지난 경신년(1860)에 수운(최제우)대신사께 '사람을 가
르쳐서 나를 위하게 하라[敎人爲我]'하라 하신 명령을 곧바로 접하신 후로 길고
어두운 밤에 새벽종을 들은 듯하며, 어둡고 취한 눈이 혼매한 잠에서 깬 듯하
여 수만 교도가 한울님[天主]을 부르는 소리가 밤낮으로 그치지 아니하여, 사

---

7   "性可以爲主體요 身可以爲標準이요, 心可以爲施用이요, 智可以穎達 慧可以通明 思想可以推本…."

랑하고 그리워하는 생각과 화하고 기뻐하는 마음[8]이 자연히 따라서 느껴져서 (하늘의) 기쁨이 가득하시니, 교단과 도가[敎家]의 영적(靈跡)이 계속되는 것은 하늘이 기뻐하셔서 감응하는 것이니, 이것이 세 번째 기쁨입니다.

【4】

신이하도다, 천도교인이여! 사랑할 만 하도다, 천도교인이여! 불가사의로다. 무슨 희망으로 여기에 이를 수 있었습니까. 지나온 세월의 겁운(劫運: 재앙이 낀 운수)을 어찌 차마 다 말로 할 수 있으리오. 거친 비바람이 연약한 풀을 흩어 버리는 듯하며 모진 눈서리가 병든 잎을 때리는 듯하며, 거친 물결과 파도가 모래해안을 무너뜨리는 듯 무고한 생령이 육체와 정신[肝腦]이 모두 죽어 땅에 묻히는 것과, 놀란 혼이 바람에 떠도는 것을 슬퍼하고 긍휼히 여기는 자 누가 있었으며, 조문하여 위로하는 자가 몇이나 되었습니까? 해와 달이 그 참담함을 위로하고 산천이 그 흐느낌을 위로할 뿐이었습니다.

이때에도 한울님[皇天]이 그 빛을 비추어 주지 않은 것은 아니지만, 이 또한 운명의 소관이라. 사랑하고 아끼며 긍휼하고 측은히 여기지만 도움을 줄 수 없으셨고, 마치 돌아보지 아니하는 것처럼 하시지만, 어찌 무심하여서 그렇게 하였다고 말할 수 있겠습니까? 끊임없이 일어나는 훼방하고 더럽게 만드는 이야기들은 참새처럼 시끄럽고 꿀벌처럼 쉬지 않고 웽웽거리면서, 얼굴을 보면서는 따르는 듯하지만 마음으로 비난하는 자도 있고, 말로는 꺾이는 듯하지만 눈으로 조소하는 자도 있어서 무고하고 미혹하는 무리로 알고서 우매몽매한 곳에 따돌려서 이상한 무리로 대우하고 서로 용납지 아니하였습니다.[9]

---

8   "愛眷之情과 和悅之心."

9   cf. 동경대전, 포덕문, "惜哉라 於今世人은 未知時運하여 聞我斯言則 入則心非하고 出則巷議하여 不順道德하니

(그러나 천도교인들은) 이와 같은 경우를 눈 먼 봉사인 듯 귀머거리인 듯 마음으로 받아들이며 인내하면서 지나와서, 육신은 위태롭기가 비록 절박하기 이를 데 없으나 후회하는 마음이 싹트지 아니하고, 거친 음식을 먹어서 배를 채우는 처지이지만 유감의 뜻이 조금도 없었습니다. (나아가) 지극한 정성과 믿음으로 덕을 펴고 교문을 건립하는[布德立敎] 일을 담임하여, 어리석은 풍속과 어그러진 관습이 도덕의 세계로 바뀌며 먼지구덩이이자 악귀의 소굴이던 땅을 천국으로 만들어 내어 한울님 은혜를 감축하고 한울님 덕을 찬송하니, 이제야, 선천 오만년 동안 노이무공(勞而無功)하시던 한울님의 공을 이로 말미암아 이룬 것인바, 하늘이 반드시 흔쾌히 기뻐하고 즐거워하시리니[10]이것이 네 번째 기쁨입니다.

【5】

아득하고 아득한 무형의 (한울님이) 기뻐하시는지 아닌지를 어찌 알 수 있으리오. 사람 마음이 곧 한울님 마음이라. 사람 마음으로 한울님 마음을 미루어 헤아리건대, 확실히 간증할 수 있습니다. 가만히 비유해 보자면, 사람이 부부가 되어 서로 절한 이후에 몇 명의 자식을 낳으면 기쁜 마음이 자연히 생겨나서 겉으로 드러날 것입니다. 그 의용(儀容)을 살펴보면, 기품 있고 자질이 뛰어난 것과 골격이 의젓한 것이 그 부모가 앞날을 희망차게 생각하기에 족합니다. 낳아서 기르는 노고와 거듭 거듭하는 은혜를 크게 보답할 것과 집안을 크게 하고 가문의 명성을 이어갈 것도 이로 말미암아 예견할 수 있으니, 어찌 미쁘

甚可畏也로다 賢者聞之하고 其或不然而 吾將慨歎이나 世則無奈라.

[10] 용담유사, 용담가, "한울님 하신 말씀 開闢 後 五萬年에 네가 또한 첨이로다. 나도 또한 개벽 이후 勞而無功 하다가서 너를 만나 成功하니 나도 성공 너도 得意 너희 집안 運數로다. 이 말씀 들은 후에 心獨喜 自負로다."

200

지 아니하겠습니까.

자라나면서 부모님의 가르침과 경계하는 말을 따르지 아니하고, 아버님이 낳아주시고 어머님이 길러주신 은혜를 조금도 알지 못하는 것처럼 하다가, 부모의 사랑과 정성에 자은 느끼고 깨달아서 혼정신성과 출입반면[11]을 잠시도 잊지 아니하여 지극한 정성으로 효도하면 그 부모의 기쁨이 또한 얼마만 하겠습니까? 낳아주고 길러주고 의식을 베풀어 주시는 것도 부모의 공덕이요, 가르치고 인도하여 사람으로 만들어 주시는 것도 부모의 공덕이라 하여 근면히 힘써서 복종하고 일하여서 그 집안을 드러내면 '어느 부모의 자식이요 어느 자식의 부모'라고 하는 명예로운 칭찬이 사람들의 입에 오르내릴 것이니, 이 또한 자식이 그 부모를 드러내는 것이 아니겠습니까?[12] 그러므로 그 부모가 반드시 실제로 기뻐하나니, 한울님이 기뻐하는 것도 또한 이와 같은 종류이니, 한울님 마음을 알고자 하거든 반드시 사람 마음에 시험해 보시라고 말하는 것입니다.

【해제】

1. 이 글의 필자 이필우(李弼右)는 '경기도 수원군 일형면 하교리' 출신으로 (생년미상, 아마도 비교적 나이 많은 때에) 남양교구에 입교, 수원군 천도교 제544강습소를 수료(1911)하고 〈천도교회월보사〉 기자로서 한문과 한글로 언론과 교리에 관한 글을 많이 발표하였다. 수원군교구 강도원(1911), 남양교구 강도원(1913.6), 전제원(1914.7-1918.5)으로 활동하기도 하였다. 대외적으로는 전혀 알

---

[11] cf. "昏定晨省 出必告返必面."

[12] cf. "幼而學 壯而行 上致君 下澤民 揚名聲 顯父母."(《三字經》, 중국에서 아동들에게 문자를 가르치는 데 사용한 대표적인 교과서); 身體髮膚는 受之父母니 不敢毁傷이 孝之始也요, 立身行道하여, 揚名於後世하여, 以顯父母가 孝之終也라.(『孝經』〈開宗明義〉)

려지지 않았지만, 〈천도교회월보〉에 40여 편의 논설을 남긴 만큼, 천도교회월보의 '손꼽히는' 기자 중 한 사람이었다. 1917년 8월에 고향으로 돌아가 환원하였다. 그의 사후에 이종린(鳳凰山人)은 "그의 나이 이미 적지 않고 자식들도 어지니 큰 유감이 없다고 할 수 있다. 그러나 공은 우리 도에 정성들인 지 오래되고, 무엇보다 우리 『천도교회월보』에 힘쓴 바가 크다. 공은 본보가 시작된 이래 긴 글들로만 해도 매호 거의 빠지지 않았고 그 내용도 천고에 불후의 작품들뿐이었다. 우리가 위안으로 삼는 것은 육신이 죽더라도 그 글은 남아 있을 것이라는 말이다."라는 글을 남겼다.(鳳凰山人, 「哭李公弼右」, 『천도교회월보』 제86, 1917.9.15) 이번 번역글은 그 추도사가 발표된 이래 실로 95년 만에 처음으로 그 예언을 실현하는 셈이다.

2. 무엇보다 이 글은 천도교의 우주론 또는 존재론을 피력하고 있으며, 그 방식이 유교적, 도교적, 기독교적인 제 방면에 걸쳐 있는 독특함을 보여주고 있다. 이 글은 그 시작을 주돈이의 〈태극도설〉의 '태극(太極)에서 천지가 화생한다'는 논리로 시작하지만, 태극이 바로 '천주(天主)'라고 하는 데서 천도교(동학)의 우주관을 피력한다. 이 천주가 지구를 비롯한 삼라만상으로 화생하여 간다고 하여 동양 고유의 우주관을 천도교적으로 전유(轉有)한다. 또한 '없음에서 있음이 생겨난다'는 말로써 〈도덕경〉의 유생어무(有生於無)의 논리를 포섭한다. 또 이렇게 화생한 만물을 보고 한울님이 스스로 기뻐한다(自喜)고 하는 것은 기독교의 창세기 여섯째 날에 만물을 모두 지으신 후 "하나님이 지으신 그 모든 것을 보시니 보시기에 심히 좋았더라(창1:31)"고 말한 대목과 상응한다.(첫 번째 기쁨)

다음으로 한울이 수많은 만물로 화생하고, 특히 천령(天靈)을 분유(分有)한 사람을 낳게 된 것은 한울님 자신의 공업을 인식하고, 공덕을 인지하며, 공력을 인용할 수 있게 하여 하늘의 은덕을 드러내게 하기 위해서이다.(두 번째 기쁨) 그러나 사람이 오랫동안 살아오면서 그러한 하늘의 은덕, 그리고 자기가 비롯해 온 근원, 근본, 근거를 망각하게 되었으므로 수운 최제우 선생(大神師)를 이

세상에 내어서, 천도교를 창도하고 사람들을 가르치게 한 것이다.(세 번째 기쁨)
천도교(동학)은 창도 이래 50년 동안 수많은 고난과 고초를 겪어 왔지만, '불과 50년 만'(1910년 기준)에 수많은 사람들이 추앙하고 포덕의 불길이 일어나는 것은 어둠에서 광명으로 나아가는 새 시대를 맞이하게 되었다.(네 번째 기쁨)

3. 이 글은 천도교 교리 및 신제도(교단종교) 정립기인 1910년대 천도교가 어떻게 자기 교리를 재인식하고, 이를 '근대의 합리적 인식론'에 기울어져 간 일반 민중들에게 설득력 있게 제시하는지를 보여주고 있다. 무신론적 유물론과 유신론적 화생론, 동양적 우주관(태극도설)과 동학적 화생(조화)론 등을 절묘하게 통합하여 제시하고 있다.

天有四喜說

李弼右

天이人에게對ᄒ야喜ᄒ심이有乎아吾人은
以爲其喜ㅣ有四라ᄒ노라
太極이肇判에天地定位ᄒ니高無上大無外
ᄒ고範圍內에一神團體가充滿ᄒ야昭昭御臨
이시니是曰

哭李公弼右

鳳凰山人

嗚呼公其己歿乎아年而稱其壽ᄒ고子
無大慽也로다然이나公之誠於吾道者ㅣ其久矣오公之
力於本報者ㅣ亦大矣며少頃則可以見天下之至于道也
而同于化也어늘胡恝此爲오天也라天之地에늘耐無柰
何오力無柰何어늘而公之誠力인들亦獨何爲哉아凡人
之慈人者늘切於己也니吾所以悲公者늘最以本報之滅
一光也로다自報之始로公之大網長文이어늘殆無虛月而其
敬天之玄奧와植人之紀網者ㅣ足令一世而師之오亦傳
千古而可不朽耳라吾所以稍慰者늘人亡而文下亡也로
다(公之略史늘讓于後篇)

203

편집 후기

『다시개벽』 제8호가 '이동'을 화두로 삼은 것은 전국장애인차별철폐연대(전장연)의 투쟁에서 비롯하였다. 편집위원들은 이동을 둘러싸고 사회를 조직하는 방식 속에서 소외되는 약자들의 외침이 전장연 투쟁이라고 느꼈다. 그러면서도 편집위원들은 전장연 투쟁이 단순한 사회적 차원을 넘어서는 사건이라는데 의견을 모았다. 사회와 자연은 근본적으로 구분할 수 없는 것이기 때문이다. 전장연 투쟁이 사회에 제기하는 중요한 가치 가운데 하나인 '뭇 존재자의 평등한 이동권'은 인간만의 기본권이 아니라 모든 자연 생명체의 기본권이라 할 수 있다. 이 점에 관하여 우석영 편집위원은 다음과 같은 통찰을 제시하였다. "인권의 기저에는 동물권이 있다. 이동은 모든 동물이 동물로서 누려야 하는 가장 기본적인 권리이다." 전장연 투쟁이 촉발한 장애인 이동권에의 성찰은 이렇게 생명의 이동권에 관한 성찰로 이어질 수 있었다.

인간의 이동권과 생명의 이동권을 분리하는 관점은 생명의 보편적 이동권에 대한 침해와 맞물릴 위험이 크다. 예컨대 '근대' 사회에서 표준으로 삼는 생활 방식은 '더 빨리, 더 편하게 이동하려는 욕망'에 근거한다. 이 욕망에 근거하는 고속 이동의 사회는 그와 같은 고속 이동으로부터 소외되는 이동 취약층을 낳는다. 인간들이 더 빠르고 더 편하게 이동하기 위하여 건설하는 고속도로와 철도 등의 각종 교통 인프라는 동물의 이동권을 심각히 침해한다. 또한, 더 빠르고 더 편하게 이동하려는 욕망은 '장애인이 집 밖에 나와서 비장애인의 이동을 더 늦어지게 만들고 불편하게 만든다'는 비난을 정당화하고, 그리하여 '비장애인만이 집 밖으로 나올 수 있고 장애인은 집 안에 머물러야만 한다'는 편견을 더욱 공고화한다.

장애인과 비인간을 소외시키는 고속 이동의 욕망을 반성하고 이동의 권리를 보편적 생명의 문제로 다시 사유하는 과정은 이해하기 어려운 동학(東學)의 '이(移)' 개념을 새로이 바라볼 수 있게 한다. 동학사상의 핵심은 '우주 만물의 하늘님 모심[侍天主]', 즉 '하늘님을 모시는 존재자'로서 우주 만물의 본질을 사유하는 것이라 한다. 문제가 되는 '이(移)' 개념은 수운 최제우가 '모심[侍]'의 뜻을 풀이하는 대목에 나온다. '모심이라는 것은 (모시는 자의) 내부에 신령스러움이 있고 (모시는 자의) 외부에 기운의 변화가 있어 온 세상 사람이 각지불이(各知不移)하는 것이다(『동경대전』「동학론-논학문」. 이하 모든 천도교경전 번역은 필자가 한 것).' 여기에서 '내부에 신령스러움이 있고 외부에 기운의 변화가 있다'라는 부분을 해월 최시형은 생명체가 태어나는 과정에 빗대어서 쉽고도 시원하게 해석한다. '내부에 신령스러움이 있다는 것'은 '하나의 생명체가 세상에 태어날 때부터 (무엇인가를 좋아하거나 싫어하는 등의) 마음을 가짐'과 같고, '외부에 기운의 변화가 있다는 것'은 '하나의 생명체가 (생명 원리에 따라 자기를 둘러싼 영양분 등의 여러 물질을 먹고 뱉으며) 몸을 이룸'과 같다는 것이다(『해월신사법설』「영부주문」). 모든 생명체의 본질을 '마음과 몸이 있음'에서 찾아야 하고—이 점은 인간에게만 마음이 있고 비인간에게는 몸만 있다고 간주하는 데카르트 식 서구 근대철학(심신이원론)과의 결정적 차이이다—, 이 '마음과 몸이 있음'이 곧 '하늘님 모심'임을 알아야 한다는 것이다.

문제는 그다음에 나오는 '각지불이'가 무엇을 뜻하는지, 그 뜻이 '모심'과 어떠한 관계가 있는지를 이해하기 어렵다는 점이다. '각지불이'는 축자적으로 '각자 알아서 옮기지(이동시키지) 않는다'라고 번역할 수 있다. 무엇을 각자 안다는 말이고, 무엇을 옮기지(이동시키지) 않는다는 말인가? 이에 관한 해답의 실마리는 '모심'의 뜻을 풀이한 구절의 바로 다음에 '이(移)'라는 글자가 한 번 더 나오는 대목에서 찾을 수 있다.

[사람들이 물었다.] 하늘 마음이 곧 사람 마음이라면 어찌하여 좋음과 나쁨이

있습니까? … [수운이 답하였다.] 군자의 힘은 기운이 바르고 마음이 정해지므로

그 힘이 천지와 들어맞습니다. 소인의 힘은 기운이 바르지 않고 마음이

'이동'하므로 그 명(命)이 천지와 어긋납니다("天心卽人心則, 何有善惡也?

… 君子之德, 氣有正而心有定故, 與天地合其德. 小人之德, 氣不正而心有移故,

與天地違其命." 『동경대전』 「동학론-논학문」. 번역은

필자의 것).

기운—그리고 그 기운이 변화하여 생겨난 한 가지 모습으로서의 몸—은 하나
의 생명체가 자기 외부에 모시는 하늘님이고, 마음은 하나의 생명체가 자기
내부에 모시는 하늘님이다. 양자는 (외부와 내부처럼) 서로 다른 곳에서 나타나
고 움직이지만 본질적으로 동일한 하늘님일 뿐이다. 이처럼 뭇 생명체의 마음
과 몸은 하나의 하늘님을 자신의 내부와 외부에 모시는 것임에도, 유독 인간
만이 자기 마음을 나쁘게 쓰거나 자기 몸을 나쁘게 부리기도 하는 까닭은 무
엇일까? 수운은 그 물음을 '기운이 바름[正]/바르지 않음[不正]'과 '마음이 정
해짐[定]/옮겨짐[移]'의 관점에서 사유한다.

다른 모든 생명체가 태어날 때 하늘님을 자기의 내부와 외부에 모시는 것
처럼 인간도 태어날 때 자기의 내·외부에 하늘님을 모신다. 그러나 인간은 마
음을 태어났을 때의 본래적 상태, 즉 자기 내부에 하늘님을 모신 상태로 정해
두지 못하고 그 상태에서 옮겨질 때가 있다. 그때가 자기 마음을 나쁘게 쓰는
때이다. 또한 인간은 자기 몸과 그 기운을 본래적 상태, 즉 자기 외부에 하늘
님을 모신 상태와 같이 바르게 하지 못할 때가 있다. 그때가 자기 몸과 기운을
나쁘게 부리는 때이다.

이처럼 독특한 동학의 '좋음/나쁨' 개념은 서구 전통 철학의 선악 개념과
크게 다르다. 서구 전통 철학에 따르면, 비인간은 자유의지가 없으므로 비인
간의 움직임에는 선과 악이 없으나 인간만이 자유의지를 지니므로 인간의 행

위에는 선과 악이 있다고 한다. 서구 전통 철학은 인간에게만 자유의지라는 특권이 있으므로 인간에게만 선과 악이라는 도덕적 책무가 따른다고 보는 것이다. 간단히 말하자면 '권리에는 책임이 따른다'로 요약할 수 있는 이 논리는 인간의 권리만을 인정하고 비인간의 권리를 무시하는 논리와 동전의 양면을 이룬다. 그와 대조적으로 동학에서는 뭇 생명체가 마음과 몸을 본래 상태(태어나면서 하늘님을 자기 내·외부에 모시는 상태)에 따라 활용하지만, 오로지 인간만이 자기 마음을 그것의 본래 상태에서 다른 상태로 옮겨가게끔 쓰거나 자기 몸과 기운을 그 본래 상태처럼 바르게 쓰지 않는다고 말한다. 서구 전통 철학이 선과 악을 인간에게만 있는 권리-책임(자연 상태로부터의 업그레이드)으로 본다면, 동학은 좋고 나쁨을 인간만이 자연 상태에서 다운그레이드될 수 있는 부분으로 본다. 여기에서 '이(移)'는 '인간 마음이 자연 상태(하늘님을 자기 내부에 모시는 상태)에 정해지지 않고 자연스럽지 않은 상태로 옮겨가는 것'을 뜻한다.

뭇 생명체가 평등하게 이동권을 누리기 위해서는 인간이 각자의 편리와 이익만을 위하는 마음을 바꾸어야 한다. 어떻게? 본래의 마음으로, 태어날 때 자기 내부에 하늘님을 모시는 상태와 같은 마음으로, 천지자연과 어긋나지 않고 들어맞는 마음으로 바꾸어야 한다. 인간이 자기 마음을 자연 마음에 정하지 않고 다른 마음으로 옮길 때의 이동은 자연 상태에서 다운그레이드된 이동일 것이고, 끝내는 천지자연의 질서를 어그러뜨리는 이동일 것이다. 인간이 자기 마음을 자연 마음에 정해 두고 다른 마음으로 옮기지 않을 때의 이동은 천지의 평화롭고 평등한 권리를 훼손치 않는 참다운 이동이 될 것이다. 그렇다면 인간 마음의 불이(不移)는 인간을 비롯한 우주 만물의 몸-기운이 바르게 운동·변화할 수 있는 최소한의 조건 가운데 하나가 아니겠는가. 참다운 이동(移動)은 곧 '인간 마음의 불이(不移)'와 '생명의 자연스러운 활동(活動)'이 함께 이루어지는 일임을 밝힘으로써 이번 호의 매듭을 짓는다. (홍박승진)

정기구독 안내

『다시개벽』을 함께 만드는

동사(同事)가 되어 주십시오.

정기구독 혜택

1. 10% 할인된 가격으로 구독할 수 있습니다.

2. 구독 기간 중 가격이 오르더라도 추가 부담이 없습니다.

   (기본 배송비 무료, 해외/제주/도서/산간 지역은 배송비 추가)

3. 다양한 이벤트와 혜택의 우선 대상이 됩니다.

정기구독료

1. 낱권 정가 15,000원(제1호~제5호는 각 12,000원)

2. 정기구독료

   1년(4개호) 55,000원

   2년(8개호) 110,000원

   3년(12개호) 165,000원

정기구독 신청 방법

전화   02.735.7173(도서출판 모시는사람들)

이메일   sichunju@hanmail.net

인터넷   https://forms.gle/j6jnPMzuEww8qzDd7

             (오른쪽의 QR코드를 통해 정기구독 신청)

위의 방법으로 신청 후 아래 계좌로 구독료를 입금해 주시면 정기구독 회원이 됩니다.

계좌정보

국민은행 817201-04-074493

예금주: 박길수(도서출판모시는사람들)

책을 만드는 사람들

발행인	박길수
편집인	조성환
편집장	홍박승진
편집위원	김남희 성민교 안마노 우석영 이원진 조성환 홍박승진
편집자문위원	가타오카 류 김용휘 김인환 박맹수 박치완
	방민호 손유경 안상수 이우진 차은정
편집	소경희 조영준
아트디렉터	안마노
멋지음	이주향
마케팅 관리	위현정

다시개벽 제8호

발행일	2022년 9월 30일
등록번호	종로 바00222
등록일자	2020.07.28
펴낸이	박길수
펴낸곳	도서출판 모시는사람들
	서울시 종로구 삼일대로 457 (경운동 수운회관) 1207호
인쇄	㈜성광인쇄 (031.942.4814)
배본	문화유통북스 (031.937.6100)

도서출판 b의 여성주의 인문학

상상적 신체

모이라 게이튼스 지음 | 조꽃씨 옮김 반양장본, 319쪽, 값 20,000원

페미니즘 이론의 난점 가운데 하나인 '젠더-섹스' 이분법을 넘어서 양자를 통합적으로이해할 수 있는 지평을 열었다. 섹스-젠더가 전제하고 있는 신체-정신 더 나아가 수동-능동, 자연-문화 등과 같은 서구의 유서 깊은 이분법은 한 편의 항에 가치를 부여하고 다른 항을 억압하는 작용을 해왔다. 따라서 게이튼스는 '섹스의 대립물로서의 젠더'를 대체할 새로운 개념을 모색한다. 그것이 바로 이 책의 제목이기도 한 '상상적 신체'이다.

해러웨이, 공-산의 사유

최유미 지음 양장본, 303쪽, 값 22,000원

도나 해러웨이는 동물학·철학·영문학을 공부하고 생물학사와 생물철학 연구로 박사학위를 받은 뒤, 산타크루즈 캘리포니아대학에서 과학사와 여성학을 가르친 학자다. 복잡한 이력에서 짐작할 수 있듯이, 학문의 장벽을 넘나드는 융합적 사유로 페미니즘 이론의 전선을 확장했다는 평가를 받는다. 최유미 씨가 이 독특한 페미니즘 이론가의 저작들을 따라가며 그의 사상을 깊숙이 들여다본다.

원문보기:여자들의 무질서

캐롤 페이트먼지음 | 이성민, 이평화 옮김 반양장본, 348쪽, 값 22,000원

페미니즘의 고전. 쉬운 사례로 지금까지도 수많은 미디어와 문화 텍스트들은 여성들의 '노'를 '예스'로 해석한다. 페이트먼은 '여자들의 문제'를 단순히 '여성쟁점'으로서가 아니라 민주주의 이론의 급진화의 계기로 사유할 것을 제안한다. 혁명적 사고의 전환 없이는 어떤 사회의 발전도 여성의 배제와 종속이라는 딜레마에서 벗어날 수 없다는 게 저자의 지적이다.

여자가 없다고 상상해봐

조운 콥젝지음 | 김소연, 박제철, 정혁현 옮김 양장본, 423쪽, 값 25,000원

라캉주의 정신분석학자 조운 콥젝은 충동과 윤리를 매개하는 수단으로 승화라는 개념을 끄집어낸다. 콥젝은 프로이트에게서 승화 개념이 불충분하게 발달되었다고 진단하고, 승화를 통해 우리의 결점을 꾸짖기 위해 초자아가 설정하는 상상적 이상들에 대한 우리의 굴종을 촉진시키는 그런 감정들로부터 정화될 수 있다고 말한다. 정신분석에서 통상 초자아는 윤리의 자리였지만, 콥젝은 초자아로부터의 해방을 승화와 연결시킨다.

도서출판 b 08772 서울시 관악구 난곡로 288 남진빌딩 302호 | 전화: 02-6293-7070 | 팩스: 6293-8080 | 메일: bbooks@naver.com | 웹: b-book.co.kr

정동의 재발견

The Rediscovery of Affect, Félix Guattari's the Theory of Affect and Social Economy

신승철 |
2022년 8월 31일 발행 |
25,000원 |

정동자본주의를 넘어 정동해방으로

이 책은 가타리의 정동에 대한 지도제작 방법론을 통한 현실분석을 이해하기 쉽게
풀어서 시민, 주부, 협동조합원, 사회적 기업가, 청(소)년 등에게 접근한 교양서이다.
넓지만 깊이 있는 이 책은 한국사회 사회 혁신가들의 필독서이다.

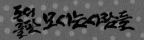

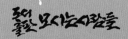

동아시아 최초의 '인류세 철학서'
붕괴 이후의 '인간의 조건'을
사물철학의 관점에서 다시 생각한다

시노하라 마사다케 지음
조성환, 이우진, 야규 마코토, 허남진 옮김
2022년 8월 31일 발행
17,000원

지구인문학총서
02

인류세의
철학

동녘 모시는사람들

야누시 코르차크
정의를 위한 교육

Janusz Korczak

주프 W. A. 버딩 지음 | 이우진 옮김
208쪽 | 15,000원 | 모시는사람들

그들을 가장 편안한 길로 인도치 마시고,
가장 아름다운 길로 인도해 주십시오!

폴란드의 어린이 교육 선구자이자 순교자로까지 추앙되는 야누시 코르차크의
생애를 조명하였다. 코르차크는 어린이가 존중받아야 할 인간 존재임을
알리면서 어린이의 권리와 정의를 위해 싸운 혁명가였다. 저자는 그의 선구적인
교육 태도와 프로그램을 '어린이에 대한 존중'과 '참여적 교육' '정의의 실행'
그리고 '공화주의적 방식으로 함께 살기'라는 네 범주로 보여준다. 코르차크의
생애를 따라 어린이 교육과 어린이 권리의 역사를 엿볼 수 있다.

도서출판 모시는사람들 | 서울특별시 종로구 삼일대로 457(수운회관 1207)
TEL 02-735-7173 FAX 02-730-7173 | sichunju@hanmail.net | http://www.mosinsaram.com

오늘도 동학으로 가는 길

새로 쓰는 동학기행 1·2·3 채길순 지음

1
강원도·충청도·서울·경기
328쪽 / 15,000원

2
경상북도·경상남도·북한편
352쪽 / 16,800원

3
전라북도·전라남도·제주도
384쪽 / 18,000원

동학농민혁명, 그 역사와 지역과 인물의 좌표를 재설정하다

저자가 한반도 전역의 동학 사적지를 답사, 조사한 끝에 내 놓은 『새로 쓰는 동학기행』이 제1권 '강원도·충청도·서울·경기', 제2권 '경상북도·경상남도·북한'에 이어 제3권 '전라북도·전라남도·제주도' 편으로 완간되었다.

『새로 쓰는 동학기행』은 단순한 역사기행서에 그치지 않고 한국 근대사의 결정적인 변곡점인 동학농민혁명을 전국의 각 도와 군 단위로 조명한다. 이를 통해 동학농민혁명사에 새로운 관점과 안목을 제공하고 더 입체적인 역사상을 구성해 낸다.

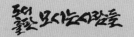

TEL 02-735-7171 FAX 02-730-7173 EMAIL sichunju@hanmail.net
https://www.mosinsaram.com/
서울시 종로구 삼일대로 457 (경운동 수운회관) 1207